Vegetarisches Kochbuch

von Elvira Glöckner

Rezepte für Gemüse,
Getreide und Obst,
Milch- und Sojaprodukte
und vegane Gerichte

Divyanand Verlags-GmbH

Titelbild:
Gefüllte Tomate mit Spinat und Feta - ©StockFood
(Fotos Inhalt: ©thinkstock.com)

Herausgegeben von
Divyanand Verlags-GmbH
Sägestraße 37
79737 Herrischried

(gedruckt auf FSC MIX-Papier)

ISBN 3-926696-51-6

Inhalt

Die Zukunft isst pflanzlich!

Unsere Gesellschaft ist seit vielen Jahren immer spürbarer einem nachhaltigen Wandel ausgesetzt. In der Gesamtheit werden wir alle nicht nur deutlich älter, viele Menschen kümmern sich zu Recht auch bewusster um die eigene Gesundheit. Neben Sport und Bewegung an der frischen Luft in vielen unterschiedlichen Spielarten spielt hierbei die Ernährung eine ganz wesentliche Rolle. Heute wissen wir, dass die geistige und körperliche Leistungsfähigkeit des Menschen zu einem entscheidenden Teil von seiner Ernährung abhängt. „Du bist, was du isst" (Ludwig Feuerbach, 1850) gilt nach wie vor. Auch setzen sich die Begriffe „regional" und „saisonal" beim Lebensmitteleinkauf und in der Gastronomie immer stärker durch.

Ganz im Sinne des Forsa Ernährungsreports 2017 haben wir deshalb dieses vegetarische Kochbuch völlig neu aufbereitet und die Vielzahl der bewährten vegetarischen Rezepte um viele vegane Gerichte erweitert, um dem stetig wachsenden Anteil der Menschen, die sich rein vegan ernähren möchten, Rechnung zu tragen. So hat der Vegetarierbund Deutschland (VEBU) aktuell ermittelt, dass inzwischen ca. 7,8 Millionen Vegetarier (ca. 10 % der Bevölkerung) und ca. 900.000 Veganer (ca. 1,1 % der Bevölkerung) in Deutschland der tierischen Nahrung abgeschworen haben – und täglich kommen mehr dazu!

Entsprechend hat die Nahrungsmittelindustrie den Anteil an laktosefreien, glutenfreien und veganen Produkten signifikant erhöht und baut dieses Marktsegment sukzessive weiter aus. Der Grund dafür liegt in einem umfassenden Wertewandel in Teilen unserer Gesellschaft hin zu mehr Bewusstsein und Nachhaltigkeit besonders in Bezug auf die Ernährung. Bewusster, gesünder und gleichzeitig kreativer wird heute in vielen Haushalten gebacken und gekocht. Und diese Kreativität schmeckt man, seien es Snacks, Vorspeisen, Hauptgerichte oder Desserts quer durch die gesamte Palette des Gemüse- und Obstangebotes.

Ethische Überlegungen wie Respekt vor dem Leben und Gedanken über die Zukunft unseres Planeten gehören zu den Hauptmotiven, die Ernährung umzustellen und vegetarisch oder auch vegan zu essen. Wer sich heute dafür entscheidet, genießt die pflanzliche Vielfalt, ohne geschmackliche Abstriche zu machen. Wenn Sie also leckere Gerichte essen möchten, sich dabei wohlfühlen und gleichzeitig etwas für Ihre Gesundheit tun möchten, den Tier- und Umweltschutz damit unterstützen und positive Effekte auf der Waage sehen möchten, dann lassen Sie sich von unseren Rezeptangeboten anregen!

Lecker, gesund und schnell zubereitet – machen Sie sich ans Werk und genießen Sie! Sie werden staunen, wie leicht Ihnen das von der Hand geht.

Vorbemerkungen

Die Rezepte in diesem Buch sind für die lakto-vegetarische Ernährung konzipiert, bei der neben rein pflanzlichen Zutaten auch Milch und Milchprodukte Verwendung finden. Eier, Fleisch, Fisch und Gelatine kommen darin nicht vor.
Rezepte, die ausschließlich aus pflanzlichen Zutaten bestehen und damit der veganen Ernährungsweise entsprechen, sind gekennzeichnet mit dem Pflanzen-Symbol.

Die Rezepte sind, wenn nicht anders vermerkt, für vier Personen berechnet. Rezepte für eine Person sind gekennzeichnet mit dem Kochlöffel-Symbol.

Die Rezepte sind bewusst einfach und leicht gehalten. Verwendet werden hierzulande gebräuchliche Zutaten, die leicht und relativ kostengünstig zu beschaffen sind. Sie sind ohne großen Aufwand an Zeit und Kosten nachzukochen und sind damit ideal für Familien. Sie entsprechen in vielem den Prinzipien der Vollwertkost.

Ausführliche Kochkurse mit Informationen zu den Zutaten finden sich jeweils zu Beginn der Kapitel: Suppen, Gemüse, Hülsenfrüchte, Reisgerichte, Getreidegerichte und Soßen. Siehe auch das Stichwort „Kochkurs" im Inhaltsverzeichnis.

Schließlich ein Wort zur Küchen-Ausstattung: Für zeit- und energiesparendes Kochen empfiehlt sich die Anschaffung eines oder mehrerer der folgenden Küchengeräte:

- ein Schnellkochtopf, in dem viele Gerichte (z. T. mehrere gleichzeitig) schnell und schonend zubereitet werden können
- eine Getreidemühle, die es leicht macht, stets frische Getreidegerichte auf den Tisch zu bringen
- ein Universal-Zerkleinerer oder eine elektrische Küchenmaschine mit Mixer-Aufsatz, der nicht nur Obst und Gemüse hackt oder püriert, sondern auch Nüsse und Trockenobst zerkleinert
- ein elektrisches Rührgerät oder Handmixer, mit dem Sahne geschlagen oder Cremes und Teig gerührt werden können
- ein Pürierstab, um Suppen und Pürees zuzubereiten
- ein Keimgerät, um frische Keimlinge und Sprossen zu ziehen

Zutaten-Einmaleins

Im Folgenden sind Informationen zu Produkten zusammengestellt, die in diesem Kochbuch häufig verwendet werden.

Agar-Agar

Agar-Agar (E 406) ist ein rein pflanzliches Geliermittel mit einer vier- bis fünfmal höheren Gelierkraft als tierische Gelatine. 1 gestrichener Teelöffel Agar-Agar entspricht 5–6 Blatt Gelatine. Verwendet wird Agar-Agar zum Festigen von Gelees, für Nachspeisen, Tortengüsse und Marmeladen und als Bindemittel für Soßen und pikante Speisen. Es wird aus Algen gewonnen und muss gekocht werden. Dabei kann ein Geruch von Meerwasser entstehen, der aber in der fertigen Speise nicht mehr gegeben ist. Die Dosierung variiert je nach der zu bindenden Flüssigkeit und der gewünschten Festigkeit der Speise. Im Durchschnitt genügt 1 gestrichener Teelöffel Agar-Agar für 500 ml Flüssigkeit, und ein leichtgehäufter Teelöffel Agar-Agar genügt für 750 ml Flüssigkeit. Agar-Agar in die kalte Flüssigkeit einrühren, kurz aufkochen und 2 Minuten köcheln lassen, abkühlen lassen und weiter verfahren wie im Rezept angegeben. Die Masse beginnt erst beim Abkühlen fest zu werden.

Ahornsirup

Ahornsirup ist ein Süßungsmittel, das aus dem Saft des Zuckerahornbaums gewonnen wird und viele Mineralstoffe sowie Spurenelemente enthält.

Apfeldicksaft

Apfeldicksaft ist ein sirupähnliches Süßungsmittel aus Äpfeln.

Birnendicksaft

Birnendicksaft ist eingedickter Birnensaft und findet Verwendung als aromatische Alternative zu Zucker.

Chia-Samen

Chia-Samen sind die neutral schmeckenden Samen einer südamerikanischen Salbei-Art. Sie haben einen hohen Gehalt an Omega-3-Fettsäuren sowie Mineral- und Ballaststoffen und binden etwa das Zehnfache ihres eigenen Gewichts an Flüssigkeit. Man verwendet Chia-Samen roh zum Binden von u. a. Müsli und Smoothies, Gebäck oder Teigwaren. Ferner können sie roh oder geröstet als Topping über Salate gestreut oder gekeimt als Sprossen in Salaten verwendet werden. Vor dem Verzehr die rohen Samen möglichst 15–30 Minuten in der zu bindenden Masse (z. B. Obstpüree, Joghurt, Pfannkuchenteig) einweichen und quellen lassen. Wegen ihrer hohen Quellfähigkeit sollte man (wie bei Leinsamen) darauf achten, ausreichend zu trinken.

Essig

Der in diesem Kochbuch häufig verwendete Obstessig wird aus Äpfeln hergestellt. Es wirkt belebend auf den Organismus und ist reich an Mineralstoffen. Weinessig wird aus Wein gewonnen, enthält aber keinen Alkohol mehr, da dieser durch den Zusatz von Essigsäure-Bakterien vollständig in Essig umgewandelt wird.

Gemüsebrühe

Rein pflanzliche Gemüsebrühe in Form von Würfeln oder Pulver ist in jedem Reformhaus, Bioladen oder Supermarkt erhältlich. Das sofort lösliche Gemüsebrühe-Pulver eignet sich auch vorzüglich zum Würzen verschiedener Gerichte.

Getreideflocken

Getreideflocken, wie z. B. Hirse- oder Haferflocken, sind gepresste Getreidekörner und daher Vollkornprodukte.

Hefeflocken

Hefeflocken sind ein natriumfreies Würzmittel, das aus Bierhefe hergestellt wird. Sie enthalten u.a. die Vitamine B1, B2, B6 sowie Pantothensäure und Folsäure. Hefeflocken werden wie Salz zum Würzen von Gerichten verwendet, sollten aber möglichst nicht gekocht werden, da sie sonst an Nährwert verlieren.

Honig

Bienenhonig ist mit seinem Gehalt an Einfachzuckerarten (Fructose, Glucose, Maltose), Mineralstoffen und Enzymen ein wertvolles Stärkungs- und Süßungsmittel. Er wird grundsätzlich kalt aus der Wabe geschleudert. Laut Honigverordnung sollte Honig ohne Zusätze, z. B. Fremdzucker oder Stärke, in den Handel kommen. Jeder naturbelassener Honig kristallisiert nach einigen Wochen bis Monaten, kann aber auf Wunsch durch vorsichtiges Erwärmen im Wasserbad wieder verflüssigt werden. Honig ist hitzeempfindlich und büßt bei Temperaturen über 40 Grad Celsius, also beim Kochen und Backen, viele seiner wertvollen Inhaltsstoffe (z. B. Enzyme) ein.

Johannisbrotkernmehl

Johannisbrotkernmehl ist ein natürliches Bindemittel, das aus den getrockneten Kernen des Johannisbrotbaums gewonnen wird. Es ist ein geschmacksneutraler und kalorienarmer Ersatz für Mehl und Speisestärke zum Binden von Suppen, Soßen, Dressings, Desserts und Süßspeisen. Da es Speisen auch ohne Kochen bindet, kann es für die Zubereitung von kalten Soßen, Fruchtpürees und Cremes verwendet werden. Mit 1 Gramm Johannisbrotkernmehl (1 TL) kann man 100 ml kalte Flüssigkeit oder 200 ml warme bzw. gekochte Flüssigkeit binden.

Keimlinge und Sprossen

Sie enthalten viele wichtige Vitamine, Mineralstoffe, Aminosäuren und Ballaststoffe und haben nur wenige Kalorien. Sie sind in vielen Supermärkten erhältlich, man kann sie aber auch leicht selbst in einem einfachen Keimgerät ziehen.

Kokosfett

Kokosfett ist ein ungehärtetes Pflanzenfett, das aus dem Nährgewebe (Kopra) der Kokosnuss gewonnen wird. Es ist mit einem Rauchpunkt von über 200 Grad Celsius besonders hitzebeständig und eignet sich deshalb zum Frittieren und Braten.

Kokosmilch

Kokosmilch wird aus dem weißen Fruchtfleisch der Kokosnuss gepresst und ist mit einem Fettgehalt von 15–22 % cremiger und aromatischer als das klare Kokoswasser. Sie wird in Suppen, Curry-Gerichten und Süßspeisen verwendet.

Margarine

Handelsübliche Margarine wird aus gesundheitlichen Gründen nicht empfohlen, da sie einen hohen Anteil an gesättigten Fettsäuren bzw. gehärteten Fetten enthalten kann. Man beachte die Liste der Inhaltsstoffe auf der Packung.

Mehl / Vollweizenmehl

Vollweizenmehl ist ein Vollkornprodukt, das sämtliche Mineral- und Ballaststoffe und Vitamine des ganzen Weizenkorns enthält. Die gesundheitlichen Nachteile, die durch den überwiegenden Verzehr von Weißmehlprodukten ausgelöst werden, sind heute allgemein bekannt.

Beim Kauf von Getreide und Mehl sollte darauf geachtet werden, dass es möglichst aus biologischem Anbau stammt. Wichtig ist, dass Vollkornmehl nicht zu lange aufbewahrt wird, da das darin enthaltene Fett leicht ranzig wird bzw. an Nährwert verliert. Falls man fertig verpacktes Mehl wegen langer Lagerzeiten meiden möchte, empfiehlt sich die Anschaffung einer Getreidemühle, mit der das Getreide für den jeweiligen Bedarf frisch geschrotet bzw. gemahlen wird.

Die verschiedenen Mehlsorten sind an der auf der Packung angegebenen Typenzahl leicht auszumachen. An der Typenzahl erkennt man, wie dunkel bzw. vollwertig die jeweilige Mehlsorte ist. Je höher die Typenzahl ist, desto vollwertiger bzw. dunkler ist das Mehl. Das dunkelste im Handel erhältliche Weizenmehl trägt die Typenzahl 1700. Hier eine Aufstellung der gebräuchlichen Mehltypen:
Weizenmehl: Type 550 – 1050 – 1700
Roggenmehl: Type 1150 – 1370 – 1800
Bei den meisten Rezepten in diesem Kochbuch wurde auf eine Typenangabe des Mehls verzichtet. Die Auswahl kann man nach eigenen Wert- und Geschmacksvorstellungen selbst treffen.

Pflanzenmilch

Pflanzenmilch ist eine gesunde und ökologisch sinnvolle Alternative zu tierischer Milch. Laut EU-Verordnung darf nur Drüsensekret unter der Bezeichnung „Milch" verkauft werden. Dabei ist unter „Milch" nur Kuhmilch zu verstehen, bei allen anderen Sorten muss die Tierart angegeben werden, z.B. Schafsmilch, Ziegenmilch. Aus diesem Grund werden Sojamilch, Reismilch, Hafermilch usw. in Deutschland meistens unter der Bezeichnung „Drink" verkauft. Pflanzenmilch wird aus Sojabohnen oder diversen Getreide- und Nussarten unter Zusatz von Wasser hergestellt. Bei allen im Handel erhältlichen Sorten wird ein Emulgator zugesetzt, bei vielen Sorten außerdem Pflanzenöl und Salz. Pflanzliche Sahne, wie z.B. Hafer- oder Sojasahne, beruht auf der entsprechenden Pflanzenmilch, enthält aber einen höheren Anteil Pflanzenöl. Man kann Pflanzenmilch leicht selbst im Mixer machen: 100 g Nüsse bzw. Getreide auf 750–1000 ml Wasser nehmen, mindestens 4 Stunden einweichen, dann im Mixer möglichst gründlich zerkleinern, durch ein Küchentuch abseihen und im Kühlschrank aufbewahren. Siehe auch Sojamilch.

Pflanzenöl

Naturbelassene, kalt gepresste Öle sind reich an ungesättigten Fettsäuren und sind daher für Salate und alle ungekochten Speisen empfehlenswert. Besonders wertvoll wegen ihres hohen Gehalts an mehrfach ungesättigten Fettsäuren sind Distelöl, Leinöl, Rapsöl und Olivenöl. Zum Kochen und Braten eignen sich kaltgepresste Öle weniger.

Reismehl

Reismehl wird zum Binden von gekochten Soßen, Suppen, Gemüsegerichten und Süßspeisen verwendet. Es ist in Reformhäusern und Bioläden erhältlich, man kann es aber auch selbst in der Getreidemühle mahlen.

Sago

Sago ist ein stärkehaltiges, kugelig-körniges pflanzliches Bindemittel, das vor allem für die Zubereitung von Fruchtgrützen, Puddings und cremigen Suppen verwendet wird. Echter Sago wird aus dem Mark der indonesischen Sagopalme gewonnen, brasilianischer Sago (Tapioka) wird aus Maniok-Knollen gewonnen und der in Deutschland hergestellte Sago wird aus Kartoffelstärke gemacht. Die Sago-Körner werden in die kochende Flüssigkeit eingestreut und so lange gekocht, bis sie weich sind und die Flüssigkeit gebunden ist.

Sanddorndicksaft

Sanddorndicksaft wird aus den Vitamin-C-haltigen Beeren des Sanddornstrauchs gewonnen. Es gibt ihn pur und gesüßt mit Zucker, Honig oder Fruchtzucker. Er schmeckt angenehm säuerlich und wird gern für Müsli und Fruchtsalate verwendet.

Seitan

Seitan, auch als „Weizenfleisch" bekannt, ist ein rein pflanzliches Produkt aus Weizen-Gluten mit fleischähnlicher Konsistenz. Er ist reich an Eiweiß, Enzymen und Mineralstoffen, hat einen niedrigen Fettgehalt und ist kalorienarm. Seitan kann gebraten, gebacken, gedämpft oder auch roh, z. B. als Brotbelag, verwendet werden. Er ist in vielen verschiedenen Geschmacksrichtungen im Reformhaus oder Bioladen erhältlich.

Sojabohnen

Sojabohnen sind Hülsenfrüchte, die reich an wertvollem Eiweiß (34 %) und relativ arm an Kohlehydraten (6 %) sind. Neben hochwertigem Fett (18 %) haben sie auch einen hohen Gehalt an Mineralstoffen, wie Magnesium, Kalium, Zink und Eisen. In der Küche werden sie wie Hülsenfrüchte gekocht und verwendet; sie sind auch als Schrot erhältlich, der eine wesentlich kürzere Kochzeit erfordert. Sojabohnen sind auch die Basis für Tofu, Sojasoße, Tempeh, Sojamilch u. a.

Sojamehl

Sojamehl ist ein Vollsojaprodukt, das Brot, Gebäck, Pfannkuchen usw. zum Binden beigegeben werden kann. Aufgrund seines hohen Lezithin-Gehalts kann es als Ei-Ersatz verwendet werden.

Sojamilch
Siehe unter Pflanzenmilch. Sojamilch ist ein vollwertiger, aus Sojabohnen hergestellter Milchersatz, der genau wie Kuhmilch verwendet wird. Da Sojamilch keine Laktose enthält, bietet sie sich als gesunde Alternative für Menschen mit Laktose-Intoleranz an. Mit einem elektrischen Sojamilchbereiter, den es in diversen Ausführungen gibt, kann man mit geringem Arbeitsaufwand in ca. 20 Minuten nicht nur Sojamilch, sondern auch Getreide- und Nussmilch kostengünstig selbst herstellen. Sojamilchpulver schmeckt sehr gut im Müsli.

Tofu
Tofu ist eine geschmacksneutrale, quarkähnliche Masse, die aus der Sojabohne gewonnen und zu Blöcken gepresst wird. Er ist reich an hochwertigem Eiweiß, leicht verdaulich und kalorienarm. Tofu kann roh im Salat verwendet oder gebacken, frittiert, gebraten und gedämpft werden. Tofu gibt es ohne geschmackliche Aufbereitung („natur"), geräuchert oder mit verschiedenen Kräutern und Gewürzen angereichert oder als cremigen Seidentofu, der sich besonders für süße Cremes oder Aufläufe eignet.

Veganer Joghurt
Veganer Joghurt ist eine pflanzliche Joghurt-Alternative auf Sojabasis, selten auf Kokosbasis.

Vegane Sahne
Den veganen Sahne-Ersatz gibt es auf Soja-, Hafer-, Dinkel-, Reis- und Kokosbasis (siehe auch unter Pflanzenmilch). Nicht alle Sorten eignen sich zum Aufschlagen, deshalb ist auf die Angabe „aufschlagbare Sahne" zu achten. Manche vegane Sahne-Sorten eignen sich nicht zum Kochen, dafür wird die vegane Kochcreme empfohlen.

Tipps für die vegane Küche

Die Rezepte in diesem Kochbuch sind für die lakto-vegetarische Lebensweise konzipiert: Sie basieren auf pflanzliche Zutaten (Gemüse, Getreide, Hülsenfrüchte, Nüsse, Obst) unter Einbeziehung von Milch und Milchprodukten (Käse, Butter, Sahne, Joghurt). Manche Rezepte entsprechen der veganen Lebensweise, kommen also völlig ohne Zutaten tierischen Ursprungs aus, und sind am Vegan-Symbol zu erkennen.

Mit etwas Erfahrung lassen sich lakto-vegetarische Rezepte mit den unten aufgelisteten Ersatzprodukten vegan abwandeln. Dabei ist zu beachten, dass die veganen Ersatzprodukte sich beim Kochen und Backen zum Teil anders verhalten als die Originalzutaten und sich hinsichtlich Geschmack und Konsistenz anders auswirken können.

Butter: Pflanzenmargarine (Zutatenliste auf der Packung beachten)

Eier: In Fachgeschäften (Reformhaus, Bioladen) wird ein spezielles Ei-Ersatz-Pulver angeboten. Als Ersatz mit Bindeeigenschaften eignen sich auch Soja- und Stärkemehl (ggf. mit etwas Wasser anrühren), Johannisbrotkernmehl (1 Esslöffel ersetzt 1–2 Eier, trocken zufügen), Semmelbrösel, gemahlene Leinsamen, Chia-Samen (1 EL Chia-Samen mit 3 EL Wasser mindestens 15 Minuten quellen lassen; ersetzt 1 Ei), pürierte Bananen, Apfelmus.

Gelatine: Agar-Agar, Johannisbrotkernmehl, Sago (siehe Zutaten-Einmaleins)

Honig: Apfel- oder Birnendicksaft, Ahornsirup, Agavensirup

Joghurt: Veganen Joghurt gibt es auf Sojamilch- oder Kokosmilchbasis, mit oder ohne Zuckerzusatz und in vielen Geschmacksrichtungen.

Käse: Veganer Käse in verschiedenen Sorten ist im Handel erhältlich. Neben veganem Reibkäse eignen sich auch Hefeflocken gut zum Überbacken von Aufläufen.

Milch: Pflanzlicher Milchersatz ist unter der Bezeichnung „Drink" im Handel erhältlich, z. B. Soja-, Reis-, Hafer-, Dinkel-, Mandel- oder Kokosdrink (siehe Zutaten-Einmaleins).

Quark: Neben Sojaquark eignet sich zerdrückter Tofu natur sowie verquirlter Seidentofu.

Sahne: Vegane Sahne auf Soja-, Hafer-, Dinkel-, Reis- und Kokosbasis (siehe Zutaten-Einmaleins). Nicht alle Sorten eignen sich zum Kochen oder Aufschlagen.

VEGANE TOPPINGS UND GÜSSE FÜR AUFLÄUFE UND PIZZA

Veganes Pizza-Topping
(auch für Aufläufe geeignet)

200 ml Hafersahne
1–2 EL Cashew- oder Mandelmus
ca. 80 ml Wasser
2 EL Hefeflocken
1 TL Gemüsebrühe-Pulver
1 EL Zitronensaft
Salz, Pfeffer

Alle Zutaten mit dem Pürierstab oder im Mixer zu einer cremigen Masse verrühren. Mit Zitronensaft, Salz und Pfeffer würzen, evtl. etwas Wasser zufügen. Die Masse sollte dickflüssig sein.

Veganer Guss für Quiches und Aufläufe Nr. 1

400 g Seidentofu
100 ml Wasser
2 EL Öl
1 TL Senf
2 EL Hefeflocken
1/2 TL Johannisbrotkernmehl
1 TL Oregano
1 TL Salz
Muskat, Pfeffer

Alle Zutaten zu einer glatten, dickflüssigen Crème pürieren. Pikant abschmecken.

Veganer Guss für Quiches und Aufläufe Nr. 2

200 g Seidentofu
1/2 Tasse Soja- oder Hafersahne oder Haferdrink
2 EL Mandelmus
1 EL Hefeflocken
1 EL Kichererbsenmehl
1 TL Senf
1 TL Salz
1 EL gemischte Kräuter

Alle Zutaten pürieren, sodass eine dickflüssige Masse entsteht. Sollte die Masse zu fest – also nicht streichfähig – sein, etwas Wasser zufügen, kräftig würzen.

Veganer Guss für Quiches und Aufläufe Nr. 3

200 g Cashew-Nüsse oder Cashewmus
2 EL Hefeflocken
200–300 ml Wasser
1 EL Zitronensaft
1 TL Senf
Salz, Pfeffer
evtl. Curry-Pulver

Cashew-Nüsse 3 bis 4 Stunden in kaltem Wasser einweichen und abgießen (entfällt bei Verwendung von Cashewmus). Alle Zutaten im Mixer zu einer cremigen Masse pürieren. Sollte die Masse zu fest sein, etwas Wasser unterrühren. Evtl. nachwürzen.

Müslis
Smoothie-
Bowls
Frühstücksbreie

Spezial-Müsli-Mischung

250 g Haferflocken
50 g ungeschälter Sesam
50 g Sonnenblumenkerne oder Kürbiskerne
50 g geschroteter Leinsamen
30 g Kokosflocken
100 g Rosinen
50 g gehackte (Wal-) Nüsse
Zum Anrichten:
einige EL Joghurt, Sojajoghurt, Milch oder Sauermilch
Honig oder Birnendicksaft nach Geschmack

Alle trockenen Zutaten mischen und in einem geschlossenen Gefäß aufbewahren. Zum Verzehr jeweils ein paar EL dieser Mischung mit Honig, Joghurt und zerkleinertem Obst nach Wahl vermischen. Für eine vegane Variante mit Sojajoghurt und Birnendicksaft anrichten.
Die trockene Müslimischung kann mehrere Wochen in einem geschlossenen Glas aufbewahrt werden.

Knuspermüsli-Mischung

400 g Haferflocken
100 g Sonnenblumenkerne
50 g Kokosflocken
80 g Sesam, geschält
250 g Honig
100 g geschmacksneutrales Öl
1/2 TL Vanillepulver
1 Prise Salz
evtl. etwas Milch

Die Haferflocken auf einem Backblech ca. 10 Minuten bei 160 Grad im Ofen rösten. Herausnehmen und in einer großen Schüssel mit den anderen trockenen Zutaten vermischen. Den Honig und das Pflanzenöl mit etwas Milch cremig rühren und unter die trockene Mischung heben. Die Masse auf ein Backblech verteilen und bei 100 Grad ca. 30–40 Minuten hellgelb backen; dabei öfters umrühren, bis alles gleichmäßig gebräunt ist. Abkühlen lassen und in einer Dose aufbewahren.

Varianten:
Klein geschnittene Trockenfrüchte (wie Datteln, Rosinen, Feigen, Aprikosen) zufügen. Oder klein gehackte Haselnüsse und Mandeln (statt Sonnenblumenkerne). Oder Weizenkeime (statt Kokosflocken).

Müsli-Mischung mit Trockenfrüchten

250 g Haferflocken
75 g gehackte Mandeln, Nüsse oder ganze Sonnenblumenkerne
100 g Rosinen
je 50 g Trockenpflaumen und –aprikosen oder je 50 g Trockenbananen und Feigen oder Datteln
Honig oder Birnendicksaft

Trockenobst zerkleinern, mit den übrigen Zutaten vermischen, in einer gut verschließbaren Dose aufbewahren. Vor Verzehr einige Stunden oder über Nacht in Joghurt, Milch oder Obstsaft einweichen. Nach Geschmack mit Honig oder Birnendicksaft süßen.

Hirsemüsli

4 EL Hirseflocken
4 EL Haferflocken
1 Apfel
1 kleine Banane
1 EL Rosinen oder getrocknete Aprikosen (in Wasser eingeweicht)
1 EL Mandelstifte
Pflanzenmilch

Die Hirseflocken mit Pflanzenmilch bedecken und 1/2 bis 3/4 Stunde quellen lassen. Dann die Haferflocken, den fein geraffelten Apfel, die klein geschnittene Banane und die abgetropften Rosinen unter die Hirseflocken heben. Mit den Mandelstiften bestreuen.

Variante:
Man kann fertig gegarten Hirsebrei vom Abend vorher mit 1–2 zerdrückten Bananen oder geriebenem Apfel, 40 g gewaschenen Rosinen, evtl. etwas Zitronensaft und 1 gehäuften EL Honig und etwas Sahne vermischen. Mit geriebenen Nüssen bestreuen.

Frischkornmüsli

8 EL Getreide (Weizen, Hafer, Gerste oder Sechskorn)
8 EL Wasser zum Einweichen
2 Äpfel
1 Banane oder zerkleinertes Obst nach Jahreszeit
1 EL Honig
2 TL Zitronensaft
2–3 EL grob gemahlene Nüsse oder Mandeln
1 EL Leinsamen
evtl. 1 EL Weizenkeime
100 g Sahne oder 150–200 g Joghurt oder Rohmilch

Das Getreide in der Getreidemühle nicht zu grob schroten, in kaltem Wasser einweichen, so dass ein dicklicher Brei entsteht. Das Ganze bedeckt ca. 6–8 Stunden im Kühlschrank quellen lassen. Am Morgen den geraspelten Apfel, die klein geschnittene Banane bzw. das zerkleinerte Obst dazu geben und alles mit Zitronensaft, Honig, Sahne oder Joghurt bzw. Milch vermischen. Obenauf Nüsse, Leinsamen und Weizenkeime streuen.
Statt Sahne oder Joghurt kann auch Mandel- oder Sojamilch verwendet werden.

Schweizer Müsli

2 EL Hafer- oder Weizenflocken
½ Apfel
½ Banane oder Orange
1 TL Rosinen
2–3 TL gehackte Nüsse oder Mandeln
1 Becher Joghurt oder eine Tasse Milch
1–2 EL Honig

Flocken in der trockenen Pfanne leicht rösten, dann den geriebenen Apfel und die klein geschnittene Banane oder Orange untermischen. Mit den übrigen Zutaten mischen und verrühren. Sofort servieren.

Varianten:
Statt der Nüsse oder Mandeln kann man auch ungeschälten Sesam oder Kokosflocken oder Weizenkeime oder –kleie oder geschroteten Leinsamen oder eine Mischung aus allem nehmen. Im Winter kann man statt frischer Früchte auch Trockenobst verwenden, wie z.B. getrocknete Apfelringe, Pflaumen, Bananen, Feigen, Datteln oder Aprikosen. (Auf ungeschwefelte Früchte achten!)

Beeren-Smoothie-Bowl

200 g Erdbeeren
1 Banane
4 EL Haferflocken
150–200 g Joghurt nach griechischer Art
1 EL Acai-Pulver
etwas Mandelmilch oder Haferdrink
evtl. Mandelmus
Ahornsirup

Topping:
Kokos-Chips
gehackte Mandeln
Goji-Beeren

Die Haferflocken über Nacht in etwas Wasser einweichen. Erdbeeren putzen (einige fürs Topping zur Seite stellen), mit der Banane und den eingeweichten Haferflocken im Mixer oder mit dem Pürierstab pürieren. Joghurt, Acai-Pulver und so viel Mandelmilch zufügen, dass eine gut löffelbare, cremige Masse entsteht. Mit Ahornsirup süßen, evtl. mit 1 Teelöffel Mandelmus verfeinern und in eine Müsli-Schale füllen. Als Topping Bananenscheiben, klein geschnittene Erdbeeren und nach Belieben Kokos-Chips oder gehackte Mandeln und Goji-Beeren darüber streuen.

Mango-Smoothie-Bowl

1 reife Mango
3 Aprikosen
150–200 g Joghurt nach griechischer Art
1 EL Chia-Samen
70–100 ml Mandelmilch
Agaven- oder Birnendicksaft

Topping:
Knuspermüsli (s. Rezept)
1 Handvoll Heidelbeeren oder Nektarinenspalten
Kokosflocken, gehackte Cashew-Nüsse

Die Chia-Samen 15–30 Minuten in Wasser quellen lassen. Mango schälen und etwas fürs Topping zur Seite legen. Die restliche Mango mit den entkernten Aprikosen, Joghurt, Chia-Samen und Mandelmilch in den Mixer füllen und zu einer cremigen Masse pürieren. Mit Agaven- oder Birnendicksaft süßen und in eine Müsli-Schale füllen. Als Topping Knuspermüsli, Mangostücke, Heidelbeeren bzw. Nektarinenspalten und nach Belieben gehackte Nüsse oder Kokosraspeln darüber streuen.

Heidelbeer-Smoothie-Bowl

200 g Heidelbeeren
1 Banane
3 EL Magerquark
1 EL Kokosflocken
ca. 80 ml Milch oder Haferdrink
1 EL Ahornsirup oder Honig

Topping:
Knuspermüsli (s. Rezept)
Honig

Etwa ein Viertel der Heidelbeeren fürs Topping zur Seite stellen, die restlichen Heidelbeeren mit Banane, Quark, Kokosflocken und etwas Milch oder Haferdrink im Mixer oder mit dem Pürierstab cremig pürieren. Mit Ahornsirup oder Honig süßen und in eine Müsli-Schale füllen. Als Topping Knuspermüsli, die restlichen Heidelbeeren und nach Belieben Honig darüber streuen.

Varianten:
Heidelbeeren ersetzen durch Himbeeren. Oder Kokosflocken ersetzen durch 2 EL eingeweichte Haferflocken.

Frühstücksbreie

Porridge

120 g grobe Haferflocken
500 ml Wasser oder 250 ml Milch vermischt mit 250 ml Wasser
1 Prise Salz
200 ml Sahne
etwas Zimt

Wasser mit Salz zum Kochen bringen. Haferflocken einstreuen und ca. 5 Minuten langsam kochen und ausquellen lassen. Die Sahne leicht anschlagen und unter den Brei heben. Mit Zimt bestreuen. Nach Wunsch mit Honig oder Birnendicksaft süßen.

Frischkornbrei

100 g Getreideschrot
500 ml Milch
50 g gemahlene Nüsse
1 Prise Salz
½ TL Zimt
evtl. etwas Sahne

Milch zum Kochen bringen, den Schrot hineingeben, Salz zugeben und bei schwacher Hitze ca. 15 Minuten leicht kochen. Auf warmer Platte ausquellen lassen. Nüsse zugeben, mit Zimt abschmecken.
Evtl. mit etwas flüssiger Sahne servieren.

Brote & Brötchen

TIPPS FÜR DAS BROTBACKEN

Da das Brotbacken keine geringe Kunst ist, werden im Folgenden hauptsächlich einfache Brot- und Brötchenrezepte beschrieben. Um sich zu vertiefen, empfehlen wir spezielle Brotbackbücher.

Hier einige Tipps:

• Brot oder Brötchen sollten vor dem Backen stets mit kaltem Wasser bepinselt werden, wenn die Oberfläche glänzen soll.

• Außerdem ist es empfehlenswert, auf den Boden des Backofens ein feuerfestes Gefäß mit heißem Wasser zu stellen, damit die Brotkruste nicht zu hart wird.

• Vollkornschrot oder Roggenmehlbrote stets mit Sauerteig backen, da die Hefe als Treibmittel nicht ausreicht.

• Roggenmehl hat einen geringen Kleberanteil, deshalb immer mit Weizenmehl mischen.

Schnelle Brote & Brötchen

Minutenbrot

500 g Vollweizenmehl
1 TL Kräutersalz
1 Päckchen Backpulver
ca. 350 ml Butter- oder andere Sauermilch
Gewürze nach Wahl (Kümmel, Fenchel, Koriander)

Die trockenen Zutaten in eine Schüssel sieben. Evtl. Gewürze hinzufügen. In die Mitte mit einem Löffel eine Vertiefung machen, etwas von der Sauermilch hineingeben, mit ein wenig Mehl verrühren; wieder etwas Sauermilch in die Mitte geben usw. Dabei immer von innen nach außen rühren, bis ein weicher Teig entsteht, der sich von den Wänden der Schüssel lösen sollte. Den Teig auf eine bemehlte Fläche geben, leicht durchkneten. Zu einem runden oder länglichen Laib formen, auf ein gefettetes Blech setzen, die Oberfläche mit einem scharfen Messer 3-mal quer einschneiden.

Auf der mittleren Schiene bei 200 Grad etwa 45 bis 50 Minuten backen. Garprobe machen: Wenn man auf die Unterseite des Brotes klopft, sollte es hohl klingen.

Auskühlen lassen oder am besten warm mit Butter servieren. Wenn man es warm verzehrt, ist das Brot einschließlich Zubereitungszeit in ca. 60 Minuten verzehrfertig.

Kleiebrötchen

300 ml Milch
125 ml kaltes Wasser
2 EL Öl
1 TL Vollrohrzucker
1 TL Kräutersalz
350 g Vollweizenmehl (Type 1050)
50 g Weizenkleie
1 Päckchen Backpulver

Milch, Wasser, Öl, Zucker und Salz verrühren. Kleie, Mehl und Backpulver vermischen. Flüssigkeit nach und nach dazugeben, bis ein nicht zu feuchter Teig entsteht. Evtl. mehr Mehl zugeben. Brötchen formen, auf ein gefettetes Backblech setzen. Bei 180 Grad ca. 30 Minuten backen.

Variante:
Kleiebrötchen mit Rosinen
2 EL Honig und 50 g Rosinen in den Teig geben. Weiter wie oben.

Quark-Quick-Brot

500 g Weizenmehl
1 TL Kräutersalz
2 EL Sojamehl, angerührt mit 150 ml Milch
500 g Magerquark
1 Päckchen Backpulver
½ TL Vollrohrzucker
Gewürze nach Wunsch (Kümmel, Koriander, Fenchel, Anis)
evtl. ca. 100 g Sonnenblumenkerne, Leinsamen

Trockene Zutaten mischen. Quark und angerührtes Sojamehl dazugeben, unterkneten. Teig zu einem Laib formen, auf ein gefettetes Blech setzen oder in eine eingefettete Kastenform geben. Mit einem scharfen Messer 3-mal quer einritzen. Bei Mittelhitze ca. 60 Minuten backen.

Variante:
Quark-Quick-Brötchen
Wie Quark-Quick-Brot (siehe oben), aber den Teig zu Brötchen formen. Oberfläche kreuzweise einritzen. Ergibt etwa 15 Stück.
Nach Wunsch vor dem Backen mit der Oberfläche in Mohn oder Sesam drücken.
Backzeit 20–25 Minuten bei mittlerer Hitze.

Kräuterbrötchen

1 Handvoll frische oder getrocknete Kräuter nach Wahl
500 g Weizenschrot
1 Päckchen Backpulver
1 gestrichener TL Salz
frisch gemahlener Pfeffer
100 g Margarine
2 EL Sojamehl, angerührt mit etwas kalter Milch
250 ml Buttermilch
100 ml Wasser zum Bestreichen
Speisestärke

Kräuter waschen, grob hacken. Weizenschrot, Backpulver, Salz, Pfeffer, Fett und Sojamehlpaste in eine Schüssel geben. Buttermilch nach und nach dazugießen und alles zu einem Teig verkneten. Zuletzt die Kräuter untermischen.

Teig zur Rolle formen, Stücke abschneiden, zu Brötchen formen und auf ein gefettetes Blech setzen. Speisestärke mit etwas Wasser verschlagen, Brötchen damit bestreichen. Im Backofen bei 200 Grad ca. 25 Minuten backen.

Hefebrötchen & Hefebrote

Dinkelbrötchen

450 g Dinkelmehl
1 Päckchen Trockenhefe
250 ml lauwarme Milch
1 TL Kräutersalz
Kümmel und Sesam zum Bestreuen

Dinkelmehl, Salz, Hefe und Milch vermengen und zu einem glatten Teig gut verkneten. An einem warmen Ort zugedeckt ca. 30 Minuten gehen lassen. Nochmals gut durchkneten, aus dem Teig Stücke schneiden und zu Brötchen formen. Auf ein gefettetes Blech setzen, oben kreuzweise einschneiden, mit etwas warmer Milch bestreichen und mit Kümmel und/oder Sesam bestreuen. Nochmals etwa 20 Minuten gehen lassen und dann bei 200 Grad etwa 25 Minuten backen.

Nuss-Rosinen-Brötchen

500 g Vollweizenmehl
½ TL Salz
60 g gewaschene Rosinen
1 Würfel Frischhefe
1 EL Sojamehl
ca. 300 ml Wasser oder Milch
50 g gemahlene Nüsse
3 EL gehackte Mandeln
50 g zerlassene Butter

Aus Hefe, Sojamehl und etwas warmem Wasser einen Vorteig bereiten und ca. 20 Minuten gehen lassen. Mehl, Rosinen, Salz, Vorteig und warmes Wasser bzw. warme Milch in eine Schüssel geben und daraus einen Teig kneten. Dann die Nüsse und die Butter zugeben und nochmals 5–6 Minuten gut durchkneten. An einem warmen Ort mindestens 1 Stunde aufgehen lassen. Den Teig nochmals durchkneten, kleine Teigstücke zu Brötchen formen und auf ein gefettetes Backblech setzen. Im vorgeheizten Backofen bei 200 Grad ca. 20–30 Minuten backen.

Vollkornbrötchen

150 g sehr fein gemahlener Weizenschrot
300 g Vollweizenmehl
1 Würfel Frischhefe
200 ml lauwarme Milch
1 TL Honig
1 gestrichener TL Salz
50 g Margarine
Kümmel nach Geschmack
warme Milch zum Bepinseln
evtl. Kümmel, Mohn oder Sesam zum Bestreuen

Mehl in eine Schüssel geben, in die Mitte eine Vertiefung machen. Hefe in lauwarmer, mit Honig verrührter Milch auflösen. Hefe in die Vertiefung geben, ca. 20 Minuten an einem warmen Ort gehen lassen. Salz, Margarine, Kümmel und soviel warme Milch dazugeben, bis man einen zähen, nicht zu weichen Teig erhält. Gut durchkneten. Ca. ½ Stunde bedeckt an einem warmen Ort gehen lassen. Mit angefeuchteten Händen Brötchen formen, auf ein gefettetes Blech setzen und nochmals gehen lassen. Im Backofen bei 200 Grad 30–40 Minuten backen. Zuletzt mit zerlassener Margarine oder Wasser bestreichen. Man kann die Brötchen vor dem Backen auch mit Kümmel, Mohn oder Sesam bestreuen.

Müslibrötchen

400 g Vollkornmehl (Dinkel)
150 g Müsli-Mischung
250 ml Milch, lauwarm
1 Würfel Frischhefe
1 EL Honig
30 g Butter oder Margarine
3/4 TL Salz

Mehl, Müsli und Salz in einer Teigschüssel vermischen und eine Mulde hineindrücken. Die Hefe hinein bröseln und mit Honig, etwas lauwarmer Milch und etwas Mehl zu einem Vorteig verrühren. Zugedeckt an einem warmen Ort ca. 10 Minuten gehen lassen. (Bei Verwendung von Trockenhefe entfällt die Herstellung des Vorteigs.) Inzwischen die Butter bzw. Margarine bei schwacher Hitze schmelzen lassen. Die lauwarme Milch und das zerlassene Fett zum Vorteig geben und alles zu einem geschmeidigen Teig verkneten. Den Teig zugedeckt an einem warmen Ort ca. 40–50 Minuten gehen lassen, bis sich das Volumen etwa verdoppelt hat. Den Teig in 6–8 gleich große Stücke teilen und zu Brötchen formen. Mit einem scharfen Messer kreuzweise einschneiden, auf ein mit Backpapier belegtes Backblech legen und nochmals ca. 15 Minuten gehen lassen. Mit etwas Milch bepinseln und bei 180–200 Grad etwa 25–30 Minuten backen.

Kräuterbrot

500 g Weizenschrot
1 EL Vollrohrzucker
1 Päckchen Trockenhefe
250 ml warmes Wasser
1 gestrichener TL Salz
1 EL Butter
1 TL gemahlener Koriander
1 TL getrockneter Dill
1 TL getrockneter Rosmarin
Butter zum Bestreichen

In einer großen Schüssel alle Zutaten zusammen gut verkneten, bis der Teig sich als Kloß vom Schüsselrand löst. Die Schüssel abdecken und den Teig an einem warmen Ort ca. 50 Minuten gehen lassen. Danach kurz durchkneten, zu einem Laib formen, auf ein gefettetes Backblech setzen und nochmals ca. 10 Minuten gehen lassen. Die Oberfläche rautenförmig einschneiden und mit zerlassener Butter bestreichen. Im vorgeheizten Backofen bei 180 Grad etwa 50 Minuten backen.

Weizenbrot mit Sonnenblumenkernen

750 g Vollweizenmehl (Type 1050)
1 Würfel Frischhefe
1 EL Honig
400 ml warmes Wasser
5 EL Sonnenblumenöl
1 TL Kümmelpulver
2 TL Salz
100 g Sonnenblumenkerne, leicht angeröstet
Milch zum Bestreichen

Hefe in einer Tasse mit Honig und etwas lauwarmem Wasser vermischen. An einem warmen Ort aufgehen lassen. 75 g Sonnenblumenkerne, Mehl, Salz und das restliche Wasser miteinander verrühren, die Hefelösung zugeben und alles zu einem glatten Teig verkneten, bis er sich vom Schüsselrand löst. Dann ca. 40–50 Minuten gut gehen lassen. Nochmals kurz durchkneten, zu einem Laib formen, mit Milch bestreichen, mit den restlichen Sonnenblumenkernen bestreuen, auf ein gefettetes Backblech setzen und nochmals ca. 30 Minuten gehen lassen. Im vorgeheizten Backofen bei 200 Grad ca. 50 Minuten backen.

Haferflockenbrot

500 ml Buttermilch oder andere Sauermilch
250 ml Wasser
400 g (grobe) Haferflocken
350 g Vollweizenmehl (Type 1050)
2 TL Salz
1 EL Vollrohrzucker
nach Geschmack gemahlener Kümmel, Koriander, Anis, Fenchel
1 Päckchen Trockenhefe
Mehl zum Kneten

Die lauwarme Buttermilch und das Wasser in eine Rührschüssel geben. Mehl, Haferflocken, Salz, Zucker, Hefe und Gewürze hinzufügen und gut durchkneten. Den Teig 60 Minuten gehen lassen. Nochmals etwas kneten. Einen Laib formen und auf ein gefettetes Blech setzen. Eine weitere Stunde gehen lassen. Den Laib mit Wasser besprengen und mit Haferflocken bestreuen. Im vorgeheizten Backofen bei 200–225 Grad ca. 55 Minuten backen.

Kräuter-Kranz-Brot

400 g Vollweizenmehl (Type 1700)
300 g Roggenmehl
1 ½ Päckchen Trockenhefe
2 EL Vollrohrzucker
ca. 400 ml lauwarme Buttermilch
evtl. zusätzlich 100 ml Wasser
1 ½ TL Salz
je 1 TL Petersilie, Basilikum, Majoran, Thymian

Alle Zutaten miteinander vermischen und zu einem glatten Teig verkneten, so lange, bis er sich vom Schüsselrand löst. An einem warmen Ort zugedeckt etwa 30 Minuten gehen lassen, dann nochmals durchkneten und zu einem runden Laib formen. Mit einem Holzlöffel in die Mitte ein Loch bohren und mit den Händen das Loch so vergrößern, dass ein Ring entsteht. Auf ein gefettetes Backblech legen und nochmals ½ Stunde gehen lassen. Die Oberfläche im Zick-Zack einschneiden, mit Milch bestreichen und im vorgeheizten Backofen bei 220 Grad ca. 50 Minuten backen.

Haselnussbrot

500 g feiner Weizenschrot
1 Päckchen Trockenhefe
ca. 300 ml lauwarme Milch
1 EL Honig
100 g ganze Haselnüsse
1 TL Salz
1 TL Brotgewürz
Wasser zum Bestreichen

Haselnüsse im Backofen bei 200 Grad leicht anrösten. Die übrigen Zutaten in einer großen Schüssel verrühren. Dann die gerösteten Haselnüsse, deren Schalen man vorher durch Reiben in einem Küchentuch entfernt hat, zugeben und alles zusammen so lange kneten, bis sich der Teig vom Schüsselrand löst. Mit einem Tuch abdecken und an einem warmen Ort ca. 40–50 Minuten gehen lassen. Kurz durchkneten, einen Laib formen, auf ein gefettetes Backblech setzen und nochmals ca. 20 Minuten gehen lassen. Die Oberfläche schräg einschneiden und mit Wasser bestreichen. Im vorgeheizten Backofen bei 200 Grad ca. 50 Minuten backen.

Variante:
Statt Haselnüsse die gleiche Menge grob gehackte Walnüsse nehmen.

Einfaches Kürbisbrot

300 g Hokkaido-Fruchtfleisch
500 g Vollkornmehl
1 Würfel Frischhefe
1 TL Zucker
350 ml Buttermilch, lauwarm
100 g Butter
1 TL Salz
60 g Pinienkerne (oder Kürbiskerne)

Das Kürbis-Fruchtfleisch in kleine Würfel schneiden und in sehr wenig (1–2 EL) Wasser weich dünsten (ca. 15 Minuten). Eventuell vorhandenes Wasser abgießen, das Fruchtfleisch pürieren und etwas abkühlen lassen. Das Mehl in eine Schüssel geben und eine Mulde hineindrücken; die Hefe hineinbröseln und mit Zucker, etwas lauwarmer Buttermilch und etwas Mehl zu einem Vorteig verrühren. Zugedeckt an einem warmen Ort ca. 10 Minuten gehen lassen. Die Butter bei schwacher Hitze schmelzen lassen. Das Kürbis-Püree, die zerlassene Butter, die lauwarme Buttermilch, Salz und 50 g Pinienkerne zum Vorteig geben und alles zu einem geschmeidigen Teig verkneten. Der Teig sollte nicht klebrig bzw. zu fest sein; bei Bedarf noch etwas Mehl bzw. Buttermilch dazugeben. Den Teig zugedeckt an einem warmen Ort ca. 45 Minuten gehen lassen. Den Teig nochmals durchkneten, in eine gefettete Kastenform geben und nochmals 15 Minuten gehen lassen. Mit den restlichen Pinienkernen bestreuen und bei 180 Grad ca. 50–60 Minuten backen.

Sauerteigbrote

Mischbrot

600 g Vollroggenmehl (Type 1370)
400 g Vollweizenmehl (Type 1050)
1 Beutel Fertig-Sauerteig
1 Päckchen Trockenhefe
2 TL Salz oder 3 TL Kräutersalz
700 ml lauwarmes Wasser

Alle Zutaten zu einem glatten Teig verkneten. Er sollte sich vom Schüsselrand lösen. Bedecken, ca. 1–2 Stunden an einem warmen Ort gehen lassen, bis sich die Teigmenge etwa verdoppelt hat. Einen Laib formen, der Länge nach quer einritzen. Erneut ½ Stunde gehen lassen. Bei 200 Grad ca. 15 Minuten backen, dann bei niedriger Temperatur noch ca. 60 Minuten.

Sojabrot

600 g Vollweizenmehl
200 g Sojaschrot (Fachgeschäfte)
1 Würfel Frischhefe
1 TL Vollrohrzucker
2 TL Kräutersalz
knapp 500 ml lauwarmes Wasser
150 g Fertig-Sauerteig

Mehl und Schrot in eine Schüssel geben, in die Mitte eine Vertiefung machen. In etwas lauwarmem Wasser, das von der Gesamtmenge abgenommen wird, die Hefe und den Zucker auflösen, in die Vertiefung gießen, mit etwas Mehl verrühren, zudecken und an einem warmen Ort etwa ½ Stunde gehen lassen. Übriges Wasser, Sauerteig und Salz unterrühren, dann kneten, gut mit den Händen durchwalken. Erneut bedecken und etwa ½ Stunde an einem warmen Ort gehen lassen. Wieder durchkneten, Teig zu einem Laib formen oder in eine gefettete Kastenform drücken, nochmals ½–1 Stunde gehen lassen, bis sich das Volumen etwa verdoppelt hat. Mit einem in kaltes Wasser getauchten spitzen Messer einmal längs in der Mitte oder einige Male schräg einritzen. Bei 220–225 Grad etwa 1 Stunde backen.

Variationen für alle Weizen-, Roggen- oder Mischbrote:

Buttermilchbrot

Statt Wasser die in den Rezepten angegebene Menge lauwarme Buttermilch oder andere Sauermilch verwenden oder halb Sauermilch, halb Wasser.

Leinsamen-, Sonnenblumenkern-, Kürbiskern- oder Sesambrot

Pro 500 g Mehl 50 g Leinsamen, Sonnenblumenkerne, Kürbiskerne oder 25 g ungeschälten Sesam unter den Teig kneten.

Würzbrot

Nach Geschmack Kümmel, Koriander, Fenchel, Anis oder andere Gewürze ganz oder gemahlen an den Teig geben, pro 500 g Mehl ca. je 1 TL.

Süße Brote und Brötchen

Süßes Quarkbrot

50 g Margarine
2–3 EL Honig
1 Prise Salz
250 g Quark (Topfen), Magerstufe
500 g Vollweizenmehl (Type 1700)
1 Päckchen Backpulver
125 ml Milch
Milch zum Bestreichen
wahlweise abgeriebene Schale einer ungespritzten Zitrone oder ein paar Tropfen Zitronenaroma

Die Margarine, die Zimmertemperatur haben sollte, mit einem Schneebesen glatt rühren. Nach und nach Honig, Salz und Quark unterrühren. Backpulver dazugeben, ca. 200 g Mehl und die Milch abwechselnd einrühren. Teig auf eine bemehlte Fläche geben, das restliche Mehl unterkneten, bis ein fester Teig entsteht. In eine gut eingefettete Kastenform füllen, der Länge nach ca. 1 cm tief einschneiden. Im vorgeheizten Backofen ca. 50 Minuten bei mittlerer Hitze backen.
Das Brot schmeckt leicht süß und passt besonders gut zu Honig und Marmelade. Man reicht es zum Frühstück oder zum Nachmittagskaffee.

Süßes Milchbrot

ca. 200 ml Milch
8 EL Honig
50 g Butter
2 EL Sojamehl, mit etwas Milch verschlagen
150 g Vollweizenmehl (Type 1050)
200 g Vollweizenmehl (Type 550)
1 TL Salz
1 Päckchen Backpulver
100 g gehackte Nüsse oder Mandeln

Milch und Honig zusammen erhitzen, bis der Honig geschmolzen ist, dann die Butter einrühren. Wenn die Mischung etwas abgekühlt ist, das mit Milch verschlagene Sojamehl hinzufügen. Die beiden Mehlsorten zusammen sieben und mit dem Backpulver und dem Salz vermischen. Nach und nach die trockene Mischung in die Flüssigkeit einrühren. Zuletzt die Nüsse beifügen, gut untermischen und den Teig in eine mit Butter gefettete Kastenform geben. Bei 180 Grad 45–50 Minuten backen.

Sahne-Scones

(engl. Teegebäck)

200 ml Buttermilch oder Joghurt
1 EL Sojamehl, mit etwas Milch verrührt
1 EL Vollrohrzucker
350 g Vollweizenmehl (Type 550 oder 1050)
2 TL Backpulver
½ TL Salz
100 g zerlassene Butter
40 g Korinthen

Buttermilch, Zucker und angerührtes Sojamehl miteinander verschlagen. Mehl mit Backpulver und Salz sieben. Ungefähr 2/3 des Mehls in die Buttermilch rühren. Nach und nach Butter hinzufügen und gründlich einarbeiten. Restliches Mehl und Korinthen miteinander vermischen. Den Buttermilchteig auf ein leicht bemehltes Brett geben. Mehl-Korinthen-Mischung gut darunterkneten. Evtl. etwas mehr Mehl als angegeben verwenden, damit man einen festen Teig erhält. Teig in drei gleiche Teile teilen. Aus jedem Teil einen dicken Kranz von ungefähr 10–12 cm Durchmesser formen. Die Kränze mit einem scharfen Messer vierteln und die so entstandenen Scones auf ein mit Butter eingefettetes Backblech setzen. Bei 200 Grad 20–25 Minuten backen oder so lange, bis sie hellbraun sind. Warm mit Butter, Marmelade, Honig oder Käse, aber vor allem zum Tee servieren. Sie schmecken auch kalt sehr gut.
Das Rezept ergibt 12 Scones.

Ingwerbrot

400 g Vollweizenmehl (Type 1050)
1 Päckchen Backpulver
1 Prise Salz
2 TL Ingwerpulver
2 TL Zimt
2 EL Sojamehl
12 EL Öl
150 g Ahornsirup oder Melasse
150 g Honig
300 g Joghurt

Mehl, Backpulver, Salz, Ingwer, Zimt und Sojamehl miteinander vermischen und getrennt davon Öl, Sirup, Honig und Joghurt miteinander verrühren. Dann die Flüssigkeit über die trockene Mischung gießen und alles gut verrühren. Den Teig in eine gut gefettete Kastenform geben und im vorgeheizten Backofen bei 180 Grad ca. 55 Minuten lang backen.
Schmeckt gut, wenn es noch frisch ist und man es mit Butter bestreicht.

Brotaufstriche
& Toasts

Buttermischungen

Buttermischungen eignen sich nicht nur für Brotaufstriche, sie verfeinern auch Gemüse, Kartoffel- und Nudelgerichte, Reis und Getreidezubereitungen.

Kräuterbutter kann sehr gut auf Vorrat zubereitet und portionsweise eingefroren werden.

125 g weiche Butter
Kräutersalz
50 g frische gehackte Kräuter wie z.B. Thymian, Majoran, Basilikum, Borretsch, Petersilie, Dill, Schnittlauch, Zitronenmelisse, Liebstöckel o.ä.
2 Knoblauchzehen, gepresst
1 TL Zitronensaft
Salz

Butter weich rühren, mit allen Zutaten gut vermischen. Butter evtl. in ein kleines, mit kaltem Wasser ausgespültes (Pudding-) Förmchen geben, kaltstellen. Salatblatt auf einen Teller legen, Butter darauf stürzen. Passt auch gut zu Pellkartoffeln.

Variante:
Die Butter mit den gewaschenen, abgetropften Kräutern und den anderen Zutaten zusammen mit dem Mixstab fest vermischen.

125 g weiche Butter
100 g gemahlene Nüsse oder Nussmus

Zutaten vermischen. Kalt stellen.
Passt sowohl zu Käse (und als letzter „Schliff" zu Gemüse) wie auch zu Honig und Marmelade.

Varianten:
Nussbutter mit etwas angeröstetem Sesam und Hefeflocken oder Hefeextrakt abschmecken. Diese Nussbutter passt natürlich nur zu pikanten Brotbelägen.
Statt Nüsse oder Nussmus kann man auch Mandeln oder Mandelmus oder Erdnussmus nehmen.

Französische Gewürzbutter

100 g weiche Butter
je 1 kräftige Prise Cayennepfeffer, Pfeffer, Kräutersalz, Curry, Knoblauchpulver, Rosenpaprika, Ingwerpulver, Zwiebelpulver, Estragon, Majoran, Dill, Thymian oder Herbes de Provence
gehackte Petersilie
gehackter Schnittlauch
2 TL Tomatenketchup
1 EL Zitronensaft
1 TL Obstessig
1 TL Senf
abgeriebene Schale ¼ ungespritzten Orange
1–2 TL Sojasoße

Alle Zutaten außer Butter gut mischen, mit dem Schneebesen oder dem Mixer unter die Butter rühren. Kalt stellen. Möglichst erst am folgenden Tag verzehren, wenn die Butter gut durchgezogen ist.

Quark-Aufstriche

Apfel-Meerrettich-Quark

2 EL Quark
1 kleiner, fein geriebener Apfel
etwas Salz
1 TL geriebener Meerrettich (frisch oder aus dem Glas)
½ Becher Joghurt

Alle Zutaten miteinander gut vermischen.

Gewürzquark mit Kräutern

100 g Magerquark
100 g weiche Butter oder Margarine
1 TL Zitronensaft
½ TL Zwiebelpulver
1 Tasse fein gehackte Kresse
fein gehackte Petersilie
fein gehackter Schnittlauch
frischer, fein gewiegter Dill
Kräutersalz

Alle Zutaten miteinander verrühren.

Quarkaufstrich Delikata

2 EL Quark
½ Becher Sahne
50 g Gorgonzola oder Roquefort
etwas Zitronensaft
1 kleine reife Birne

Den Käse fein zerdrücken und mit Quark und Sahne glatt rühren. Die Birne in ganz kleine Würfel schneiden, mit Zitronensaft beträufeln und unter die Quarkmasse rühren.
Gut geeignet zur Füllung von Birnenhälften und Tomaten für kalte Platten.

Gurkenquark

1 fein geraspelte mittelgroße Gurke
200 g Frischrahmkäse
1–2 EL Milch
Kräutersalz
1 EL Zitronensaft
1 Bund fein geschnittener Dill

Alle Zutaten gut vermischen, am besten im Mixer verrühren.

Pikanter Quark

200 g Quark
5 EL Joghurt
1 kleines Glas fein gehackter Mixed Pickles oder 3–4 geriebene Gewürzgurken
1 kleine geriebene Zwiebel
1 fein gehackte Paprikaschote aus dem Glas

Alle Zutaten vermengen.

Tomatenquark

100 g Frischkäse
100 g Quark
2–3 Tomaten
½ TL Zwiebelpulver
½ TL weißer Pfeffer
Kräutersalz
evtl. ½ TL Honig

Tomaten kurz heiß überbrühen, schälen und in kleine Stücke schneiden. Zusammen mit dem Quark, dem Frischkäse und den Gewürzen fein pürieren.

Käse- und andere Cremes

Camembertcreme mit Sonnenblumenkernen

½ Camembert
1 TL Butter
1 kleine Zwiebel
1 Msp. Knoblauch
1 EL Basilikum
1 EL Sonnenblumenkerne

Camembert mit der Gabel fein zerdrücken. Butter, sehr fein geschnittene Zwiebel, Knoblauch, fein gewiegtes Basilikum und Sonnenblumenkerne zugeben und alles gut vermischen.

Crème Américaine

1 mittelgroße, fein zerdrückte Banane
1 gehäufter EL Tomatenmark (evtl. mehr)
100 g Frischkäse oder Sahnequark
etwas Kräutersalz und Pfeffer
¼ TL Curry
etwas Milch oder Sahne

Bananenmus mit Tomatenmark verrühren. Frischkäse mit einer Gabel zerdrücken und mit etwas Milch oder Sahne verrühren, unter die Bananen-Tomaten-Paste rühren. Alles mit Salz und Gewürzen abschmecken. Passt besonders gut zu Toast.

Crème Noisette

100 g geriebener Käse
2 EL gehackte (Wal-) Nüsse
2 geraspelte Äpfel
125 ml geschlagene Sahne
1 EL Tomatenketchup
evtl. einige Paprikastückchen zum Garnieren

Alle Zutaten außer Paprikastückchen vorsichtig unter die Sahne mischen. Mit Paprikastückchen verzieren.

Crème aux Tomates

1 kleine Dose Tomatenmark (70 g)
1 EL Mayonnaise (siehe Kapitel Salatsoßen)
50 g Frischkäse
1–2 EL Sahne oder Milch
1 EL Zitronensaft
Kräutersalz
gehackte(r) Petersilie und Schnittlauch

Frischkäse mit Milch oder Sahne cremig rühren. Mit den übrigen Zutaten verrühren und abschmecken.

Käse-Crunch

125 g Frischkäse
einige EL Milch oder Sahne
je 25 g gehackte, in der trockenen Pfanne geröstete Haselnüsse und Mandeln
ca. 1 TL Hefeflocken
evtl. etwas Kräutersalz

Den Frischkäse mit der Gabel zerdrücken, mit Milch oder Sahne glatt rühren, mit Mandeln und Nüssen vermengen. Die übrigen Zutaten unterrühren.

Gewürzte Käse-Creme

200 g Frischkäse
1 Zwiebel
1 TL Butter
1 Gewürzgurke
einige fein gewiegte Kapern
etwas Zitronensaft
1 TL schwarzer Pfeffer

Den Frischkäse mit der Gabel zerdrücken, die Butter gut unterrühren. Die sehr fein geschnittene Zwiebel, die klein gewürfelte Gurke und die übrigen Zutaten sorgfältig miteinander vermischen.

"Obatzter"
(Bayerische Käsespezialität)

½ reifer Camembert (62,5 g)
35 g weiche Butter
einige EL saure Sahne oder Joghurt
½ fein gehackte oder geriebene Zwiebel oder ½ TL Zwiebelpulver
½–1 TL edelsüßer Paprika
½ TL Rosenpaprika
etwas Kräutersalz
frisch gemahlener Pfeffer
1 Sträußchen Petersilie

Camembert mit der Gabel zerdrücken, mit Butter und saurer Sahne verrühren. Mit Zwiebeln oder Zwiebelpulver, Salz und Gewürzen abschmecken. Auf einen Teller häufen (evtl. auf ein Salatblatt legen), mit einem Petersiliensträußchen garnieren.

Variante:
Statt Camembert = Frischkäse und statt Butter = 100 g Hüttenkäse verwenden.

Brotaufstriche

1 Zwiebel
1 EL Margarine oder Butter
etwas Knoblauchpulver
3 EL Sojamehl
ca. 250 ml Wasser
½ Gemüsebrühwürfel
1 TL Öl
2 EL Hefeflocken
Pfeffer
Paprika
Curry
Majoran
Muskat
Salz

Die fein geschnittene Zwiebel in Fett goldgelb andünsten, Hefeflocken zugeben und darin anrösten. Wasser und Brühwürfel zum Kochen bringen, das mit wenig Wasser angerührte Sojamehl einlaufen lassen, aufkochen, sodass eine cremige Paste entsteht. Zwiebel, Hefeflocken und Öl unterrühren, ebenso alle Gewürze. Mit Salz abschmecken.

Soja-Spread

200 g gut weich gekochte Sojabohnen
50–75 g weiche Butter oder Margarine
100 g Quark oder Frischkäse
½ TL Kräutersalz
2–3 TL Hefeflocken
¼ TL Curry
¼–½ TL (Rosen-) Paprika
etwas Chilipulver (wahlweise)
etwas Zitronensaft

Sojabohnen fein zerdrücken oder pürieren. Mit Butter und Quark oder Käse verrühren. Mit Salz, Gewürzen und Zitronensaft abschmecken.

Sesam-Kräuter-Paste

5 EL Sesam
5 EL Sonnenblumenkerne
2 EL frische Kräuter
2 Knoblauchzehen
1 EL Zitronensaft
2 EL Öl
Kräutersalz
½ TL Sojasoße

Den Sesam und die Sonnenblumenkerne in einer trockenen Pfanne goldgelb rösten. Danach im Mixer fein pürieren, Knoblauch hineinpressen, die anderen Zutaten zugeben und im Mixer glatt rühren.

Linsen-Aufstrich

150 g rote Linsen
3 EL Öl
2 EL Tomatenmark
1–2 Zehen Knoblauch
1 EL Sojasoße
1 EL Zitronensaft
je ¼ TL Oregano, Basilikum, Pfeffer
1 Prise Muskat

Linsen waschen und in ca. 400 ml Wasser weich kochen. Überschüssiges Wasser abgießen. Dann abkühlen lassen. Im Mixer mit den gepressten Knoblauchzehen und den übrigen Zutaten zu einer Paste verrühren.

Avocado-Brotaufstrich

2 reife Avocados
1 kleine Zwiebel
1 Knoblauchzehe
1 TL Senf
1 TL Zitronensaft
Salz
Pfeffer aus der Mühle
fein gehackte Petersilie

Avocados halbieren, entkernen, das Fruchtfleisch herausschaben und mit einer Gabel zerdrücken. Die fein gehackte Zwiebel dazugeben, Knoblauch darüber pressen und mit den anderen Zutaten zu einer glatten Creme verrühren. Petersilie untermischen.

Grünkern-Aufstrich

125 g Grünkernschrot
375 ml Gemüsebrühe
1 Zwiebel
1 EL Butter oder Öl
1 Knoblauchzehe
Majoran
Muskatnuss
frische, fein gehackte Kräuter (Petersilie, Dill)
Pfeffer
Kräutersalz

Gemüsebrühe aufkochen, Grünkernschrot einstreuen, auf kleiner Flamme ausquellen lassen. Die Zwiebel klein schneiden und in Fett leicht anbräunen, zusammen mit dem gepressten Knoblauch und den übrigen Zutaten unter den Grünkern rühren, abschmecken und erkalten lassen.

Mandoliven-Paste

½ Tasse fein gehackte Mandeln
1 Tasse fein gehackte grüne oder schwarze Oliven
1 EL Kapern
1 Knoblauchzehe
2 EL Olivenöl
Saft ½ Zitrone
Kräutersalz nach Geschmack
schwarzer Pfeffer
Salz

Mandeln in der Pfanne ohne Fett rösten. Mit den Oliven, Kapern und gepresster Knoblauchzehe im Mixer fein pürieren. Das Öl langsam zugeben, mit Zitronensaft, Salz und Pfeffer abschmecken.

Tofu-Brotaufstriche

250 g Tofu
etwas Pflanzenmilch
3–4 EL gehackte frische Kräuter (Petersilie, Schnittlauch, Dill, Basilikum)
1 klein geschnittene Zwiebel
Salz, Pfeffer
Sojasoße

Tofu mit Pflanzenmilch fein pürieren und mit den anderen Zutaten vermischen.

250 g Tofu
1 EL Öl
1 kleine, fein geschnittene Zwiebel
1 zerdrückte Knoblauchzehe
1 geriebene Gewürzgurke
etwas Schnittlauch oder Petersilie
Salz, Pfeffer
Zitronensaft

Variante:
Tofu mit Öl fein pürieren, alle übrigen Zutaten dazugeben und gut verrühren.

250 g Tofu
1 kleine, geriebene frische Gurke
1 fein geschnittene Zwiebel
etwas Petersilie
Salz, Pfeffer
etwas Zitronensaft und Öl

Variante:
Tofu zerdrücken und mit den anderen Zutaten gut verrühren.

250 g Tofu
2 EL Öl
3 EL Tomatenmark
1 TL Senf
1 klein geschnittene Zwiebel
1 zerdrückte Knoblauchzehe
Salz, Paprika, Oregano
1 EL gerösteter Sesam

Variante:
Tofu mit Öl und Tomatenmark pürieren, die anderen Zutaten zugeben und cremig rühren.

Süße Brotaufstriche

Honigbutter mit Trockenfrüchten

100 g weiche Butter oder Margarine
50 g flüssiger Honig
50 g fein gehacktes Trockenobst nach Wahl (z.B. Datteln, Feigen, getrocknete Bananen, Pflaumen, Aprikosen)
1 winzige Prise Salz

Fett schaumig rühren, nach und nach so viel von dem Honig unterrühren, dass eine gleichmäßige cremige Masse entsteht. Zum Schluss Trockenobst darunter mischen. Kalt stellen.

Honig-Nuss-Creme

100 g flüssiger Honig
1–2 TL Zitronen- oder Orangensaft
gemahlene Nüsse

Honig und Zitronen- oder Orangensaft mischen. So viel gemahlene Nüsse unterrühren, bis eine streichfähige, cremige Masse entsteht.

Schoko-Nuss-Creme

100 g Butter oder Margarine, zimmerwarm
3 EL gemahlene Haselnüsse (oder Mandeln)
2 EL Kakao-Pulver (ungesüßt)
3 EL Honig
1/2 TL Zimt
1/2 TL Vanillepulver
evtl. 1 TL Pulverkaffee

Die Butter mit den Haselnüssen und dem Kakao verrühren, den Honig einarbeiten, schließlich den Zimt und Vanillezucker und eventuell Pulverkaffee einrühren und alles zu einer streichfähigen Masse verarbeiten. Falls die Masse zu fest ist, 1–2 EL heißes Wasser zugeben und verrühren. Im Schraubdeckelglas im Kühlschrank 1–2 Wochen haltbar.

Vegane Schoko-Nuss-Creme

200 g ganze Haselnüsse (für 5 Stunden eingeweicht)
7 Medjul-Datteln (für 2 Stunden eingeweicht)
4 EL kaltgepresstes Kokos-Öl
3 EL Kakaopulver
1 Prise Salz
evtl. 1/4 TL Vanillepulver

Haselnüsse für 5 Stunden einweichen, Datteln für 2 Stunden einweichen, beides abtropfen lassen (das Dattelwasser kann für Smoothies verwendet werden). Datteln entkernen und grob schneiden. Mit dem Kokosöl, Kakao, Salz und evtl. Vanillepulver in den Mixer füllen, die Haselnüsse darauf geben. Zu einer feinen Creme pürieren. Bei Bedarf mit etwas Öl oder Mandelmilch verdünnen.

Frucht-Mandel-Paste

50 g Trockenobst (Feigen, Datteln)
50 g Rosinen
100 g gemahlene Mandeln
ca. ½ Tasse Orangensaft

Trockenobst und Rosinen im Mixer zu einer Paste zerkleinern. Mit den Mandeln mischen. Saft erst zum Schluss nach und nach dazugeben, bis eine streichfähige, glatte Paste entsteht.

Ricotta Aranciata

100 g Frischkäse
2–3 EL Sahne
3–4 EL Orangenmarmelade
3–4 EL gemahlene Mandeln oder Nüsse

Frischkäse zerdrücken, mit den übrigen Zutaten verrühren.

Varianten:
Statt Orangenmarmelade Pflaumenmus oder Preiselbeeren verwenden. Statt der Nüsse können auch Kokosraspeln genommen werden.

Toasts

Spargel-Käse-Toast

1 kleine Dose Spargel
250 g geriebener Käse
4 Scheiben warmer, gebutterter Vollkorn-Toast

Spargelwasser abgießen. Einen EL davon in einen Topf geben (den Rest für Suppe verwenden), Käse dazugeben und auf kleiner Flamme schmelzen. Spargel hinzugeben. Diese Masse auf den warmen Toast verteilen und überbacken, bis der Käse goldbraun ist und Blasen wirft. Sofort servieren.

Ananas-Käse-Toast

1 kleine Dose Ananas in Stücken
250 g geriebener Käse
4 Scheiben warmer, gebutterter Vollkorn-Toast

Wie Spargel-Käse-Toast zubereiten.

4 Scheiben Ananas
4 Scheiben Käse

Variante:
Den Toast mit Ananas und Käse belegen und überbacken.

Tomaten-Käse-Toast

6 Tomaten
etwas Kräutersalz
250 g geriebener Käse
4 Scheiben warmer, gebutterter Vollkorn-Toast

Tomaten in Scheiben schneiden, die Toastscheiben damit belegen, salzen, mit Käse bestreuen und überbacken.

Pilz-Käse-Toast

500 g Champignons
30 g Butter
20 g Mehl oder
1 TL Johannisbrotkernmehl
2 EL Sahne
Salz
Majoran
4 Scheiben Käse
4 Scheiben warmer, gebutterter Vollkorn-Toast

Pilze waschen, in Scheiben schneiden. In Butter auf kleiner Flamme weich dünsten. Mit Mehl oder Johannisbrotkernmehl und Sahne binden, pikant abschmecken. Auf die Toastscheiben häufen, mit Käse belegen und goldbraun überbacken.

Toast à l'Anglaise
(Welsh Rarebit)

4 Scheiben Toastbrot
150 g geriebener Käse
30 g Butter
1 TL Senf
3 EL Milch
Paprika

Butter in einem Topf zergehen lassen. 125 g Käse, Milch, Senf und Paprika einrühren. Unter ständigem Rühren auf kleiner Flamme eindicken lassen. Auf die Toastscheiben streichen, restlichen Käse darauf verteilen. Im Backofen (oberste Schiene) oder unter dem Grill zu goldbrauner Farbe überbacken.

Camembert-Toast

1 Camembert
2 Tomaten oder 4 TL Preiselbeeren aus dem Glas
etwas Kräutersalz
2 TL Butter
2 EL Schnittlauchröllchen
4 Scheiben warmer, gebutterter Vollkorn-Toast

Camembert und Tomaten in Scheiben schneiden. Toastscheiben mit Camembert und Tomaten oder Preiselbeeren belegen, salzen (entfällt bei Preiselbeeren), Butterflöckchen aufsetzen und ca. 15 Minuten bei 200 Grad überbacken.
Mit Schnittlauchröllchen bestreuen (entfällt bei Verwendung von Preiselbeeren).

Salate

Avocado-Grapefruit-Salat

2 Grapefruits
2 Orangen
2 Avocados
½ Kopfsalat
1 EL gehackte Pfefferminzblätter
1 Prise frisch gemahlener Pfeffer
1 Rezept Vinaigrette Salatsoße (siehe Kapitel Salatsoßen)

Grapefruits und Orangen schälen, weiße Haut entfernen, in Spalten zerteilen. Avocados dünn abschälen, halbieren, entkernen und in Scheiben schneiden. Grapefruits, Orangen und Avocados vermischen. Salat mit Soße vermischen. Die Frucht-Avocado-Mischung auf die Salatblätter häufen. Gut gekühlt mit Pfefferminze und Pfeffer bestreut servieren.

Variante:
Grapefruit halbieren, Fruchtfleisch herauslösen, Hälften mit Fruchtmischung gefüllt servieren. Nach Geschmack etwas Zucker dazugeben.

Avocado-Tomaten-Salat

2 Fleischtomaten
2 Avocados
1–2 EL Zitronensaft
125 g Mozzarella
2 Thymianzweige
1 fein geschnittene kleine Zwiebel
150 g Sauerrahm
1 EL Essig
2 EL Öl
grob gemahlener schwarzer Pfeffer, Salz

Die gewaschenen Tomaten in feine Scheiben, die geschälten, halbierten und entkernten Avocados in halbrunde Scheiben schneiden. Sofort mit Zitronensaft beträufeln. Mozzarella würfeln. Diese Zutaten vorsichtig mischen. Thymianblätter fein wiegen, mit Sauerrahm, Essig, Öl, Pfeffer, Salz und Zwiebel zu einer Soße rühren und mit den anderen Zutaten gut vermischen.

Balkan-Salat

1 Salatgurke
1 Zwiebel
2 Tomaten
100 g Ziegenkäse
½ Dose Gemüsemais
8 schwarze Oliven

Für die Soße:
2 EL Zitronensaft
2 EL Öl
Salz
Paprika
Basilikum
Koriander
etwas Petersilie

Gurke, Tomaten und Käse in Würfel, die Zwiebel in Ringe schneiden. Mais und Oliven untermischen. Die Zutaten für die Soße gut verrühren und über den Salat gießen. Gut abschmecken und etwas durchziehen lassen.

Blumenkohl-Rohkost

1 kleiner Blumenkohl

Für die Soße:
150 g saure Sahne
1 EL Haselnussmus oder Mandelmus
Saft ½ Zitrone
½ TL Honig
Salz
frischer Ingwer, gerieben
etwas Petersilie

Blumenkohl gut waschen und grob raspeln oder in kleine Röschen zerteilen. Aus saurer Sahne, Nussmus, Zitronensaft, Honig, Salz und Ingwer eine Soße herstellen. Mit dem Blumenkohl vermengen und mit Petersilie garnieren.

Brokkoli-Salat

750 g Brokkoli
1 kleiner Blumenkohl
etwas Salz

Für die Soße:
3 EL Kräuteressig
6 EL Öl
½ TL Honig oder Agavensirup
Pfeffer
1 Msp. Muskat
Kräutersalz

Brokkoli und Blumenkohl putzen, waschen und in Röschen teilen. Brokkolistiele in feine Scheiben schneiden.
Blumenkohl in kochendes Salzwasser geben, ca. 5 Minuten leicht köcheln, Brokkoli zugeben und zusammen bissfest garen. Abgießen und gut abtropfen lassen. 3 EL Brühe zurückbehalten. Aus Essig, Öl, Honig, Gewürzen und Brühe eine Soße rühren, über das noch warme Gemüse gießen und zugedeckt etwa 15 Minuten durchziehen lassen. Vorsichtig durchmischen und kalt stellen.
(Ergibt 6 bis 8 Portionen, geeignet für Büffets.)

Buschbohnen-Salat

500 g Buschbohnen
1 Zwiebel
1 Knoblauchzehe
Bohnenkraut, frisch
Einfache Vinaigrette (siehe Kapitel Salatsoßen)

Die Bohnen putzen, waschen, in feine Scheibchen oder Stücke schneiden. In Salzwasser ca. 15 Minuten kochen, abgießen, in einem Sieb kurz kalt abschrecken.
In eine Schüssel geben, die fein gehackte Zwiebel dazugeben, Knoblauch darüber auspressen, die Bohnenkrautblättchen darüber streuen, kurz mischen. Die Vinaigrette darüber gießen, gut vermischen und durchziehen lassen.

Argentinischer Bohnen-Salat

1 Dose Gemüsemais
1 kleine Dose Brechbohnen
1 kleine Salatgurke
2 Tomaten

Für die Soße:
2 TL Senf
5 EL Öl
3 EL Essig
Salz, Pfeffer
etwas Zucker
2 geschälte, fein geschnittene Zwiebeln
2 gewürfelte Gewürzgurken
2 fein gewiegte Peperoni
1 Bund Petersilie
1 Bund Schnittlauch

Salatgurke und Tomaten waschen, in kleine Stücke schneiden und mit den gut abgetropften Bohnen und Maiskörnern vermischen. Die übrigen Zutaten zu einer Soße gut verrühren, zuletzt den geschnittenen Schnittlauch untermischen und die Soße über das Gemüse gießen. Gut verrühren. Mit Petersilie bestreuen.
Gut geeignet für Salat-Büffets.

Chicorée-Salat

2 Kolben Chicorée
1 kleine Orange
1 EL Salatöl
2 EL Joghurt
1 TL Zitronensaft
Salz
etwas Pfeffer

Chicorée putzen, bitteren Keil herausschneiden, in Streifen schneiden. Orange schälen, in kleine Stücke schneiden. Aus Joghurt und Öl und den Gewürzen eine Salatsoße bereiten und mit Chicorée und Orange vermischen. Evtl. mit gehackter Petersilie bestreuen.

Pikanter Chicorée-Salat

4 Kolben Chicorée
2–3 frische Mandarinen
50 g gehackte Walnüsse

Für die Soße:
150 g Joghurt
1 TL Honig
Saft einer Zitrone
schwarzer Pfeffer
6 EL Öl
etwas Streuwürze
1 Prise gemahlener Koriander

Chicorée waschen und gut abtropfen lassen. Am unteren Ende den bitteren Keil herausschneiden. Dann in etwa ½ cm breite Ringe schneiden. Mandarinen schälen und in kleine Stücke schneiden. Alles in eine Schüssel geben und mit den gehackten Walnusskernen bestreuen. Aus den übrigen Zutaten eine Soße herstellen, über den Salat gießen und alles gut durchmengen. Kurze Zeit durchziehen lassen.

Chinakohlsalat

1 Staude Chinakohl
2 säuerliche Äpfel

Für die Soße:
2–3 EL Weinessig oder Zitronensaft
4 EL Salatöl
1 zerdrückte Knoblauchzehe
1 TL Senf
etwas Salz
Paprikapulver
1 Handvoll Walnusskerne, gehackt

Die äußeren Blätter vom Chinakohl entfernen. Kohl waschen, abtropfen lassen und klein schneiden. Äpfel in dünne Spalten schneiden. Mit dem Kohl in einer Schüssel locker mischen. Walnüsse unterheben. Aus Essig, Öl, Knoblauch, Senf, Salz und Paprikapulver eine Soße herstellen. An die Salatzutaten gießen und vermischen. Durchziehen lassen.

Einfacher Endiviensalat

1 Kopf Endiviensalat

Für die Soße:
1–2 EL Öl
3–4 EL Joghurt
¼–½ TL Vollrohrzucker oder Honig
½ TL Kräutersalz
1 TL Senf

Salat waschen, trocken schleudern und in feine Streifen schneiden. Marinade bereiten, über den Salat gießen, untermischen.

Variante:
Mit Vinaigrette-Soße oder einer anderen veganen Salatsoße anrichten.

Endiviensalat mit Nüssen

1 Kopf Endiviensalat

Für die Soße:
1 TL Senf
4 EL Essig
100 g gemahlene (Wal-) Nüsse
Salz
1 Prise Cayenne-Pfeffer
3 EL Öl

Salat waschen, trocken schleudern, in feine Streifen schneiden. Senf, Essig und 1 EL Nüsse verrühren, mit Salz und Cayenne-Pfeffer würzen. Öl untermischen. Soße über den Salat gießen. Salat mit restlichen Nüssen bestreuen.

Endiviensalat mit Käse und Tomate

1 Kopf Endiviensalat
100 g Gouda oder anderer Schnittkäse
1 rote Paprikaschote
1 Tomate

Für die Soße:
2 EL Essig oder Zitronensaft
1 TL Senf
Salz
Pfeffer
Paprikapulver
3–4 EL Öl

Endiviensalat gut waschen, trocken schleudern und in feine Streifen schneiden. Käse, Paprika und Tomate ebenso klein schneiden. Mit der Soße übergießen und vermischen.

Eisberg-Salat

1 Eisbergsalat

Für die Soße:
1 mittelgroße Zwiebel
2–3 EL Essig
Salz
schwarzer Pfeffer
1–2 zerdrückte Knoblauchzehen
5–6 EL Öl
frische oder getrocknete Salatkräuter
4 EL Käseraspel

Den Salat gut waschen, trocken schleudern und zerkleinern. Zwiebel schälen und fein hacken. Aus den übrigen Zutaten eine Salatsoße herstellen und Salat damit übergießen. Mit Käseraspeln bestreuen.

Varianten:
Zusätzlich blaue Weintrauben oder Maiskörner untermischen.

Feldsalat

300 g Feldsalat
½ Fenchelknolle
1 Bund Radieschen
2–3 Frühlingszwiebeln
1 Bund Schnittlauch

Für die Soße:
150 g Joghurt
100 g saure Sahne
4 TL Senf
1 EL Hefeflocken
etwas Muskat
½ TL Paprikapulver
Salz
Pfeffer

Die Salatzutaten waschen und abtropfen lassen. Fenchelknolle in feine Streifen schneiden, ebenso die Frühlingszwiebeln, Radieschen in Scheiben schneiden. Schnittlauch grob hacken. Alles gut vermengen. Die Zutaten für die Soße cremig rühren und unter den Salat mischen.

Variante:
Mit Salatsoße 1 anrichten.

Italienischer Fenchelsalat

4 Fenchelknollen
1 Apfel
1 große Orange

Für die Soße:
1 Knoblauchzehe
2–3 EL Essig
1 TL Senf
Salz
Pfeffer
4 EL Olivenöl

Die Fenchelknollen putzen, waschen und der Länge nach in dünne Scheiben schneiden (Fenchelgrün zur Seite legen). Knoblauchzehe durchpressen, mit Essig, Salz, Senf, Pfeffer und Öl zu einer Soße verrühren. Die Soße über den Fenchel gießen. Apfel und Orange schälen, in Würfel schneiden, über den Fenchel streuen und kurz vor dem Servieren untermischen. Mit dem Fenchelgrün garnieren.
(Für 6–8 Personen)

Fenchel-Frisch-Salat

2 Fenchelknollen
1 gelbe oder grüne Paprikaschote
1 Tomate

Für die Soße:
1 Avocado
Saft von ½ Zitrone
1 kleine Zwiebel
½ Becher Joghurt
etwas Wasser
etwas gemahlener Koriander
etwas schwarzer Pfeffer
Salz
2 EL geröstete Sonnenblumenkerne

Den Fenchel putzen, Stiele abschneiden und Fenchelgrün aufbewahren. Den Fenchel in feine Streifen schneiden. Paprika waschen, halbieren, Kerne entfernen und ebenfalls in feine Streifen schneiden. Tomate fein würfeln, alles zusammen in einer Schüssel mischen. Für die Soße die Avocado halbieren, Kern entfernen und das Fruchtfleisch aus der Schale lösen. Avocado mit Zitronensaft, der klein geschnittenen Zwiebel, dem Joghurt, dem Wasser und den übrigen Gewürzen pürieren und über den Salat gießen. Gut untermischen und vor dem Servieren mit den Sonnenblumenkernen und dem Fenchelgrün überstreuen.

Fenchel-Melonen-Salat

1 reife Honigmelone
1 Fenchelknolle
1 Orange

Für die Soße:
200 ml süße Sahne
2 EL Crème fraîche
2 EL Tomaten-Ketchup
Salz
etwas Zitronensaft
Minze oder Zitronenmelisse

Melone halbieren und das Kerngehäuse herauskratzen. Den Saft auffangen. Das Fruchtfleisch in Würfel schneiden. Orange schälen und in kleine Stücke schneiden. Den Fenchel waschen, in feine Streifen schneiden und das Fenchelgrün zur Seite legen. Aus Crème fraîche, Salz, Ketchup und Zitronensaft eine Soße bereiten, die angeschlagene Sahne darunterziehen und mit Melonenwürfeln, Fenchel und Orange mischen. Mit feingewiegter Minze oder Zitronenmelisse und Fenchelgrün bestreuen. Kühl servieren.

Frisée-Salat

1–2 Köpfe Friséesalat
½ Kästchen Kresse

Für die Soße:
3–4 EL Zitronensaft
1 EL Sahne
3 EL Sonnenblumenöl
etwas geriebener Meerrettich
1 kleine Zwiebel
evtl. 1 zerdrückte Knoblauchzehe
1 TL Sojasoße o.ä.
Kräutersalz
Basilikum

Den Friséesalat putzen, waschen, gut abtropfen lassen, in schmale Streifen schneiden. Alle Zutaten für die Salatsoße gut verrühren, über den Salat gießen. Mit Kresse bestreut sofort servieren.

Griechischer Salat

3 Fleischtomaten oder 5 mittelgroße Tomaten
2 grüne Paprikaschoten
1 kleine Zwiebel
1 Salatgurke
200 g Schafskäse oder Kräutertofu
8–10 Oliven
Salz
Pfeffer
6 EL Öl
4–5 EL Zitronensaft
2–3 Knoblauchzehen
Schnittlauch

Das Gemüse gut waschen. Schafskäse bzw. Tofu in kleine Würfel schneiden. Tomaten in Stücke schneiden, ebenso Gurke und Paprika, Zwiebel klein würfeln und alles zusammen mit den Oliven vermischen. Salz, Pfeffer, Öl, Zitronensaft und fein geriebenen Knoblauch dazugeben und abschmecken. Mit Schnittlauch bestreuen.

Gurken in saurer Sahne

1–2 mittelgroße Gurken

Für die Soße:
100 g saure Sahne
2 EL Obstessig
½ TL Salz
1 EL gehackter Schnittlauch
2 EL frisch gehackter Dill
frisch gemahlener schwarzer Pfeffer

Gurken waschen, der Länge nach vierteln. Gurkenstreifen in Stücke schneiden, so dass gleichmäßige Würfelchen entstehen. Die Zutaten für die Soße vermischen, über die Gurke gießen und gut unterrühren. Etwas durchziehen lassen, nochmals umrühren und servieren.

Variante:
Gurken mit Quark-Mayonnaise (siehe Kapitel Salatsoßen).

Gurken-Orangen-Salat

1 frischer Salatkopf
2 große, saftige, ungespritzte Orangen
1 Salatgurke
einige Pfefferminzblätter
Einfache Vinaigrette-Soße (siehe Kapitel Salatsoßen)
Oder:
125 ml Sahne
½ TL Honig
abgeriebene Orangenschale

Salat waschen und trocken schleudern. Herzblätter zurückbehalten, die anderen in Stücke zerteilen. Orangen schälen, weiße Haut entfernen, in Spalten zerlegen. Gurke grob raspeln, Pfefferminze hacken. Gurke und Orangen mit Salatblättern vermischen, auf einer Servierplatte mit Herzblättern umgeben anrichten. Mit Soße übergießen und leicht vermischen.

Oder: Die Sahne mit dem Honig und der Orangenschale leicht cremig schlagen und über den Salat verteilen.

Schwäbischer Kartoffelsalat

1 kg Kartoffeln
1 große Zwiebel
ca. 300 ml Gemüsebrühe
ca. 5 EL Essig
2–3 saure Gurken
schwarzer Pfeffer
2 EL Rapsöl
gehackte Petersilie

Kartoffeln gut waschen und in der Schale in Salzwasser gar kochen, abgießen, kalt abschrecken, noch warm schälen und in feine Scheiben schneiden. Die fein geschnittene Zwiebel in die heiße Gemüsebrühe geben und mit dem Essig über die Kartoffeln gießen. Die sauren Gurken klein würfeln und unter die noch warmen Kartoffeln ziehen, mit Pfeffer würzen und gut durchziehen lassen. Nach dem Abkühlen das Öl zugeben und mit gehackter Petersilie garnieren.

Kartoffelsalat Margarita

400 g Salatkartoffeln
100 g frische Möhren
150 g Zuckererbsen
¼ Kopf Blumenkohl, in Röschen zerlegt
100 g Frühlingszwiebeln oder Schalotten
3 EL Öl
4 EL Essig
1 Tasse Gemüsebrühe
1 Msp. weißer Pfeffer, Salz
1 gehäufter EL feingehackte Pimpinelle oder Petersilie

Kartoffeln in der Schale ca. 20 Minuten kochen. Geputzte, gewürfelte Möhren und Blumenkohl in Salzwasser bissfest kochen. Zuckererbsen in gesalzenem Wasser nur kurz blanchieren. Geputzte Frühlingszwiebeln oder Schalotten in dünne Scheiben schneiden, in eine Schüssel geben, dazu Öl, Essig, Gemüsebrühe, ½ TL Salz, frisch gemahlener Pfeffer und die Pimpinelle oder Petersilie. Gut verrühren. Abschmecken. Abgezogene, noch warme Kartoffeln in Scheiben schneiden. Mit Möhren, Blumenkohl und Zuckererbsen in die Marinade geben. Ca. ½ Stunde durchziehen lassen.

Kartoffel-Paprika-Salat

1 kg Kartoffeln
je 1 grüne, gelbe und rote Paprikaschote
1 kl. Glas schwarze Oliven
1 Zwiebel
ca. 300 ml Gemüsebrühe
½ Tasse Kräuteressig
1 EL Senf
Salz
schwarzer Pfeffer
Salatgewürze
6 EL Olivenöl
gehackte Petersilie

Kartoffeln waschen und in 25–30 Minuten gar dämpfen. Schälen, etwas abkühlen lassen und in Scheiben schneiden.
Während der Garzeit Paprika putzen, waschen und in Ringe schneiden, Zwiebel fein würfeln. In der heißen Gemüsebrühe Paprika kurz blanchieren.
Essig, Öl, Zwiebel, Salz, Pfeffer und Salatgewürze gut verschlagen, zur Gemüsebrühe geben. Kartoffeln und Oliven zufügen, auskühlen lassen. Mit Petersilie garnieren.

Käsesalat mit Birnen

300–400 g Emmentaler oder Edamer Käse
2 mittelgroße reife Birnen
100 g blaue Trauben
1 Banane

Für die Soße:
6 EL Zitronensaft
1 TL Honig oder Apfeldicksaft
Salz
weißer Pfeffer
etwas gemahlener Koriander
5–6 EL Öl
evtl. 2 EL gehackte Nüsse

Käse und Birnen in Streifen oder Würfel, Banane in Scheiben schneiden, mit Zitronensaft beträufeln und alles vermischen. Für die Soße die anderen Zutaten gut verrühren und mit Käse und Obst vermischen, mit den Nüssen bestreuen.

Englischer Krautsalat

250 g Weißkohl
4 mittelgroße Karotten
2 kleine Zwiebeln
einfache Salatsoße oder Soße Vinaigrette (siehe Kapitel Salatsoßen)

Kraut waschen und fein hobeln oder in sehr feine Streifen schneiden. Karotten und Zwiebeln schälen, fein raffeln, mischen, mit Salatsoße marinieren. 1–2 Stunden durchziehen lassen.

Variante:
4 TL Tomatenmark in die Salatsoße einrühren.

Krautsalat mit Äpfeln

500 g Weißkohl
4 rotbackige Äpfel
60 g getrocknete Cranberries
Honigsoße (siehe Kapitel Salatsoßen)
Chicorée oder grüner Salat

Kohl waschen und fein schnitzeln. Äpfel waschen, ungeschält zerkleinern, zum Kohl geben. Cranberries 10 Minuten in kochendes Wasser geben, abgießen, unter den Kohl mischen. Alle Zutaten gut in der Marinade wenden. Auf Chicorée oder grünem Salat anrichten, evtl. mit geriebenem Käse bestreut servieren.

Krautsalat mit Oliven und Kräutern

500 g Weißkohl (1 kleiner Kopf)
Salz

Für die Soße:
5 EL Essig
Salz, weißer Pfeffer
1 Prise Vollrohrzucker
8 EL Öl
2–3 EL verschiedene Kräuter
12 schwarze Oliven
2 eingelegte Peperoni
1 EL Schnittlauchröllchen

Geputzten Weißkohl waschen und in sehr dünne Streifen hobeln. Gesalzenes Wasser aufkochen, Weißkohlstreifen 3 Minuten blanchieren. Im Sieb sorgfältig abtropfen lassen. Für die Marinade Essig mit Salz, Pfeffer und Zucker gründlich rühren. Öl unterschlagen. Abschmecken und die Kräuter unterrühren. Weißkohl in einer Schüssel locker mischen. Marinade unterheben. An einem kühlen Ort 30 Minuten durchziehen lassen. Oliven und die kleingeschnittenen Peperoni zufügen. Abschmecken und anrichten, mit dem Schnittlauch bestreut servieren.

Russischer Krautsalat

1 kleiner Kopf Weißkohl
2 Äpfel
1 Sellerieknolle
4 Gewürzgurken

Für die Soße:
250 ml saure Sahne
Salz, Pfeffer
Kümmel
etwas geriebener Meerrettich
etwas gemahlener Koriander

Den Weißkohl und den Sellerie fein hobeln und in Essigwasser kurz aufkochen, abgießen und abkühlen lassen. Danach Äpfel ebenso hobeln und die Gurken in feine Streifen schneiden und unter das Gemüse mischen. Aus den übrigen Zutaten eine Soße bereiten, pikant abschmecken und unter den Salat ziehen.
Ergibt 8–10 Portionen.

Krautsalat mit Nüssen

250 g Weißkohl
2 mittelgroße Orangen
2 mittelgroße Äpfel
50 g gesalzene Erdnüsse

Für die Soße:
2 EL Öl
1 EL Zitronensaft
Salz, Pfeffer

Kohl hobeln oder in sehr feine Streifen schneiden. Orangen schälen, in Spalten zerlegen (Saft auf den Kohl tropfen lassen), Spalten halbieren. Äpfel ungeschält in Würfel schneiden, mit Orangen und Kohl vermengen, mit der Soße marinieren, zum Schluss mit Erdnüssen bestreuen.

Lauchsalat

2 mitteldicke helle Stangen Lauch
2 mittelgroße rotbackige, säuerliche Äpfel
French Dressing (siehe Kapitel Salatsoßen)
Zwiebelpulver
etwas Honig oder Apfeldicksaft

Lauch in feine Ringe schneiden (auch die grünen Teile verwenden), Äpfel ungeschält achteln, dann die Achtel quer in Stücke schneiden. Mit der Marinade vermischen, nach Geschmack etwas süßen, mit etwas Zwiebelpulver bestäuben.

Möhrensalat mit Mandeln

500 g Möhren
1 kleiner Apfel
Quark-Mayonnaise oder Mayonnaise (siehe Kapitel Salatsoßen)
1 Kopfsalat
geröstete Mandelblättchen
1 Tomate
frische Petersilie
1 unbehandelte Zitrone

Geschälte Möhren und Apfel fein raspeln. In Mayonnaise oder Quark-Mayonnaise oder einer Mischung aus beidem wenden. Auf knackigen Salatblättern anrichten, mit reichlich gerösteten Mandelblättchen bestreuen, mit Tomaten- und Zitronenscheiben und Petersiliensträußchen garnieren.

Möhrenfrischsalat

1 Möhre
1 kleiner Apfel
1 EL geriebene Nüsse
1 EL Öl
1 EL Zitronensaft
Salz
etwas Pfeffer

Möhre schälen, Apfel waschen und beides fein reiben. Aus den übrigen Zutaten eine Soße bereiten und mit Möhre und Apfel vermischen.

Möhrenrohkost mit Nüssen

500 g Möhren
2–3 EL Zitronensaft
5 EL süße Sahne
1 TL Honig
Salz
weißer Pfeffer
frischer geriebener Ingwer oder Ingwerpulver
2 EL gehackte Nüsse

Möhren waschen, schälen und fein raspeln. Mit Zitronensaft, Sahne, Honig und Gewürzen vermischen und mit gehackten Nüssen bestreuen.

Radicchio mit Cocktailsoße

ca. 3 kleine Kolben Radicchio
2 Mandarinen
1 Apfel

Für die Soße:
150 g saure Sahne
1 TL Honig
1 TL Tomatenmark
6 EL Zitronensaft
Salz
weißer Pfeffer
etwas Sojasoße

Radicchio gut waschen, abtropfen lassen, den Wurzelansatz entfernen und klein schneiden. Mandarinen schälen. Die weiße Innenhaut entfernen und in Würfel schneiden. Apfel klein schneiden. Die Zutaten für die Soße verrühren und mit dem Salat, den Mandarinen- und Apfelstückchen vermengen.
Man kann den bitteren Geschmack des Radicchio durch Vermischen mit grünem Salat mildern.

Einfacher Rote-Bete-Salat

400 g Rote Bete
1 Zwiebel
3–4 EL Rotweinessig
4 EL Oliven- oder Rapsöl
1 Prise Vollzucker
Salz, Pfeffer

Rote Bete waschen, Stiele und Wurzeln auf 5 cm zurückschneiden und ca. 30–35 Minuten weich kochen, in kaltem Wasser abschrecken und abkühlen lassen. Rote Bete schälen (dazu Gummihandschuhe anziehen) und in Scheiben schneiden. Zwiebel fein würfeln und über die Rote Bete verteilen. Aus Essig, Salz, Pfeffer, Zucker und Öl eine Vinaigrette bereiten, über die Rote Bete gießen, alles gut vermischen und kalt stellen.

Rote-Bete-Salat mit Feldsalat und Mandarinen

4 Rote Bete (5–6 cm)
150 g Feldsalat oder Rapunzel
4 Mandarinen oder Klementinen
2 Lauchzwiebeln

Für die Soße:
1 EL Balsamico-Essig
1 EL Zitronensaft
1 TL scharfer Senf (Dijon)
4 EL Olivenöl
Salz, Pfeffer

Rote Bete waschen und die Stiele und Wurzeln bis auf 5 cm zurückschneiden, in Salzwasser in ca. 30 Minuten weich kochen. In kaltem Wasser abschrecken und abkühlen lassen. Die Enden abtrennen und die Rote Bete evtl. schälen (dazu Gummihandschuhe anziehen). (Alternativ: vorgegarte Rote Bete aus der Packung nehmen und abtropfen lassen.) Die Rote Bete quer in ca. 3 mm dicke Scheiben schneiden. Den Feldsalat waschen und putzen, die Mandarinen schälen (dabei die weiße Haut entfernen) und in Spalten teilen. Die Lauchzwiebeln waschen und schräg in feine Ringe schneiden. Die Rote Bete-Scheiben und Klementinen auf vier Salattellern anrichten, den Feldsalat darauf verteilen und die Zwiebeln darüber streuen. Für die Soße den Essig, Zitronensaft, Saft, Salz und Pfeffer in ein Mixgefäß geben, das Öl unter Rühren dazu gießen. Die Soße über den Salat auf den Tellern verteilen.

Rote-Bete-Walnuss-Salat

350 g Rote Bete
150 g säuerliche Äpfel
100 g Walnüsse

Für die Soße:
150 g Joghurt
2–3 EL Zitronensaft
2–4 EL Öl
etwas geriebener Meerrettich
etwas Salz
etwas gerebeltes Basilikum

Die geschälte Rote Bete und die gewaschenen Äpfel fein raffeln. Mit den grob gehackten Walnüssen mischen. Für die Soße alle Zutaten vermischen und abschmecken. Über den Salat gießen, gut mischen und ca. 20 Minuten ziehen lassen.

Roter-Rettich-Apfel-Salat

2 mittelgroße rote Rettiche
2 mittelgroße Äpfel
2 EL gehackte Nüsse

Für die Soße:
1–2 EL Öl
3–4 EL Joghurt oder saure Sahne
1 EL Zitronensaft
Kräutersalz
etwas Vollrohrzucker

Rettiche putzen und schälen oder schrappen, fein reiben. Äpfel ungeschält und mit Kerngehäuse ebenfalls fein reiben. Rettiche, Äpfel und Nüsse vermengen. Aus den übrigen Zutaten eine Marinade bereiten, den Salat damit vermischen.

Rotkohl-Salat

1 kleiner Kopf Rotkohl (ca. 750 g)
3 Lauchzwiebeln
2 gestr. TL Salz
4 EL Apfelessig
2 EL Öl (Raps, Sonnenblumen)
1 EL Zucker
Pfeffer

Den Rotkohl putzen, in Viertel schneiden und den Strunk herausschneiden. Den Rotkohl fein hobeln oder in feine Streifen schneiden und in eine Schüssel geben. Das Salz darüber streuen und mit den Händen (evtl. Einmalhandschuhe dazu anziehen) in den Rotkohl einarbeiten, bis der Saft auszutreten beginnt. 20–25 Minuten ziehen lassen. Inzwischen die Lauchzwiebeln putzen und schräg in feine Ringe schneiden. Den Zucker über den Rotkohl streuen und mit den Händen einarbeiten. Lauchzwiebeln, Essig und Öl darüber geben und alles gut vermischen. Mit Pfeffer abschmecken und nochmals 30–60 Minuten ziehen lassen.

Rotkohl-Orangen-Salat

600–700 g Rotkohl
3 Orangen
3–4 EL Apfelessig
2 TL Honig (flüssig)
6 EL Raps- oder Sonnenblumenöl
2–3 EL Sonnenblumenkerne
Salz, Pfeffer

Den Rotkohl putzen, in Viertel schneiden, den Strunk herausschneiden. Den Rotkohl fein hobeln oder in feine Streifen schneiden. 1–2 Teelöffel Salz darüber streuen und mit den Händen einarbeiten (evtl. Einmalhandschuhe dazu anziehen), bis der Saft auszutreten beginnt. 30 Minuten ziehen lassen. Inzwischen die Sonnenblumenkerne in einer trockenen Pfanne goldgelb rösten und abkühlen lassen. Mit einem Messer die Schale von 2 Orangen so abschälen, dass die weiße Innenhaut mit entfernt wird. Die Orangenspalten mit dem Messer herausschneiden und über den Rotkohl geben. Den Saft der dritten Orange auspressen, 150 ml davon mit Apfelessig, Honig und Öl vermischen und mit Pfeffer abschmecken. Die Salatsoße über den Rotkohl gießen, alles vermengen und 30 Minuten ziehen lassen. Eventuell nochmals mit Salz und Pfeffer abschmecken. Vor dem Servieren die gerösteten Sonnenblumenkerne darüber streuen.

Würziger Rotkraut-Salat

300–500 g Rotkraut
150–200 ml Rotweinessig oder Obstessig
200 ml Gemüsebrühe
1 Zwiebel
4–5 EL Öl oder 100 g Butter
gem. Koriander
gem. Kümmel
2–3 ganze Nelken
1 TL Salz, Pfeffer

Rotkraut putzen, in Viertel schneiden und den Strunk heraustrennen. Rotkraut fein hobeln oder in feine Streifen schneiden. Gemüsebrühe mit Essig und Gewürzen aufkochen lassen, Rotkraut zufügen und ca. 3 Minuten blanchieren. Evtl. noch etwas ziehen lassen, das Rotkraut sollte bissfest sein, dann auf einem Sieb abtropfen lassen. Zwiebel würfeln, in Öl oder Butter goldgelb dünsten und über das Rotkraut gießen. Evtl. noch etwas nachwürzen mit Salz und Pfeffer, etwa 1 Stunde durchziehen lassen.

Sauerkraut-Rohkost mit Ananas

500 g Sauerkraut aus dem Reformhaus
3–4 Scheiben Ananas (frisch oder aus der Dose)
1 Apfel
150 g Joghurt
2 EL Öl
evtl. Salz
3 EL geriebene Nüsse

Ananas abtropfen lassen und mit dem Sauerkraut klein schneiden. Den Apfel grob reiben. Alles mit Joghurt, Öl und evtl. Salz vermischen und auf Salatblättern anrichten. Mit Nüssen bestreuen.

Sauerkrautsalat

200 g Sauerkraut aus dem Reformhaus
100 g blaue Trauben
½ TL Honig
5 EL süße Sahne
2 EL Sonnenblumenkerne
Salz
Pfeffer
Paprika nach Geschmack

Das Sauerkraut roh und ungewaschen mit einer Gabel auflockern, klein schneiden, die halbierten blauen Trauben und die anderen Zutaten untermischen.

Sellerie-Rohkost mit Birne

400–500 g Knollensellerie
Saft einer Zitrone
1 Birne

Für die Soße:
150 g saure Sahne
1 TL Honig oder Apfeldicksaft
Salz, Ingwerpulver
1–2 EL gehackte Walnüsse

Sellerie und Birne waschen, schälen und mittelfein raspeln. Sofort mit Zitronensaft beträufeln. Aus saurer Sahne, Honig, Salz und Ingwer eine Soße herstellen, mit Sellerie und Birne vermengen. Mit gehackten Walnüssen bestreuen.

Variante:
Einen Apfel statt Birne verwenden.

Staudensellerie-Rohkost

1 mittelgroßer Staudensellerie
1 Orange
evtl. ½ Banane
3 Scheiben frische Ananas (oder aus der Dose)

Für die Soße:
6 EL süße Sahne
2 EL Zitronensaft
4 EL Orangensaft
Paprika
Ingwer
1 EL gehackte Mandeln
Kardamom
Pfeffer

Die Selleriestaude waschen und sehr fein schneiden. Orange, Banane und Ananas würfeln. Die Zutaten für die Soße zusammen gut verschlagen, abschmecken, über den Salat gießen und vermischen. Die gehackten Mandeln über den Salat streuen.

Polnischer Tomatensalat

6 feste, reife Tomaten
1 kleine, gehackte Zwiebel
1 fein gehackte Knoblauchzehe
Basilikum
Dill
Salz, Pfeffer, Streuwürze
etwas Petersilie
1–2 EL Olivenöl
3 EL Essig

Tomaten waschen, in Scheiben schneiden. Mit Zwiebel, Knoblauch, reichlich feinst geschnittenem Basilikum, Dill, etwas Petersilie, Salz und Pfeffer in eine Schüssel geben. Tomatenscheiben darin wenden, bis sie gleichmäßig mit Kräutern bedeckt sind. Essig und Öl dazugeben, Salat durchmischen. Gut gekühlt servieren.

Tomatensalat mit Mozzarella

6 feste, reife Tomaten
250 g Mozzarella
2 Knoblauchzehen
Pfeffer
Kräutersalz
3–4 EL Balsamico-Essig
3–4 EL Olivenöl
frisches Basilikum

Tomaten waschen, Stiele entfernen, mit dem Mozzarella in gleichmäßige Scheiben schneiden. Beides im Wechsel auf einer Platte anordnen. Mit Salz und Pfeffer bestreuen, Knoblauchzehen darüberpressen. Essig und Öl vermischen und über das Ganze verteilen. Basilikum hacken und darüber streuen.

Waldorfsalat

1 mittelgroße Sellerieknolle
1–2 Äpfel
1–2 Ananasscheiben gewürfelt
50 g Walnusskerne

Für die Soße:
150 g Joghurt
125 ml süße Sahne
1–2 EL Zitronensaft
Streuwürze
Kräutersalz

Gewaschene Sellerieknolle und Äpfel schälen, fein raspeln und sofort mit Zitronensaft vermischen. Nüsse fein hacken. Joghurt mit den Gewürzen und Nüssen glatt rühren. Dann die angeschlagene Sahne unterziehen und abschmecken. Sellerie, Äpfel und Ananas damit vermischen. Mit Walnüssen verzieren.

Salate mit Getreide

Reissalat

150 g Langkornreis
ca. 300 ml Gemüsebrühe
2 Äpfel
ca. 250 g Mais (Dose)
3–4 Lauchzwiebeln

Für die Soße :
150 g saure Sahne
4–5 EL Milch
Kräutersalz
schwarzer Pfeffer
½ TL Curry
½ TL Rosenpaprika
etwas Zitronensaft
etwas Streuwürze

Reis waschen, abtropfen lassen, in ca. 300 ml kochende Gemüsebrühe einrühren und gar kochen. Abkühlen lassen.
Die Äpfel waschen, entkernen, würfeln. Mit etwas Zitronensaft beträufeln. Lauchzwiebeln putzen, waschen, in feine Ringe schneiden. Mit dem Mais unter den Reis mischen.

Für die Soße alle Zutaten gut cremig rühren, abschmecken und unter den Salat heben.

Variante:
Gewürfelten Räuchertofu untermischen.

Indischer Reissalat

1 Tasse Langkornreis
1 Apfel
3 Scheiben Ananas (Dose)
1 kleine Fenchelknolle
2 EL Öl
1 Zwiebel
1 EL Curry
150 g saure Sahne
3 EL Crème fraîche
Streuwürze
2 EL Currysoße oder Sojasoße

Reis in Salzwasser ca. 20 Minuten kochen, abgießen, abtropfen lassen. Zwiebel schälen, würfeln. In erhitztem Öl anschwitzen, Curry und Reis zugeben und vermischen. Reis erkalten lassen. Äpfel schälen, klein würfeln, Ananas ebenso. Fenchel putzen, waschen und in Scheiben, danach in Würfel schneiden. Vorbereitete Zutaten mit Sahne und Crème fraîche mischen und mit den übrigen Zutaten pikant abschmecken.
(Gut geeignet für Büffets.)

Bunter Bulgur-Salat

2 Tassen mittelkörniger Bulgur
5 Tassen Gemüsebrühe
1 rote und 1 gelbe Paprika
3–4 Tomaten
3–4 Frühlingszwiebeln
gehackte Petersilie

Für die Soße:
3 EL Olivenöl
2 EL Zitronensaft
1 Knoblauchzehe
1 TL gemahlener Koriander
1 TL gemahlener Kümmel
Salz, Pfeffer

Den Bulgur in einem feinen Sieb waschen. Die Gemüsebrühe (alternativ: 500 ml leicht gesalzenes Wasser) zum Kochen bringen, den Bulgur einrühren, 5–7 Minuten köcheln lassen, beiseite stellen und im zugedeckten Topf ca. 45 Minuten quellen lassen. Paprika und Tomaten putzen und würfeln, die Frühlingszwiebeln putzen und schräg in Ringe schneiden. Den Bulgur nach der Quellzeit abgießen, auskühlen lassen, in einer Schüssel mit dem Gemüse vermischen. Aus Öl, Zitronensaft, der durchgepressten Knoblauchzehe und den Gewürzen eine Salatsoße bereiten und über den Bulgur-Gemüse-Salat gießen. Gut durchmischen, abschmecken und mit gehackter Petersilie bestreuen.

Tipp: Gequollener Bulgur lässt sich als Salat-Grundlage mit anderem Gemüse kombinieren, z.B. Gurken, Tomaten, Zucchini und Oliven.

Mais-Salat

340 g Zuckermais (TK oder Dose)
1 Salatgurke
1 rote Paprikaschote
2 Tomaten
2 EL Joghurt
2 EL Crème fraîche
½ TL Meerettich
½ TL Streuwürze
½ TL gerebeltes Basilikum
etwas Zitronensaft
fein gehackter Schnittlauch
evtl. Salz und Senf

Gurke, Paprikaschote und Tomaten waschen und in kleine Würfel schneiden. Abgetropften Mais mit den anderen Zutaten vermischen. Pikant abschmecken und mit frischem Schnittlauch bestreuen.

Nudelsalat

250 g Vollkorn-Hörnchennudeln (ohne Ei)
1 mittelgroße Dose Erbsen (ca. 250 g) oder Erbsen und Möhrchen
1 mittelgroße Dose Champignons (ca. 250 g)
2–3 mittelgroße Essiggurken
1 Glas eingelegte rote Paprika
200 g Emmentaler, Gouda oder Edamer Käse (wahlweise)
Mayonnaise (siehe Kapitel Salatsoßen)

Nudeln nach Packungsvorschrift weich kochen, abschrecken, abtropfen lassen. Erbsen, Champignons und Paprika ebenfalls abtropfen lassen. Essiggurken und Käse in Würfel schneiden. Mayonnaise zubereiten, alle Zutaten langsam darunterrühren. Am besten 1–2 Stunden im Kühlschrank ziehen lassen. Nochmals abschmecken.
(Gut geeignet für Büffets.)

Varianten:
150 g Reis kochen statt Nudeln. 200 g Kräutertofu statt Käse.

Salate mit Hülsenfrüchten

Weiße-Bohnen-Salat, süß-sauer

150 g kalte, gekochte weiße Bohnen

Für die Soße:
100 ml Obstessig
1 TL Senf
Salz
1 TL Vollrohrzucker
2 EL Pflanzenöl
½ in Ringe geschnittene Zwiebel
½ in Ringe geschnittene grüne oder rote Paprikaschote
Petersiliensträußchen zum Garnieren

Essig, Senf, Salz und Zucker mit Salatöl vermischen. Bohnen gut in dieser Marinade wenden. Zwiebelringe daraufgeben. Mit Petersilie und Paprikaringen garniert servieren.

Variante:
Ein in Würfel geschnittener Apfel unter die Bohnen mischen.

Bunter Kidneybohnen-Salat

200 g Kidneybohnen
(oder 400 g aus der Dose)
1 l Gemüsebrühe
je 1 rote, grüne und gelbe Paprikaschote
4–5 Tomaten
2 Frühlingszwiebeln
etwas Bohnenkraut und Petersilie

Für die Soße:
4 EL Olivenöl
2–3 EL Kräuteressig
2 Knoblauchzehen
Kräutersalz
Streuwürze
1 Chilischote, fein geschnitten

Bohnen über Nacht in Wasser einweichen. Abgießen, in der Gemüsebrühe ca. 2–2 ½ Stunden garen. Abtropfen lassen. (Alternativ Bohnen aus der Dose ohne Kochen abtropfen lassen.) Gewaschene und geputzte Paprika und Tomaten würfelig, Zwiebeln in feine Ringe schneiden und unter die abgekühlten Bohnen mischen.

Die Zutaten für die Soße gut miteinander verrühren und über den Salat gießen. Durchmischen und mindestens 2 Stunden durchziehen lassen. Mit fein gehackten Kräutern bestreuen.

Kichererbsen-Eisberg-Salat

1 Eisbergsalat
2 Tomaten
1 rote Paprika
1 Bund Radieschen
1 blaue Zwiebel
100 g Champignons
1 Dose (400 g) Kichererbsen

Für die Soße:
5 EL Gemüsebrühe
2 EL Essig
2 EL Öl
1 Knoblauchzehe gepresst
1 TL Senf
Kräutersalz oder Streuwürze
2–3 EL Zitronensaft

Kichererbsen gut abtropfen lassen. Den Salat putzen, waschen, trocken schleudern, in Streifen schneiden. Tomaten waschen, achteln, Paprika waschen und in Streifen oder Ringe schneiden.
Champignons und Radieschen putzen, waschen und mit der Zwiebel in feine Scheiben schneiden. Alle Zutaten zusammen in einer Schüssel mischen.
Die Zutaten für die Soße gut verschlagen, abschmecken und den Salat damit verrühren. Kalt stellen.

Farbenfroher Rote-Linsen-Salat

250 g rote Linsen
1 Lorbeerblatt
500 ml Gemüsebrühe
1 rote Paprika
1 gelbe Paprika
1 kleine Salatgurke
1 rote Zwiebel

Für die Soße:
3 EL Olivenöl
2 EL Zitronensaft
2 Knoblauchzehen
1 TL gemahlener Kümmel
etwas frischer Ingwer
Salz, Pfeffer

Die Linsen gut waschen, die Gemüsebrühe mit dem Lorbeerblatt aufkochen und die Linsen darin ca. 10 Minuten kochen. Die Linsen sollten gar, aber noch bissfest sein. Evtl. überschüssige Flüssigkeit abgießen, die Linsen in eine Schüssel geben und abkühlen lassen. Die Paprikaschoten putzen und würfeln, die Salatgurke entkernen und ebenfalls würfeln. Die Zwiebel schälen und fein hacken. Das Gemüse zu den abgekühlten Linsen geben. Aus Olivenöl, Zitronensaft, den zerdrückten Knoblauchzehen, Kümmel, Salz und Pfeffer eine Salatsoße rühren, über den Salat geben, eine Spur fein geriebenen Ingwer dazugeben und alles vorsichtig durchmischen. Abschmecken und kühl 1 Stunde durchziehen lassen.

Varianten:
Dieses Rezept lässt sich mit jeder Linsen- oder Bohnenart umsetzen. Die Linsen bzw. Bohnen sollten gut gegart, aber noch ein wenig bissfest sein.

Nudel-Linsen-Salat

250 g Spätzle, Hörnchen oder Gabelspaghetti (ohne Ei)
Salz
100 g rote Linsen
1 EL Öl
2–3 Frühlingszwiebeln
250 ml Gemüsebrühe
2–3 Tomaten
150 g Seitan oder Räuchertofu

Für die Soße:
3–4 EL Öl
3 EL Essig
1 EL Sojasoße
Pfeffer
etwas Zitronensaft

Nudeln in kochendem Salzwasser bißfest garen, abschmecken, abtropfen lassen. Mit Öl vermischen. Linsen in der Gemüsebrühe ca. 10 Minuten nicht zu weich kochen. Frühlingszwiebeln putzen, waschen, in feine Ringe schneiden, unter die Linsen rühren. Tomaten waschen und in kleine Stücke schneiden. Seitan oder Räuchertofu würfeln. Die Zutaten für die Soße zu einer Marinade verrühren, abschmecken. Nudeln, Linsen, Zwiebeln, Tomaten und Seitan oder Tofu vermischen, die Salatsoße darübergießen, kalt stellen und durchziehen lassen.

Varianten:
Dieses Rezept lässt sich mit jeder Linsen- oder Bohnenart umsetzen. Die Linsen bzw. Bohnen sollten gut gegart, aber noch ein wenig bissfest sein.

Salatsoßen
Marinaden
Mayonnaisen
Dips
Pesto

Salatsoßen kann man auch in einer größeren Menge zubereiten. Der Rest läßt sich gut in einem Schraubglas o.ä. im Kühlschrank einige Tage aufbewahren.

Salatsoße I

2 EL Öl
2 EL Essig oder Zitronensaft
½ TL Salz
½ TL Honig
1 TL Hefeflocken
2 EL gehackte, frische Salatkräuter (z.B. Schnittlauch, Petersilie, Dill, Basilikum, Borretsch, Zitronenmelisse, Kresse)
evtl. feingehackte Zwiebel oder durchgepresster Knoblauch

Alle Zutaten gut verrühren.

150 g saure Sahne, Sahnejoghurt, Kefir oder Dickmilch
2 EL Öl
½ TL Senf
1–2 EL Zitronensaft
½ TL Salz
evtl. ½ TL Honig
1 Prise Pfeffer
1 Prise Ingwer

Öl und Zitronensaft verschlagen, Sahne unterrühren, mit den übrigen Zutaten vermischen.

Varianten:
1 TL frisch geriebenen Meerrettich
oder 1 TL Tomaten-Ketchup
oder ½ TL Curry unterrühren.

Salatsoße III
(mit Sahne)

6 EL süße Sahne
2 EL Zitronensaft
Salz
Pfeffer
½ TL Senf
2 EL frische oder getrocknete Salatkräuter
2 EL Öl

Öl und Zitronensaft gut verrühren, die übrigen Zutaten untermischen, zuletzt die Sahne gut unterschlagen.

Einfache Vinaigrette-Soße
(French Dressing)

3 EL Kräuteressig
evtl. 1 EL Zitronensaft
1 TL scharfer Senf
Kräutersalz
1 EL getrocknete Salatkräuter
4–5 EL Öl
200 ml Wasser
frisch gemahlener schwarzer Pfeffer

Alle Zutaten miteinander vermischen, Öl nach und nach darunter rühren. Diese Marinade läßt sich gut im Mixer zubereiten: Einfach alle Zutaten in einen Behälter geben und ganz kurz auf höchster Stufe mixen.

Variante:
Für eine Kerbel-Vinaigrette 1 EL Kerbelblätter fein schneiden und untermischen.

Kräuter-Vinaigrette

1 Grundrezept Einfache Vinaigrette-Soße (s.o.)
1 EL gehackte frische Salatkräuter
1 EL gehackte Petersilie
1 kleingeschnittene Zwiebel
1 EL Schnittlauchröllchen
1 TL Kapern
½ TL Knoblauchpulver oder 1 frisch gepresste Knoblauchzehe

Gut durchmischen oder mixen. Die Vinaigrette wird milder, wenn man mehr Öl verwendet.

Varianten:
Statt Petersilie kann man Kerbel oder Estragon nehmen.

Pfeffersoße

1–2 EL Kräuteressig
Salz
1 Prise Zucker
1 TL Senf
1–2 EL Wasser
4–5 EL Öl
1 EL grüne Pfefferkörner (aus dem Glas)

Wasser, Essig, Salz, Zucker und Senf miteinander vermischen. Das Öl nach und nach damit verschlagen, zuletzt die Pfefferkörner untermischen.

Honigsoße

250 ml Öl
Saft von ca. 1–2 Zitronen
1 TL Honig
1 TL Salz
½ TL Senf
evtl. etwas gemahlener Ingwer

Alle Zutaten in einem Mixbecher gut miteinander verschlagen. In eine Flasche füllen und gut verschließen. Im Kühlschrank aufbewahren.
Haltbarkeit: 1–2 Wochen. Vor Gebrauch kräftig schütteln. Verwendung wie French Dressing zu allen Salaten.

Nussade
(Nussmarinade)

150 g Joghurt
2 EL Nuss- oder Mandelmus
2 EL Öl
3 EL Zitronensaft
1 TL Honig (evtl. mehr) oder Apfeldicksaft
Salz

Alle Zutaten gut vermischen.

Diese Soße passt z.B. zu Chicorée-, Fenchel- und Feldsalat.

Walnuss-Soße

150 g saure Sahne oder Kefir
Saft ½ Zitrone
Salz
1 TL Honig oder Apfeldicksaft
etwas Pfeffer
1 Prise Ingwer
1–2 EL grob gehackte Walnüsse

Alle Zutaten zusammen gut verrühren.

Diese Soße passt z.B. zu Feldsalat, Möhren- und Sellerie-Salat.

Roquefort-Marinade

300 g Joghurt
100 g Roquefort-Käse
3 EL Olivenöl
3 EL Zitronensaft
½ TL Honig oder Zucker
½ TL Salz
½ TL Senf
etwas schwarzer Pfeffer

Joghurt und Öl gut miteinander verrühren, Zitronensaft, Honig, Pfeffer und Salz zufügen. Zum Schluss Roquefort (evtl. durch ein Sieb streichen) darunter schlagen, bis eine cremige Masse entsteht. Schmeckt köstlich zu grünem oder anderem Salat.

Mayonnaisen

Mayonnaise

200 ml süße Sahne
2 TL Zitronensaft
1 TL Senf
1 TL Zwiebelpulver
Salz
Pfeffer
1 TL Salatgewürz
½ TL Johannisbrotkernmehl
1 Knoblauchzehe gepresst oder fein zerrieben

Die Sahne in ein hohes Rührgefäß geben und mit den anderen Zutaten kurz kräftig aufschlagen, bis eine cremige Konsistenz erreicht ist.

Variante:
Unter die fertige Mayonnaise frische Salatkräuter ziehen.

Quark-Mayonnaise I

100 g Quark
150 g Joghurt
2 EL frische Sahne oder Crème fraîche
etwas Milch
4–5 EL Öl
1 TL Senf
1 fein gewiegte Zwiebel oder Zwiebelpulver
etwas Cayennepfeffer
Salz
1 frisch gepresste Knoblauchzehe
evtl. 1 EL Salatkräuter

Quark mit Joghurt, Sahne, Öl und Milch gut verrühren, Senf, Gewürze, Salz und Knoblauch dazugeben. Evtl. mit Zitronensaft abschmecken.

Statt dieser Mayonnaise können Sie einfach auch nur Crème fraîche verwenden, die Sie mit etwas Milch glattrühren und je nach Geschmack mit Senf und frischem, gehacktem Basilikum mischen, oder mit Salatkräutern oder fein geschnittenem Schnittlauch und 1 EL Tomatenketchup. Mit Salz und Pfeffer abschmecken.

Quark-Mayonnaise II

4 EL Quark
150 g saure Sahne oder Dickmilch
½ TL Salz
½ TL Zwiebelpulver
evtl. ½ TL Paprikapulver
Saft ½ Zitrone
2 EL Öl
1 TL Apfeldicksaft
frische oder getrocknete Salatkräuter
¼ TL Senf (wahlweise)

Quark mit Sahne cremig rühren, restliche Zutaten untermischen.

Remoulade I

1 Rezept Mayonnaise (s.o.)
1 fein gehackte Essiggurke
5 fein gehackte Oliven
1 EL fein gehackte Kapern
fein gehackte Petersilie
fein geschnittener Schnittlauch

Gurke, Oliven, Kapern und Kräuter unter die fertige Mayonnaise mischen.

Remoulade II

250 g Quark
150 ml Milch
100 g Tomaten, entkernt
100 g Gewürzgurke
Salz
1 TL Senf
1 TL feingehackte Kapern
1 EL Kräuter
2 EL Sahne

Quark mit Milch glattrühren, Tomaten und Gurke klein würfeln und mit den anderen Zutaten vermischen. Pikant abschmecken. Zuletzt die Sahne unterziehen.

Cashew-Mayonnaise

100 g Cashew-Mus
3 EL Sonnenblumen- oder Rapsöl
2 EL Wasser
1 TL Zitronensaft
1 TL Agavendicksaft
1 TL Senf
1/2 TL Apfelessig
Salz, Pfeffer

Cashewmus mit allen anderen Zutaten im Mixer oder mit dem Pürierstab im hohen Mixbecher auf höchster Stufe zu einer cremigen Masse pürieren. Abschmecken, ggf. mit Zitronensaft, Salz oder Pfeffer nachwürzen. Im Schraubdeckelglas im Kühlschrank aufbewahren.

Tofu-Mayonnaise

120 g Seidentofu
200 ml Sonnenblumen- oder Rapsöl
2 TL Zitronensaft
2 TL Senf, mittelscharf
1 Knoblauchzehe, gehackt
Salz, Pfeffer

Tofu, Knoblauch, Zitronensaft und Senf in einen schmalen, hohen Mixbecher geben. Etwas Öl dazugeben. Den Pürierstab auf den Boden des Mixbechers drücken. Auf höchster Stufe pürieren, bis die Masse gebunden (emulgiert) ist. Nach und nach das restliche Öl zufügen, den Pürierstab dabei langsam nach oben bringen. Es entsteht eine dickflüssige, cremige Mayonnaise. Mit Salz und Pfeffer abschmecken. Im Schraubdeckelglas im Kühlschrank bis zu 2 Wochen im Kühlschrank haltbar.

Soja-Mayonnaise

100 ml Sojamilch
250 ml Raps- oder Sonnenblumenöl (nicht Olivenöl)
2 TL Senf
2 TL Zitronensaft
evtl. 1 Knoblauchzehe
Salz, Pfeffer

Sojamilch und Pflanzenöl mit dem Senf und Zitronensaft in einen hohen, schmalen Mixbecher geben. Den Pürierstab auf den Boden des Mixbechers ansetzen und auf höchster Stufe einschalten. Wenn die Masse unten cremig gebunden (emulgiert) ist, den Pürierstab sehr langsam nach oben ziehen. Die Masse wird von unten nach oben cremig geschlagen. Mit Salz und Pfeffer abschmecken.

Dips

Quark-Dip

150 g saure Sahne
200 g Magerquark
2 EL Crème fraîche
je 1 Bund Dill, Petersilie und Schnittlauch
evtl. 1 Kästchen Kresse
1 Zwiebel
1 Gewürzgurke
Salz
Pfeffer
1 Prise Zucker
Saft ½ Zitrone

Sahne, Quark und Crème fraîche gut verrühren. Petersilie, Dill und Schnittlauch hacken, Kresse schneiden, Zwiebel und Gewürzgurke würfeln. Alles zu der Quarksoße geben, abschmecken und mit Schnittlauchröllchen bestreuen.

Passt z.B. zu Pellkartoffeln oder Gemüsestangen.

Frankfurter Grüne Soße

300 g frische Kräuter: Borretsch, Kerbel, Kresse, Petersilie, Pimpinelle, Sauerampfer, Schnittlauch
300 g Sauerrahm, Schmand oder Crème fraîche (evtl. nach Geschmack mit Dickmilch verrührt)
1 Gewürzgurke
1 EL Essig-Öl-Gemisch
Salz, Pfeffer

Die Kräuter waschen, trocken tupfen und mit dem Sauerrahm im Mixer oder mit dem Pürierstab zu einer grünen feincremigen Soße verrühren. Mit dem Essig-Öl-Gemisch, der kleingeschnittenen Gewürzgurke, Salz und Pfeffer abschmecken. Mindestens 2 Stunden kühl stellen und durchziehen lassen. Passt zu Pellkartoffeln (besonders zu Frühkartoffeln im Sommer) und Salzkartoffeln.

Variante:
Den Sauerrahm ersetzen durch 100 g Frischkäse und 200 g Joghurt. Mit 1 TL Senf und Zitronensaft nach Geschmack würzen.

Joghurtcreme-Dip

125 g Quark
150 g Joghurt
1 Zwiebel
etwas Pfeffer
Salz
1 EL geriebener Parmesan

Quark und Joghurt verrühren, Zwiebel schälen und würfeln und unter die Joghurtmasse rühren. Mit Gewürzen abschmecken und mit dem Käse vermischen.

Varianten:
Für einen Kräuter-Dip 3 EL frische gehackte Kräuter und 1 zerdrückte Knoblauchzehe unterrühren.
Für einen Paprika-Dip eine halbe Paprikaschote entkernen, fein würfeln und unter die Joghurtcreme mischen.
Für einen Meerrettich-Dip 1–2 EL geriebenen Meerrettich (evtl. aus dem Glas), 1/2 Bund fein geschnittenen Dill, einen fein geriebenen Apfel, 1 TL grüne Pfefferkörner und 1 EL Zitronensaft unter die Joghurtcreme mischen.

Mango-Dip

1 Grundrezept Joghurtcreme-Dip
1 Mangofrucht
etwas Zitronensaft
etwas geriebener, frischer Ingwer oder 1 Msp. gemahlener Ingwer
1 EL gerösteter Sesam

Mangofrucht schälen, das Fruchtfleisch abschneiden und pürieren. Mit Ingwer, Zitronensaft und dem Sesam vermischen. Alles unter die Joghurtcreme rühren.

Frischkäse-Dip

50 g körniger Frischkäse
1 EL gekeimte Mungbohnen o.ä.
1 kleiner Apfel
etwas Pfeffer, Salz, Senf

Die Keimlinge waschen und 3 Minuten in kochendem Salzwasser blanchieren.
Frischkäse mit den Keimlingen und dem fein geriebenen Apfel gut verrühren, mit den Gewürzen pikant abschmecken.

Avocado-Dip

1–2 Avocados
150 g Joghurt
1 kl. Zwiebel, fein gehackt
2 EL Zitronensaft
1 Knoblauchzehe
1 TL Senf
Salz, Pfeffer

Avocados halbieren, Kern herausnehmen, Fruchtfleisch aus den Schalen kratzen, mit einer Gabel zerdrücken und mit Zitronensaft beträufeln. Joghurt untermischen, Zwiebel, Senf, zerdrückten Knoblauch zugeben und alles cremig rühren. Mit Salz und Pfeffer abschmecken.

Buttermilch-Dip mit Avocado

200 g Buttermilch
150 g saure Sahne
1 TL Honig oder Apfeldicksaft
Saft von 1 Zitrone
1 TL Senf
1 Avocado

Alle Zutaten (außer der Avocado) gut miteinander verrühren. Zuletzt das pürierte Avocadofruchtfleisch darunter mischen.

Tsaziki mit Radieschen

1 Bund Radieschen
1 kleine Salatgurke
4 Knoblauchzehen
½ Bund Schnittlauch
Salz, Pfeffer
250 g Magerquark
150 g Joghurt
150 g Crème fraîche

Gurke waschen, evtl. schälen und fein raspeln. Radieschen putzen, waschen, ebenfalls raspeln. Magerquark, Joghurt, Crème fraîche und Gewürze vermischen, Gurke, Radieschen und zerdrückten Knoblauch dazugeben. Mit gehacktem Schnittlauch verzieren.

Käse-Dip

25 g geriebene Walnüsse
250 g geriebener Käse
50 g Gorgonzola
150 g Sahne
Salz, Pfeffer
Muskat

Nüsse und geriebenen Käse vermischen, Gorgonzola unterrühren, Sahne zugeben, so dass eine cremige Masse entsteht. Gewürze zugeben und pikant abschmecken.

Pestos

Basilikum-Pesto genovese

2 Handvoll Basilikum-Blätter
ca. 100 ml Olivenöl
50 g Pinienkerne
60 g Parmesan oder Pecorino
1 Knoblauchzehe
1–2 EL Zitronensaft
Salz, schwarzer Pfeffer

Pinienkerne ohne Fett in einer Panne goldbraun rösten, auf einem Teller abkühlen lassen. Die Basilikum-Zweige abbrausen, trocken tupfen und die Blätter abzupfen. Den Käse fein reiben. Knoblauch schälen und grob hacken. Basilikum mit Pinienkernen, Knoblauch und Käse mit dem Pürierstab oder im Mixer fein pürieren, dabei das Olivenöl nach und nach zugießen, bis eine cremige Paste entsteht. Mit Zitronensaft, Salz und frisch gemahlenem Pfeffer abschmecken. In ein Schraubdeckelglas füllen und im Kühlschrank aufbewahren.

Basilikum-Tomaten-Pesto

2 Handvoll Basilikum-Blätter
80 g Pinienkerne
50 g in Öl eingelegte, getrocknete Tomaten
100 g Parmesan
150 ml Olivenöl
2 Knoblauchzehen
etwas Zitronensaft
Salz, Pfeffer

Die Pinienkerne ohne Fett hellbraun rösten, auf einem Teller abkühlen lassen. Basilikum abbrausen, trocken tupfen und die Blätter von den Stielen abzupfen. Tomaten abtropfen lassen und klein schneiden. Parmesan fein reiben. Knoblauch schälen, fein hacken. Alle Zutaten mit dem Pürierstab oder im Mixer fein pürieren, dabei nach und nach das Öl zugießen und alles zu einer cremigen Paste verrühren. Zuletzt den geriebenen Parmesan unterrühren. Mit Zitronensaft, Salz und Pfeffer kräftig abschmecken.

Basilikum-Walnuss-Pesto

1 kleiner Bund Basilikum-Blätter
100 g getrocknete, in Öl eingelegte Tomaten
60 g Walnusskerne
60 g Parmesan, fein gerieben
1 Knoblauchzehe
200 ml Olivenöl
Salz, Pfeffer

Tomaten abtropfen lassen und klein schneiden. Basilikum abbrausen, trocken tupfen und von den Stängeln zupfen. Walnusskerne grob hacken, Knoblauch schälen und klein hacken. Alle Zutaten im Mixer oder mit dem Pürierstab fein pürieren, dabei das Olivenöl langsam eingießen, bis es untergerührt ist. Zuletzt den Parmesan einrühren. Die Paste sollte cremig sein. Mit Salz und Pfeffer abschmecken.

Bärlauch-Pesto

3 Handvoll Bärlauch
60 g Mandelkerne, abgezogen
50 g Parmesan
150 ml Olivenöl
1 Knoblauchzehe
Salz, Pfeffe

Mandelkerne ohne Fett hellbraun rösten, abkühlen lassen und fein mahlen. Bärlauch gut waschen, trocken tupfen und fein hacken. Parmesan fein reiben. Knoblauch schälen und grob zerkleinern. Alles zusammen im Mixer oder mit dem Pürierstab im hohen Mixbecher zerkleinern, dabei das Öl nach und nach zugeben und zu einer cremigen Masse verarbeiten. Mit Salz und Pfeffer kräftig abschmecken.

Petersilien-Kürbiskern-Pesto

100 g ganze Mandeln, abgezogen
50 g Kürbiskerne
2 Knoblauchzehen
2 Bund glatte Petersilie
60 g Parmesan, fein gerieben
200 ml Raps- oder Kürbiskernöl
Saft einer halben Zitrone
Salz, Pfeffer

Mandeln und Kürbiskerne ohne Fett hell anrösten, abkühlen lassen. Knoblauch schälen und grob hacken. Petersilie waschen, trocken tupfen, die Blätter von den Stängeln zupfen. Zunächst Mandeln und Kürbiskerne im Mixer oder mit dem Pürierstab zerkleinern, die Petersilie zugeben, nach und nach das Öl zugießen und alles zusammen fein pürieren, so dass eine cremige Paste entsteht. Zuletzt den fein geriebenen Parmesan untermischen und mit Zitronensaft, Salz und Pfeffer abschmecken.

Pesto in kleine Schraubdeckelgläser bis 1 cm unter dem Rand füllen, evtl. mit etwas Öl bedecken, fest verschließen und im Kühlschrank aufbewahren. (Frisch gemachtes Pesto kann im Glas auch tiefgefroren werden, im Kühlschrank auftauen lassen.)

Keimlinge &
Sprossen

KEIMLINGE & SPROSSEN

Frische Keimlinge und Sprossen sind eine wertvolle Ergänzung für den täglichen Speisezettel, denn sie enthalten nicht nur wichtige Vitamine, Mineralstoffe und Spurenelemente, sondern sind auch reich an Eiweiß, Enzymen und Ballaststoffen. In der Küche sind sie vielseitig einsetzbar, ob in Suppen, Salaten, Müslis, unter pikante Quarkaufstriche oder süße Quarkspeisen gemischt oder einfach als Brotbelag.

Zwar sind frische Sprossen rund ums Jahr in jedem gut sortierten Lebensmittelgeschäft und Supermarkt erhältlich, doch können Sie sie sehr einfach selbst zuhause ziehen. Zum Keimen eignen sich zahlreiche Hülsenfrüchte, Getreidekörner und Samen, wie z. B. Alfalfa, Adzukibohnen, grüne Mungbohnen („Sojasprossen") und gelbe Sojabohnen, Kichererbsen, Linsen, Roggen, Weizen, Leinsamen, Senfkörner, Sonnenblumenkerne, Perserklee, Kresse und Sesamsaat. Achten Sie beim Einkauf darauf, dass das Saatgut nicht chemisch behandelt ist!

Einfache und leicht zu reinigende Keimgeräte, mit denen das Keimen ohne Probleme in zwei bis fünf Tagen gelingt, sind in den meisten Bioläden und Reformhäusern erhältlich.

Für die Zubereitung von Gerichten mit Sprossen und Keimlingen sind einige wichtige Punkte zu beachten:

- Im Handel gekaufte Sprossen sind so bald wie möglich zu verzehren.
- Vor der Verarbeitung müssen Sprossen und Keimlinge gründlich unter fließendem Wasser gespült werden.
- **Sprossen aus Hülsenfrüchten sollen keinesfalls roh gegessen werden, denn sie enthalten die giftige Substanz Phasin. Um das Phasin unschädlich zu machen, müssen sie immer vor dem Verzehr entweder 3 Minuten in kochendem Wasser blanchiert oder gedünstet werden.**

Tomatensalat mit Alfalfa und Schafskäse

750 g vollreife Tomaten
½ weiße Zwiebel
150 g schnittfester Schafskäse
100 g Alfalfasprossen (aus etwa 20 g Samen)
¼ Bund frischer Thymian
2 EL Weißweinessig
Salz
schwarzer Pfeffer, frisch gemahlen
3 EL kaltgepresstes Olivenöl

Die Tomaten waschen und in Achtel schneiden, dabei die Stielansätze entfernen. Die Zwiebelhälfte in feine Scheiben schneiden. Den Schafskäse würfeln. Die Alfalfasprossen in einem Sieb kalt abspülen und abtropfen lassen. Den Thymian waschen und die Blättchen von den Stielen streifen.

Für die Marinade den Essig mit Salz und Pfeffer in einer Schüssel verrühren. Das Öl nach und nach unterrühren.

Die Tomaten mit der Zwiebel, dem Schafskäse, den Alfalfasprossen und dem Thymian in einer Schüssel mischen. Das Dressing vorsichtig untermengen.

Sprossensalat

1 Tasse gekeimte Mungbohnen
1 Tasse gekeimte Linsen
1 Tasse gekeimte Sojabohnen
(je 2 EL Samen ergeben 1 Tasse Sprossen)
2 Tomaten
125 g Schafskäse
1 EL Zitronensaft
Salz
Pfeffer
1 EL Sojasoße
2 EL Sonnenblumenöl
etwas Kresse oder Petersilie

Die Sprossen unter fließendem Wasser gut abspülen und ca. 3 Minuten in kochendem Wasser blanchieren. Tomaten und Schafskäse klein würfeln und in einer Schüssel mit den Keimlingen mischen. Aus den übrigen Zutaten eine Soße herstellen und über die Sprossen träufeln. Nochmals gut durchmischen und mit Kresse oder Petersilie bestreuen.

Alfalfa-Kresse-Salat

2 EL Alfalfa- oder Sojasprossen
1 EL Kresse
1 kleine Tomate
einige Radieschen
½ kleine Zwiebel

Für die Soße:
2 TL Öl
1 TL Zitronensaft
½ TL Senf
¼ TL Honig oder Ahornsirup
Salz, schwarzer Pfeffer

Die Sprossen gut abspülen, Sojasprossen 3 Minuten in kochendem Wasser blanchieren und abtropfen lassen.
Tomate und Radieschen waschen und in feine Scheiben schneiden, Zwiebel fein würfeln. Aus den angegebenen Zutaten eine Soße herstellen und mit Sprossen, Radieschen, Tomate und Zwiebel vermischen.

Feldsalat mit Kürbiskernsprossen

200 g Feldsalat
150 g Champignons oder Egerlinge (wahlweise)
1 EL Zitronensaft
50 g Kürbiskernsprossen (aus etwa 25 g Kernen)
1 Bund Schnittlauch
1 TL scharfer Senf (z.B. Dijon-Senf)
Salz
weißer Pfeffer, frisch gemahlen
1 ½ EL Balsamico-Essig
4 EL Olivenöl, kaltgepresst
1 kleine Knoblauchzehe

Den Feldsalat von allen welken Blättern befreien und in stehendem kalten Wasser mehrmals gründlich waschen. Dann gut abtropfen lassen. Die Pilze putzen und kurz kalt abspülen, dann blättrig schneiden. Die Pilze mit dem Zitronensaft mischen, damit sie sich nicht zu stark verfärben. Die Sprossen in einem Sieb kalt abspülen und abtropfen lassen. Den Schnittlauch waschen und in feine Röllchen schneiden.

Für das Dressing in einer Schüssel den Senf mit Salz, Pfeffer und Essig verrühren. 3 EL von dem Olivenöl teelöffelweise unterrühren.

Die Marinade mit dem Feldsalat mischen und auf Tellern anrichten.

Die Knoblauchzehe schälen und sehr fein hacken.

Das restliche Olivenöl in einer Pfanne erhitzen und die Pilze darin bei mittlerer bis starker Hitze etwa 3 Minuten unter Rühren braten, bis sie leicht gebräunt sind. Den Knoblauch untermischen und kurz anschwitzen.

Die Pilze auf dem Feldsalat verteilen und mit den Kürbiskernsprossen und dem Schnittlauch bestreut servieren.

Ergibt 3 Portionen.

Linsensprossen-Salat mit Apfel

1 kleiner Apfel
½ Tasse gekeimte Linsen (3 Minuten blanchieren)
2–3 EL Sahne
Pfeffer
Salz
½ TL Honig
Melissenblätter (frisch)

Alle Zutaten vermischen, abschmecken und mit Melisse garnieren.

Möhrenrohkost mit Sonnenblumen- oder Buchweizensprossen

500 g junge Möhren
1 Apfel
2 EL Zitronensaft
100 g Sonnenblumen- oder Buchweizensprossen (aus ca. 40 g Kernen)
2 Bund Schnittlauch
1 EL Sahnejoghurt
2 EL Kräuteressig
1 Msp. flüssiger Honig
Salz
weißer Pfeffer, frisch gemahlen
1 Prise gemahlener Kreuzkümmel
4 EL Öl

Die Möhren waschen, schälen, mit dem Apfel fein raspeln und mit dem Zitronensaft mischen. Die Sprossen in einem Sieb kalt abspülen und abtropfen lassen. Den Schnittlauch waschen und in feine Röllchen schneiden. Beides unter die Möhren-Apfel-Mischung rühren. Joghurt mit Essig, Honig, Salz, Pfeffer und Kreuzkümmel verrühren. Das Öl langsam zufügen.
Die Soße unter die Möhrenrohkost mischen.

Rettichrohkost mit Kürbiskernsprossen

1 weißer Rettich
1 roter Rettich
Salz
50 g Kürbiskernsprossen
(aus etwa 25 g Kernen)
1 Bund Schnittlauch
2 EL Zitronensaft
1 Msp. scharfer Senf
100 ml Sahne
½ TL Apfeldicksaft
weißer Pfeffer
1 EL Sonnenblumenöl

Die Rettiche schälen und fein raspeln, in einer Schüssel mit Salz mischen und etwa 5 Minuten bedeckt ziehen lassen.
Inzwischen die Kürbiskernsprossen kalt abspülen und abtropfen lassen, etwas zerkleinern. Den Schnittlauch waschen und in feine Röllchen schneiden.
In einer Schüssel den Zitronensaft mit dem Senf, der Sahne, Apfeldicksaft und Pfeffer verrühren. Das Öl unterrühren.
Die Flüssigkeit von den Rettichraspeln abgießen. Den Rettich mit dem Dressing mischen. Die Rohkost mit den Kürbiskernsprossen und dem Schnittlauch bestreut servieren.

Aspik-Ring mit Sprossen und Schnittlauchsoße

500 ml gut gewürzte Gemüsebrühe
½ TL Salz
4 EL Essig
2 TL Agar-Agar
1 kleines Glas milchsaures Mixed Pickles
4 EL frische Kresse oder gehackte Petersilie
4 EL Alfalfasprossen

Für die Soße:
150 g Joghurt
150 g Sauerrahm
1 TL Honig
Saft 1 Zitrone
1 TL Senf
etwas Salz
1 Msp. Pfeffer
3 EL Schnittlauchröllchen

Die Gemüsebrühe zum Kochen bringen. Agar-Agar mit etwas kaltem Wasser glattrühren, in die kochende Brühe einrühren, aufkochen und ca. 2 Minuten kochen lassen. Eine kleine Ringform kalt ausspülen, etwas Brühe hineingeben und im Kühlschrank fest werden lassen. Mixed Pickles auf der fest gewordenen Brühe verteilen, ebenso die Kresse oder Petersilie und die gut abgespülten und abgetropften Sprossen. Mit der restlichen Brühe auffüllen und nochmals im Kühlschrank fest werden lassen. Vor dem Servieren kurz in heißes Wasser stellen und auf eine Platte stürzen. Die Zutaten für die Soße miteinander gut verrühren und zum Aspik-Ring reichen.

Alfalfa-Nudeln mit Zitronensoße

1 Bund Frühlingszwiebeln
1 Knoblauchzehe
2 Möhren
1 Staudensellerie
150 g Alfalfasprossen (aus etwa 30 g Samen)
400 g Vollkorn-Bandnudeln
Salz
1 EL Butter
200 g Crème fraîche
Saft von 1 kleinen Zitrone
weißer Pfeffer, frisch gemahlen
1 Bund Petersilie

Die Frühlingszwiebeln waschen und in Ringe schneiden. Den Knoblauch fein hacken. Die Möhren schälen und grob raspeln. Staudensellerie waschen und fein schneiden. Die Sprossen kalt abspülen und abtropfen lassen. Die Nudeln in reichlich Salzwasser bissfest garen. Die Butter in einem Topf erhitzen. Die Frühlingszwiebeln, den Knoblauch, die Möhren und den Sellerie darin glasig dünsten. Crème fraîche und den Zitronensaft untermischen und alles bei mittlerer Hitze cremig einkochen lassen. Die Soße mit Salz und Pfeffer abschmecken. Die Petersilie waschen und fein hacken. Die Nudeln abtropfen lassen, dann mit der Zitronensoße, den Alfalfasprossen und der Petersilie mischen.

Sesam-Kartoffeln mit Sprossen-Gemüse

1,2 kg festkochende Kartoffeln
300 g Mungbohnensprossen (aus etwa 80 g Bohnen)
3 Austernpilze
2 rote Paprikaschoten
2 Zwiebeln
3–4 EL Öl
1 EL Sesamsamen
60 g gehackte Mandeln
Salz, Pfeffer

Kartoffeln mit der Schale gründlich waschen und in Salzwasser gar kochen. Inzwischen die Paprikaschoten waschen, putzen und grob würfeln. Pilze putzen und in Streifen schneiden. Zwiebeln schälen und in feine Würfel schneiden. Sprossen im Sieb unter fließendem Wasser spülen und abtropfen lassen. Paprikawürfel in 2 EL Öl andünsten, Pilzstreifen und Sprossen zufügen, salzen und pfeffern, durchrühren und bei geschlossenem Deckel etwa 15 Minuten dünsten. Inzwischen die Kartoffeln pellen, Zwiebeln im restlichen Öl gelb braten, Sesam und klein gehackte Mandeln dazugeben und unter ständigem Rühren anrösten. Die Kartoffeln zufügen, darin wenden und zum Sprossen-Gemüse reichen.

Mungbohnensprossen in Hirse mit Tomaten

1 Zwiebel
1 Knoblauchzehe
200 g Hirse
400 g Tomaten
1 EL Sonnenblumenöl
ca. 300 ml Gemüsebrühe
150 g Mungbohnensprossen (aus etwa 45 g Bohnen)
1 Bund Petersilie
50 g Sesamsprossen (aus etwa 25 g Samen)
Salz
weißer Pfeffer, frisch gemahlen
3 EL Crème fraîche

Die Zwiebel und den Knoblauch fein hacken. Die Hirse kalt abspülen und abtropfen lassen. Die Tomaten häuten und klein würfeln.

Das Öl erhitzen. Die Zwiebel und den Knoblauch darin glasig dünsten. Die Hirse dazugeben und unter Rühren kurz anbraten. Die Gemüsebrühe angießen und zum Kochen bringen. Die Hirse zugedeckt bei schwacher Hitze etwa 30 Minuten ausquellen lassen. Dabei nach der Hälfte der Zeit die Tomaten untermischen.

Inzwischen die Mungbohnensprossen kalt abspülen, 3 Minuten in kochendem Wasser blanchieren und abtropfen lassen. Die Petersilie waschen und fein hacken. Die Sesamsprossen kalt abspülen und abtropfen lassen.

Die Hirse mit Salz und Pfeffer abschmecken. Die Mungbohnensprossen und die Crème fraîche untermischen und alles zugedeckt noch einmal etwa 3 Minuten garen.

Die Hirse mit der Petersilie und den Sesamsprossen bestreut servieren.

Ergibt 3 Portionen.

Pfannkuchen mit Sprossenfüllung

1 Rezept Pfannkuchen (siehe Kapitel Pfannkuchen)
300 g Sojabohnensprossen (aus 8 EL Bohnen)
100 g Mungbohnensprossen (aus 4 EL Bohnen)
1 Zwiebel
2 Tomaten
1 Paprikaschote
2 EL Öl
200 g Crème fraîche
1 EL Zitronensaft
1 EL Sojasoße
Salz, Pfeffer
etwas Parmesan

Die Sprossen gut abspülen und abtropfen lassen.
Zwiebeln würfeln, Paprika waschen und in Streifen schneiden, Tomaten waschen und achteln. Zwiebel in heißem Öl andünsten, Gemüse zugeben und ca. 10 Minuten garen. Die Sprossen die letzten 3 Minuten mitdünsten. Zitronensaft und Sojasoße zugeben, Crème fraîche unterrühren. Abschmecken und warm halten.
Pfannkuchen ausbacken. Gemüse darauf anrichten, zur Hälfte zusammenschlagen. Mit Parmesan bestreuen.

Paprika-Gemüse mit Keimlingen

400 g Sojabohnen- oder Mungbohnensprossen (aus etwa 110 g Bohnen)
1 Zwiebel
1 rote und 1 grüne Paprikaschote
2 EL Butter oder Margarine
1 EL Sojasoße
Salz
Pfeffer
Muskat
150 g Crème fraîche

Keimlinge abspülen und gut abtropfen lassen, Zwiebel würfeln und in heißem Fett andünsten. Den geputzten und in Streifen geschnittenen Paprika sowie die Keimlinge zugeben und ca. 10 Minuten dünsten. Sojasoße und Gewürze unterrühren, mit Crème fraîche binden und nochmals abschmecken.

Suppen

KOCHKURS FÜR SUPPEN

1. Gemüsebrühe

a) Bringen Sie Wasser zum Kochen und lösen Sie dann pro 1 l Wasser einen Gemüsebrühwürfel darin auf. Sie können statt Würfel auch gekörnte (Instant) Brühe verwenden. Die jeweilige Menge entnehmen Sie bitte der Packungsaufschrift.

b) Kochen Sie ca. 500 g zerkleinertes Gemüse nach Wahl in ca. 1 l Wasser sehr weich. Die Kochzeit richtet sich nach der Art des Gemüses. Wurzelgemüse braucht am längsten. Gießen Sie die Suppe nun durch ein Sieb, so dass das ausgekochte Gemüse zurückbleibt. Wenn Sie wollen, können Sie es auch mit einem Pürierstab pürieren. Erst dann mit Salz oder Flüssigwürze würzen

c) Kochen Sie Gemüse, das Sie als Beilage oder Hauptgericht reichen wollen, in der gewünschten Menge Wasser. Gießen Sie nach dem Garen die überschüssige Brühe ab. Verfeinern Sie Gemüsebrühe mit gehackter Petersilie oder feingewiegtem Schnittlauch oder mit anderen Würzkräutern nach Wahl.

Sie können nun die Gemüsebrühe als Trinkbrühe oder mit einer Einlage als einfache Vorspeise reichen bzw. nach eigenem Gutdünken weiterverarbeiten.

2. Gemüsesuppen

Waschen, putzen und zerkleinern Sie das Gemüse. Zerlassen Sie Fett in einem genügend großen Topf, geben Sie das Gemüse, evtl. mit einer zerkleinerten Zwiebel oder Zwiebelpulver, hinein und dünsten Sie es unter Rühren ca. 5 Minuten an. Auf diese Weise schmeckt die Suppe voller und herzhafter als wenn Sie das Gemüse lediglich in Wasser weich kochen.
Gießen Sie nun mit der erforderlichen Flüssigkeitsmenge (Wasser oder Brühe) auf und garen Sie das Gemüse zu Ende.

3. Gemüsecremesuppen

Verfahren Sie wie unter 2., aber gießen Sie zunächst nur mit der halben Flüssigkeitsmenge (Wasser oder Brühe) auf. Garen Sie das Gemüse und pürieren Sie es dann mit einem Pürierstab oder im Mixer. Gießen Sie nun mit ebensoviel Milch auf, wie Sie vorher Wasser oder Brühe hinzugefügt haben. Erhitzen Sie die Suppe nochmals bis kurz vor dem Siedepunkt, schmecken Sie ab und tragen Sie sie auf.

Sie können Gemüsecremesuppen durch Hinzufügen von (saurer) Sahne, Sojacreme oder Crème fraîche noch weiter verfeinern.

4. Gebundene Gemüsesuppen

Verfahren Sie wie unter 2. Rühren Sie je nach Flüssigkeitsmenge einen oder mehrere Esslöffel (Vollweizen-) Mehl oder Maismehl, Pfeilwurz- oder Johannisbrotkernmehl in einer Tasse oder Schale mit kaltem Wasser glatt. Rühren Sie die Masse in die kochende Suppe ein. Lassen Sie die Suppe noch 1–2 Minuten unter wiederholtem Rühren andicken. Statt Mehl können Sie auch Vollkornschrot oder –flocken nach Wahl verwenden; Flocken brauchen Sie nicht anzurühren.

5. Getreidesuppen

Zerlassen Sie Fett in einem genügend großen Topf, fügen Sie das geschrotete Getreide hinzu, bräunen Sie es unter ständigem Rühren an, evtl. zusammen mit einer zerkleinerten Zwiebel. Gießen Sie nun unter kräftigem Rühren mit einem Schneebesen mit heißer Flüssigkeit (Wasser oder Brühe bzw. halb Wasser oder Brühe, halb Milch) auf und kochen Sie die Suppe, bis sie andickt und der Mehlgeschmack des Getreides vergangen ist. Schmecken Sie die Suppe herzhaft ab und servieren Sie sie.

6. Suppen aus Hülsenfrüchten

Für die Vorbereitung und unterschiedliche Zubereitung von Hülsenfrüchten, wie Erbsen, Linsen und Bohnen, lesen Sie die Hinweise im Kochkurs im Kapitel Hülsenfrüchte. Suppen aus Hülsenfrüchten können Sie sowohl mit, als auch ohne Gemüse-Einlage zubereiten. Berücksichtigen Sie dabei die unterschiedlich langen Garzeiten von Linsen und geschälten Erbsen oder halbierten Bohnen im Vergleich zu ganzen Bohnen und Kichererbsen. Hülsenfrüchte mit kurzer Garzeit, z.B. Linsen, können Sie generell mit dem geputzten und gewürfelten Gemüse zum Kochen aufsetzen. Bei Hülsenfrüchten mit langer Garzeit hingegen empfiehlt es sich, diese erst separat zu garen, abtropfen zu lassen und noch heiß zu dem fertig oder halbfertig gegarten Gemüse zu geben, dieses zu Ende köcheln zu lassen und dann abzuschmecken. Diese Methode bewährt sich auch bei stark färbenden Hülsenfrüchten, wie Adzuki- oder Kidneybohnen, um eine schöne Farbe der Suppe zu erhalten.

Croûtons

ca. 250 g altbackenes feines Grahambrot oder Vollkorntoast
1–2 EL Butter oder Margarine
fertige Suppe oder Brühe

1. Brot in Würfel schneiden. Fett in einer Pfanne zerlassen, Brotwürfel darin knusprig anrösten. Suppe oder Brühe auf Teller verteilen, Croûtons hineinstreuen. Croûtons können eingefroren werden. Bei Verwendung von tiefgefrorenen Croûtons Brotwürfel auf ein Backblech legen, bei ca. 200 Grad etwa 10 Minuten auftauen.
2. Brot in Scheiben schneiden, mit Butter bestreichen, in Würfel schneiden, im Backofen ca. 15–20 Minuten aufbacken. Dabei gelegentlich wenden.
3. Brot in Würfel schneiden, Fett zerlaufen lassen, 2 fein geschnittene Knoblauchzehen darin anlaufen lassen, Brotwürfel dazugeben und anrösten.
4. Brot in Würfel schneiden und im heißen Fett anrösten. Parmesankäse darüber streuen und schmelzen lassen.

Gemüsesuppen

Blumenkohlcremesuppe

1 Zwiebel
1 kleiner Blumenkohl
30 g Butter oder Margarine
750 ml Gemüsebrühe
Salz
weißer Pfeffer
150 g Crème fraîche oder Sojacreme
½ Bund Petersilie

Zwiebel schälen und würfeln, Blumenkohl putzen, waschen und in kleine Röschen teilen. Fett in einem Topf erhitzen, Zwiebelwürfel zufügen und kurz andünsten. Blumenkohl und Brühe in den Topf geben und alles aufkochen. Bei mittlerer Hitze ca. 15 Minuten garen. Blumenkohl fein pürieren. Blumenkohlsuppe mit Salz und Pfeffer abschmecken und mit Crème fraîche bzw. Sojacreme verfeinern. Petersilie waschen und hacken, über die Blumenkohlcremesuppe streuen.

Brokkolicremesuppe

20 g Margarine
2 Zwiebeln
750 ml Gemüsebrühe (aus Würfel)
ca. 500 g Brokkoli
½ Bund Petersilie
weißer Pfeffer
geriebene Muskatnuss
Salz
100 ml flüssige Sahne oder Sojacreme

Margarine erhitzen, geschnittene Zwiebeln hell andünsten. Den geputzten, gewaschenen und in Stücke zerteilten Brokkoli dazugeben. Mit Brühe aufgießen und ca. 20 Minuten garen. Petersilie und Gewürze zugeben und fein pürieren. Zuletzt die Sahne bzw. Sojacreme unterrühren, nochmals kurz aufkochen. Knoblauch-Croûtons schmecken dazu besonders gut.

Fenchelcremesuppe

500 g Fenchel
2 Zwiebeln
2 EL Butter oder Margarine
750 ml Gemüsebrühe
Salz
Pfeffer
gem. Koriander
5 EL Sahne oder Sojacreme

Fenchel waschen, halbieren, Strunk entfernen, in kleine Stücke schneiden.
Zwiebeln fein würfeln, in heißem Fett goldgelb dünsten, Fenchel zugeben, kurz mitdünsten.
Mit Gemüsebrühe aufgießen und ca. 20 Minuten leicht kochen lassen, bis der Fenchel gar ist. Mit den Gewürzen abschmecken und mit dem Pürierstab alles fein pürieren. Zuletzt die Sahne bzw. Sojacreme unterrühren.
Fenchelgrün fein hacken und über die Suppe streuen.

Karottensuppe

1 Zwiebel oder Zwiebelpulver
¼ mittelgroße Sellerieknolle
6 mittelgroße Karotten (ca. 500–750 g)
1 gehäufter EL Butter oder Margarine
Majoran, Thymian
Saft und Schale einer halben ungespritzten Zitrone (wahlweise)
1 Lorbeerblatt
750 ml Gemüsebrühe
Kräutersalz
Pfeffer
gehackte Petersilie

Gemüse fein zerkleinern. Fett zerlassen, zuerst Zwiebel darin andünsten, Gemüse dazugeben und 5–10 Minuten unter gelegentlichem Rühren dünsten, nicht bräunen. Zitronenschale dünn abschälen. Brühe zum Gemüse geben, Zitronenschale und Lorbeerblatt dazugeben, 1/2 Stunde köcheln lassen, bis das Gemüse sehr weich ist. Zitronenschale und Lorbeerblatt entfernen, Gemüse pürieren (Pürierstab, oder durch ein Sieb streichen), evtl. etwas heißes Wasser zufügen. Mit Zitronensaft, Salz und Pfeffer abschmecken. Mit Petersilie, Majoran und Thymian bestreut servieren.

Variante:
Halb Karotten, halb (Schoten-) Erbsen verwenden.

Kartoffelcremesuppe

ca. 1 kg Kartoffeln
1 l Gemüsebrühe
500 ml Milch
Gewürze nach Geschmack (z.B. Majoran, Kümmel, Liebstöckel, Muskat, Curry)
Salz nach Geschmack
2 EL Sahne oder Sojacreme
Petersilie

Kartoffeln waschen und gut bürsten, evtl. schälen. In kleine Würfel schneiden, in der Gemüsebrühe ca. 20 Minuten gut weich kochen. Kartoffeln herausnehmen und mit der Milch pürieren. Kochflüssigkeit hinzufügen, bis die gewünschte Konsistenz und Menge erreicht ist. Erhitzen, aber nicht mehr kochen. Mit Gewürzen und Sahne abschmecken. Die Suppe sollte dickflüssig sein.
Mit gehackter Petersilie bestreuen.

Varianten:
1. Zur Hälfte Kartoffeln, zur Hälfte Sellerie nehmen.
2. Zur Hälfte Kartoffeln, zur Hälfte Lauch nehmen.

Kartoffelsuppe

200 g Zwiebeln
1 EL Butterschmalz
1 l Gemüsebrühe
100 g Karotten
100 g Petersilienwurzel
100 g Sellerie
400 g Kartoffeln
Salz
Pfeffer
Lorbeerblatt
Majoran
Knoblauch
Kümmel
einige getrocknete Pilze

Kartoffeln waschen und klein würfeln, Gemüse säubern und ebenfalls würfelig schneiden. Die fein geschnittene Zwiebel in Butter anlaufen lassen, das Gemüse und die Kartoffeln zugeben und in der Gemüsebrühe mit den Pilzen und den Gewürzen ca. 20 Minuten gut weich kochen.
Mit dem Pürierstab pürieren. Nochmals kurz erhitzen, abschmecken, mit gehackter Petersilie bestreuen und heiß servieren.

Kohlcremesuppe

1 Zwiebel oder Zwiebelpulver
1 große Kartoffel
1 gehäufter EL Butter oder Margarine
500 g Weiß-, Wirsing- oder Chinakohl
750 ml Gemüsebrühe
250 ml Milch
Kräutersalz
Pfeffer
Muskat

Evtl. Zwiebel zerkleinern, Kartoffel bürsten und würfeln. Fett zerlassen, Zwiebel(pulver) und Kartoffelstückchen ca. 10 Minuten andünsten.
Währenddessen Kohl in Streifen bzw. Scheiben schneiden, zur Kartoffelmischung geben, weitere 2–3 Minuten andünsten. Mit Brühe aufgießen, ca. 30 Minuten bedeckt kochen lassen. Milch hinzufügen, erhitzen, aber nicht kochen. Gemüse mit dem Pürierstab pürieren oder durch ein Sieb streichen. Abschmecken.

Kräutersuppe

ca. 200 g (Wild-) Kräuter (z.B. Kerbel, Dill, junge Brennnesseln, Basilikum)
1 gehäufter EL Butter oder Margarine
1 gehäufter EL Vollweizenmehl
1 l heiße Gemüsebrühe
125 ml Milch oder Sahne
Kräutersalz
1 Prise Vollrohrzucker

Fett zerlassen. Kräuter fein hacken, in Fett 5–10 Minuten andünsten, mit Gemüsebrühe aufgießen, ca. weitere 5 Minuten gar kochen. Mehl mit Milch oder Sahne verschlagen, in die Suppe rühren, nochmals 1–2 Minuten aufkochen, bis die Suppe andickt. Mit Salz und Zucker abschmecken.

Kürbisrahmsuppe

250 g Kartoffeln
750 ml Gemüsebrühe
700 g Kürbis
1 Stange Lauch
20 g Margarine oder Butter
125 g Schlagsahne oder Sojacreme
1 Bund Petersilie
1 Bund Dill
1 Bund Schnittlauch
Saft 1 Zitrone
Salz und Pfeffer
evtl. 50 g Kürbiskerne (in einer Pfanne ohne Fett hell rösten)

Kartoffeln waschen, bürsten und würfeln und in der Gemüsebrühe ca. 15 Minuten ankochen. Kürbis zerteilen, entkernen und schälen. Fruchtfleisch ebenfalls würfeln und mit dem gewaschenen und in feine Streifen geschnittenen Lauch in heißem Fett kurz andünsten. Zu den Kartoffeln geben und gemeinsam nochmals 15 Minuten kochen. Danach die Sahne bzw. Sojacreme unterrühren und alles fein pürieren. Würzen und pikant abschmecken. Evtl. mit Kürbiskernen bestreuen.

Rote-Bete-Suppe

2 große Rote Bete
2 große Kartoffeln
2 EL Öl
750 ml Gemüsebrühe
Salz
Pfeffer
Muskat
gemahlener Koriander
125 ml Sahne oder vegane Schlagcreme

Rote Bete und Kartoffeln dünn schälen und in kleine Würfel schneiden. Das Fett erhitzen und das Gemüse darin ca. 5 Minuten andünsten. Mit Brühe aufgießen und das Gemüse in ca 30–35 Minuten gar kochen. Pürieren und mit Salz, Gewürzen und Sahne abschmecken. Evtl. mit etwas geschlagener Sahne garnieren.

Borschtsch

(Russische Rote-Bete-Suppe)

2 Zwiebeln
2 Karotten
2 Rote Bete
200 g Weißkohl
200 g Kartoffeln
4 EL Öl
500 ml Gemüsebrühe
3 TL Apfelessig
1 TL geriebener Ingwer
Salz, Pfeffer
150 g Sauerrahm

Zwiebeln schälen und klein hacken. Karotten in kleine Würfel schneiden. Rote Bete dünn schälen, in feine Scheiben und dann in schmale Streifen schneiden. Weißkohl sehr fein hobeln. Das Öl in einem Topf erhitzen, die gehackten Zwiebeln darin goldbraun anrösten, Gemüse zugeben und andünsten. Mit Gemüsebrühe auffüllen und mit geschlossenem Deckel ca. 15 Minuten kochen. Danach die geschälten und in kleine Würfel geschnittenen Kartoffeln zum Gemüse dazugeben und alles zusammen weich garen. Mit Salz, Pfeffer, Apfelessig und geriebenem Ingwer abschmecken. Vor dem Servieren auf jede Portion einen Klecks Sauerrahm geben.

Cremige Spinat-Kartoffelsuppe

500 g Kartoffeln
250 g Spinat
1 Stange Lauch
1 l Gemüsebrühe
3 EL Öl
Salz
Muskat
Pfeffer
200 g Crème fraîche oder Sahne oder Sojacreme

Die Kartoffeln, Lauch und Spinat waschen. Kartoffeln dünn schälen, mit dem geputzten Lauch in Stücke schneiden und im erwärmten Öl andünsten. Spinat dazugeben und kurz mitdünsten. Mit Gemüsebrühe auffüllen, ca. 20–25 Minuten leise köcheln lassen, vorsichtig pürieren. Mit den Gewürzen abschmecken. Mit Crème fraîche oder flüssiger Sahne oder Sojacreme verfeinern.

Tomatensuppe

ca. 1000 g Tomaten (aus der Dose)
500 ml Gemüsebrühe
evtl. Parmesan
Salz
Pfeffer
Muskat
Oregano
Basilikum
100–150 g Sahne oder Sojacreme

Tomaten gut zerkleinern oder pürieren, mit Brühe nach Bedarf auffüllen und erhitzen, kurz aufkochen lassen. Abschmecken, mit Sahne verfeinern, evtl. Parmesan darin zergehen lassen.

Tomatensuppe suprême

500 g pürierte Dosen-Tomaten
1 fein gehackte Zwiebel
2 EL Öl
2–3 EL Crème fraîche oder Sojacreme
500 ml Gemüsebrühe
1 TL getrocknetes Oregano
1 TL Kräuter der Provence
1 Knoblauchzehe
Kräutersalz, Pfeffer
Sojasoße nach Geschmack

Zwiebeln und Knoblauch fein hacken und in Öl glasig dünsten, die pürierten Tomaten dazugeben, kurz köcheln lassen, mit der Brühe aufgießen.
Kräuter, Gewürze und Crème fraîche bzw. Sojacreme zugeben und mit dem Pürierstab kurz pürieren. 10 Minuten auf kleiner Flamme leise kochen lassen.

Französische Zwiebelsuppe

1 kg Zwiebeln
2 Knoblauchzehen
6 EL Butter oder Margarine
2 EL Weizenvollkornmehl
ca. 1½ l Gemüsebrühe
Salz
schwarzer Pfeffer
Streuwürze
6 Scheiben Graham- oder Vollkorntoast
100 g Butter oder Margarine
200 g geriebener Käse

Zwiebeln und Knoblauch schälen, Zwiebeln in dünne Ringe schneiden, Knoblauch zerdrücken. Beides in erhitztem Fett 15–20 Minuten hellbraun dünsten. Mehl darüber stäuben, leicht anbräunen. Gemüsebrühe zugießen und 15–20 Minuten kochen. Zwiebelsuppe würzen und warm stellen. Brotscheiben auf beiden Seiten goldgelb toasten, mit Butter bestreichen und mit Käse bestreuen. Vor dem Servieren in die gefüllten Suppentassen legen und unter dem Grill kurz überbacken.
Ergibt 6 Portionen.

Feine Knoblauchsuppe

2 Zwiebeln
2 EL Butter oder Margarine
2 EL Weizenvollkornmehl
1 l kräftige Gemüsebrühe
100 ml Sahne oder Sojacreme
6–8 Knoblauchzehen
1 TL Salz
1 Messerspitze geriebene Muskatnuss
etwas Pfeffer
2–3 EL Zitronensaft
Schnittlauchröllchen

Zwiebeln schälen und fein würfeln, Fett erhitzen, Zwiebeln darin goldgelb anbraten. Mit Mehl bestäuben, kurz anschwitzen und mit Brühe ablöschen.
Die Suppe ca. 10 Minuten leicht köcheln lassen, Sahne zugeben.
Mit Gewürzen und Zitronensaft abschmecken. Knoblauch schälen und mit der Knoblauchpresse in die Suppe drücken. Kräftig durchrühren. Die Suppe mit Schnittlauchröllchen bestreuen.

Süßsaure Mangosuppe

2 reife Mangos
1 Tasse Wasser
1 Msp. Salz
3 EL Vollweizenmehl
1–2 TL Curry
40 g Butter oder Margarine
500 ml Wasser
1 Würfel Gemüsebrühe
evtl. 1–2 EL Zitronensaft
Salz
frisch gemahlener weißer Pfeffer
Curry

Mangos schälen, um den Kern abschneiden und zerkleinern. Die Mangostücke in leicht gesalzenem Wasser weich kochen und dann durch ein Sieb pressen. Die Kochflüssigkeit mitverwenden.
Butter in einem Topf erhitzen. Das Mehl mit dem Curry vermischen und in der Butter anschwitzen. Mit Wasser angießen, den Brühwürfel und das Mangomus dazugeben. Die Suppe gut durchkochen lassen, mit Salz, Pfeffer, Curry und evtl. auch mit Zitronensaft abschmecken. Je nach gewünschter Konsistenz noch etwas heiße Gemüsebrühe dazugeben.

Kalte Tomatensuppe

1000 g Tomaten
2 TL Vollrohrzucker
2 TL Kräutersalz
Pfeffer
Zwiebel- und Knoblauchpulver
Saft 1 Zitrone
125 ml Sahne
gehackte Petersilie oder Basilikum und Oregano

Tomaten kurz in heißes Wasser legen, herausnehmen, kurz abschrecken, Haut abziehen, Tomaten zerkleinern, passieren oder durch ein Sieb streichen. Im Kühlschrank durchkühlen lassen. Mit kalter Gemüsebrühe auf die gewünschte Konsistenz bringen, abschmecken. Sahne anschlagen, unter die Suppe heben, mit Petersilie oder Basilikum und Oregano bestreut servieren.

Kalte Gurkensuppe

1 kleine Salatgurke
100 g saure Sahne
200–300 g Joghurt
Kräutersalz
Pfeffer
gehackte Petersilie
gehackter Dill

Gurke schälen, im Mixer oder mit dem Pürierstab pürieren. Mit saurer Sahne und Joghurt verrühren, würzen. Mit Petersilie und Dill bestreuen. Eiskalt servieren.
Ergibt 2 Portionen.

Suppen aus Getreide

Currysuppe mit Reis

250 g Sellerie
1 gehackte Zwiebel oder Zwiebelpulver
2 EL Margarine oder Butter
3–4 TL Curry
1 l heiße Gemüsebrühe
100 g Vollreis
Kräutersalz
2 EL Sojasoße
4 EL Crème fraîche oder saure Sahne oder Sojacreme

Sellerie putzen und zerkleinern, ebenso die Zwiebel. Fett zerlassen, Gemüse darin andünsten (5 Minuten), Curry dazugeben, mit Brühe auffüllen, Reis waschen und einstreuen, 45 Minuten kochen lassen.
Abschmecken, in 4 Teller füllen, je 1 EL Crème fraîche bzw. Sojacreme daraufsetzen.

Gerstensuppe

150 g mittelfein geschrotete Gerstengrütze
1 EL Öl oder Margarine
1 Zwiebel
1¼ l Wasser
Kräutersalz
gekörnte Brühe
1 gepresste Knoblauchzehe oder -pulver
½ TL Muskatblüte
1 Msp. Liebstöckel
reichlich Schnittlauch und Petersilie

Die Gerstengrütze wird unter ständigem Rühren in Öl oder Margarine leicht geröstet, die sehr fein geschnittene Zwiebel dazugegeben. Mit einer Tasse Wasser 10 Minuten dünsten. Den Rest des Wassers dazugeben und kurz aufkochen lassen. Die Suppe mit Kräutersalz, gekörnter Brühe, Muskat, Liebstöckel und evtl. Knoblauch pikant abschmecken. Mit fein geschnittenem Schnittlauch oder Petersilie anrichten.
Tipp: Diese Suppe kann auch mit jedem anderen Getreideschrot gekocht werden.

Graupensuppe mit Gemüse

125 g mittelfeine Gerstengraupen
ca. 1 l Gemüsebrühe
1 Lorbeerblatt
1 kleine Zwiebel
1 Stange Lauch
1 kleine Möhre
½ Sellerieknolle
gekörnte Gemüsebrühe
Kräutersalz
Majoran, Basilikum
1 Msp. Muskatblüte
1 EL Petersilie
1 EL Butter oder Margarine

Etwa 1 Liter Gemüsebrühe aufkochen, die Graupen mit dem Lorbeerblatt zufügen und zum Kochen bringen. Den fein geschnittenen Lauch, die fein gehackte Zwiebel, den gehobelten Sellerie und die klein geschnittene Möhre zugeben und alles zusammen in ca. 30–35 Minuten weich köcheln. Mit gekörnter Gemüsebrühe und Gewürzen abschmecken. Falls nötig, mit etwas Wasser auffüllen. Mit Butter oder Margarine und gehackter Petersilie verfeinern.

Hafersüppchen

20 g Butter
40 g Haferflocken
1 Zwiebel
1 TL Hefewürze
500 ml Wasser
2 EL Sahne oder Milch

Fett erhitzen, fein geschnittene Zwiebel mit Haferflocken darin bräunen, mit heißem Wasser aufgießen. Hefewürze zugeben und kurz aufkochen lassen. Mit Sahne oder Milch verfeinern.

Maissuppe

1 l Gemüsebrühe
80–100 g grober Maisgrieß
Thymian
1 Knoblauchzehe
Salz
1 Stange Lauch
30 g Butter oder Öl
2 EL angerösteter Sesam

Die Gemüsebrühe zum Kochen bringen und den Mais langsam einlaufen lassen, umrühren und ca. 10 Minuten ausquellen lassen. Inzwischen den Lauch gut waschen und in feine Streifen schneiden. In Butter leicht andünsten und zusammen mit dem gerösteten Sesam auf der Suppe verteilen.

Suppen aus Hülsenfrüchten

Bohnensuppe

250 g weiße Bohnen (oder 400 g Bohnen aus der Dose)
1 l Wasser
500 ml Gemüsebrühe
Zwiebelpulver
Bohnenkraut
Salz oder Kräutersalz
Knoblauchpulver (wahlweise)
Pfeffer
60 ml saure Sahne oder Crème fraîche
1 EL Butter oder Margarine
gehackte Petersilie

Hülsenfrüchte über Nacht in Wasser einweichen. Danach abgießen. Mit Brühe aufgießen. Zwiebelpulver und Bohnenkraut dazugeben. Zum Kochen bringen, ca. 60 Minuten gar kochen. (Alternativ Dosenbohnen abgießen und in der gewürzten Gemüsebrühe aufkochen.) Sahne und Fett dazugeben, etwas ziehen lassen, aber nicht mehr kochen. Abschmecken. Zum Schluss mit frischer Petersilie bestreuen.

Varianten:
Nach Wunsch können die Hülsenfrüchte auch püriert werden.
Statt Bohnen können grüne oder gelbe Erbsen oder Linsen verwendet werden.

Adzukibohnen-Suppe

1 ½ Tassen Adzuki-Bohnen
2 EL Öl
1 große Zwiebel
1 Stange Lauch
1 l heiße Gemüsebrühe
1 Bund Suppengemüse (Petersilienwurzel, Karotte, Sellerie)
evtl. 1 Blatt Kombu-Alge
Thymian
Knoblauch
Sojasoße

Die verlesenen und gewaschenen Adzuki-Bohnen mindestens 4 Stunden in Wasser einweichen. Zwiebel würfelig schneiden, Lauch in Ringe schneiden, beides in heißem Öl andünsten. Die abgetropften Adzuki-Bohnen mit allen weiteren Zutaten dazugeben, mit heißer Gemüsebrühe aufgießen, aufkochen und ca. 1 Stunde bei schwacher Hitze köcheln lassen, bis die Bohnen weich sind. Mit Salz, Thymian, Knoblauch und Sojasoße abschmecken. Mit Croutôns aus 2 Scheiben Vollkornbrot, in 1 EL Butter oder Margarine angeröstet, reichen.

Gelbe-Erbsen-Suppe mit Kartoffeln

250 g gelbe Schälerbsen
1 große Gemüsezwiebel
2 EL Öl
ca. 1 l Gemüsebrühe
500–600 g Kartoffeln
ca. 200 g Möhren
ca. 150 g Staudensellerie
1 TL Majoran
1 TL Basilikum
½ Bund Petersilie

Erbsen abspülen. Zwiebel schälen, fein würfeln und im heißen Öl hellbraun andünsten. Die Erbsen zugeben, mit warmer Gemüsebrühe auffüllen und ca. 15–20 Minuten langsam kochen. Kartoffeln und Möhren schälen und in kleine Würfel schneiden, Staudensellerie in feine Scheiben schneiden, alles zu den Erbsen geben. Weitere 30 Minuten bei mittlerer Hitze garen. Nun die Suppe fein pürieren und mit Majoran, Basilikum und evtl. Salz würzen. Die Suppe auf Teller verteilen und mit gehackter Petersilie bestreuen.

Cremige Grüne-Erbsen-Suppe

500 g grüne Erbsen, geschält
2 l Gemüsebrühe
3 Möhren
2 Stangen Lauch
½ Knolle Sellerie
4–5 Kartoffeln
1 Lorbeerblatt
250 g saure Sahne oder Crème fraîche
Salz, Pfeffer
Majoran
Ingwer
Kümmel, gemahlen

Die Erbsen verlesen und waschen, über Nacht in der Gemüsebrühe einweichen. Am nächsten Tag zum Kochen bringen, Lorbeerblatt zufügen und ca. 45–55 Minuten köcheln lassen. Lorbeerblatt entfernen. In der Zwischenzeit das Gemüse waschen und in Würfel schneiden, den Lauch in dünne Ringe schneiden. Kartoffeln waschen, schälen, in Würfel schneiden. Das gesamte Gemüse mit den Gewürzen zu den Erbsen geben. Alles zusammen aufkochen und in ca. 20–30 Minuten fertig garen. Dann mit dem Pürierstab pürieren, zuletzt saure Sahne bzw. Crème fraîche dazugeben und nochmals abschmecken. Die fertige Suppe mit Croûtons (siehe Einleitung) bestreuen.

Kreolische Linsensuppe

250 g Linsen
1½ l kochendes Wasser
1½ TL Salz
1 Zwiebel
½ kleine Sellerieknolle
1 grüne Paprikaschote
1 rote Paprikaschote
2 EL Vollweizenmehl
3 EL Butter oder Öl
1 EL Vollrohrzucker
1 Lorbeerblatt
4–5 EL Tomatenmark
frisch gemahlener Pfeffer

Linsen mit kochendem Wasser übergießen und bedeckt ca. 1 Stunde stehen lassen. Zwiebel, Sellerie und Paprikaschoten zerkleinern. 3 EL Butter zerlassen, Gemüse, Zucker und Lorbeerblatt dazugeben, ein paar Minuten lang andünsten, Linsen dazugeben. Salz hinzufügen. 1 Stunde auf ganz kleiner Flamme kochen. Mehl und Tomatenmark miteinander vermengen, mit etwas von der Suppe abgenommener Flüssigkeit gut verrühren, dann alles an die Linsen geben. Etwas schwarzen Pfeffer hineinreiben, nochmals gut heiß werden lassen und servieren.
Ergibt 6–8 Portionen.

Gemüse

KOCHKURS FÜR GEMÜSE

Das Gemüse zunächst vorbereiten, indem man es putzt, gründlich wäscht und dann zerkleinert. Auf folgende Arten kann es gegart werden:

1. Kochgemüse

Das Gemüse in kochende(s) Salzwasser oder Gemüsebrühe geben. Nur wenig Flüssigkeit nehmen, außer bei Kartoffeln, die mit Wasser bedeckt sein sollten, oder wenn eine größere Menge Gemüsebrühe benötigt wird (etwa für Suppen oder Soßen).

Das Gemüse stets bei geschlossenem Topf kochen. Das spart Energie und sorgt für die Erhaltung der gemüseeigenen Geschmacksstoffe. Die Garzeit richtet sich nach Art, Alter und Größe des Kochguts. Wurzelgemüse brauchen am längsten. Das Gemüse ist fertig, wenn es weich ist, aber noch „Biss" hat. Das Gemüse in ein Sieb schütten und die Kochflüssigkeit auffangen. Sie kann sofort zu Soße weiterverarbeitet werden (ggf. mit Wasser zur gewünschten Menge ergänzen). Das Gemüse kann aber auch gebunden werden, indem ca. 1–2 EL in Wasser oder Milch angerührtes Vollkornmehl oder 1 EL Reismehl (angerührt) oder 1 TL Speisestärke (angerührt) oder 2 EL feine Haferflocken dazugegeben werden. 1–2 Minuten aufkochen lassen, bis die Flüssigkeit andickt. Andernfalls das Gemüse vor dem Servieren einfach in etwas zerlassener Butter schwenken.

2. Dünstgemüse

In einem Topf oder einer Pfanne Butter, Margarine, Öl oder pflanzliches Bratfett zerlassen (ca. 1 gehäufter EL Fett bzw. 2–3 EL Öl auf ca. 1 kg Gemüse), evtl. eine fein geschnittene Zwiebel hineingeben und vor dem Hinzufügen des Gemüses glasig dünsten oder sofort das Gemüse in das Fett geben und ein paar Minuten bei mittlerer Temperatur andünsten. Nun mit wenig Flüssigkeit aufgießen (ca. ⅛–¼ l Wasser oder Brühe, je nach Flüssigkeitsgehalt des Gemüses), auf kleiner Flamme bedeckt fertig garen, mit Gewürzen, Kräutern und ggf. Salz und/oder Hefeflocken abschmecken. Dünstgemüse wird normalerweise nicht gebunden.

3. Schmorgemüse

Wie Dünstgemüse, nur etwa die doppelte Menge Fett verwenden und das Gemüse auf großer Flamme kurz anbraten. Dabei häufig umrühren, auf mittlere

Temperatur schalten. Dann weiterverfahren wie bei Dünstgemüse, ggf. muss wiederholt Flüssigkeit zugegossen werden, damit das Gemüse nicht anbrennt. Deshalb auch öfters umrühren.

Schmorgerichte erhalten eine besondere Geschmacksnote, wenn vor dem Anbraten des Gemüses zunächst kurz die gewählten Gewürze angedünstet werden. Beim Garen ergibt sich eine cremige Soße, wenn statt Wasser mit Milch aufgegossen wird. In diesem Fall muss aber besonders häufig umgerührt werden.

4. Dämpfgemüse

Es wird mit sehr wenig oder ganz ohne Flüssigkeit in Dampf gegart. Am besten verwendet man dazu einen speziellen Dampfgartopf, da das Gemüse sonst leicht am Topfboden ansetzen und anbrennen kann. Wenn beim Kochen von Gemüse (vgl. 1) der Topfdeckel gut geschlossen wird (ggf. ein Geschirrtuch darum wickeln), kann aber auch hier der Dampf weitgehend für den Kochvorgang nutzbar gemacht werden.

Grundsätzlich kann jedes Gemüse nach dieser Methode zubereitet werden. Gibt man gekochtes Gemüse in eine gefettete Auflaufform, bestreut es mit geriebenem Käse und überbäckt es, erhält man einen Gemüseauflauf. Das Gemüse kann auch vorher mit Béchamel-Soße (s. Kapitel Soßen) übergossen werden.

Ein Gemüsepudding entsteht, wenn das Gemüse mit einer Mischung aus je 1–2 EL Soja- und Stärkemehl (je nach Gemüsemenge) vermengt und in einer geschlossenen Puddingform im Wasserbad gegart wird. (Ist keine Puddingform vorhanden, können auch zwei Töpfe ineinander gestellt und der untere mit soviel kochendem Wasser aufgefüllt werden, dass es bis etwa zur Mitte des zweiten Topfes reicht. Den oberen Topf sorgfältig mit Alufolie und Gummiband oder einem gut schließenden Deckel abdecken.) Auch im Schnellkochtopf kann man Pudding bereiten. Die Einzelheiten sind der Gebrauchsanweisung zu entnehmen.

Auberginen Parmigiana

2 mittelgroße Auberginen
etwas Mehl
Vollkornbrösel
Milch
mehrere EL Olivenöl
250 g Mozzarella, in Scheiben geschnitten
300 g Tomatenmark
etwas Wasser
3 EL Sahne
etwas Oregano
2 Knoblauchzehen
Kräutersalz
Pfeffer
geriebener Parmesan

Die Auberginen waschen und ungeschält in ca. 2 cm dicke Scheiben schneiden. Die Scheiben nacheinander in Mehl, Milch und Vollkornbröseln wenden. Jeweils mehrere Scheiben langsam in etwas Öl anbraten, bis sie auf beiden Seiten gut braun sind. Nach Bedarf Öl hinzufügen.
Wenn sie braun und knusprig sind, in eine feuerfeste Form geben und auf jede Auberginenscheibe eine oder zwei Scheiben Mozarellakäse geben. Aus Tomatenmark, Wasser, Salz, Gewürzen, Sahne und den zerdrückten Knoblauchzehen eine dicke Tomatensoße bereiten und 2–3 TL davon auf jede Scheibe geben. Zum Schluss alles mit dem geriebenen Parmesan bestreuen. Bei 200 Grad etwa 20–30 Minuten lang backen und ganz heiß servieren.

Gefüllte Auberginen

2 Auberginen à 300 g
Salz
etwas Wasser
2 mittelgroße Zwiebeln
400 g frische Champignons (oder 150 g Dosen-Champignons)
weißer Pfeffer
getrocknetes Basilikum und getrocknetes Oregano
1 EL gehackte Petersilie
100 g Mozzarella oder 4 EL geriebener Emmentaler
2 EL Sonnenblumenkerne
Margarine zum Einfetten

Auberginen waschen, abtrocknen, Stängelansätze entfernen, der Länge nach halbieren. Fruchtfleisch herauslösen, klein schneiden. Ausgehöhlte Hälften mit Salz ausstreuen und ca. 20 Minuten ziehen lassen. Wasser zum Kochen bringen, Auberginen darin halb gar dämpfen. Öl in einer Pfanne erhitzen, geschälte, gewürfelte Zwiebel darin hellgelb braten. Geputzte, gewaschene Champignons blättrig schneiden, mit dem kleingeschnittenen Auberginenfleisch zu den Zwiebeln geben und 5 Minuten dünsten. Mit Pfeffer, Kräutern und Salz abschmecken. Den gewürfelten Mozzarella untermischen. In die Auberginen-Hälften füllen, mit Sonnenblumenkernen bestreuen. In einer leicht gefetteten Auflaufform im vorgeheizten Backofen bei 220 Grad 10–15 Minuten auf oberster Schiene überbacken.

Auberginen-Auflauf

750 g kleine Auberginen
Salz
100 g Öl
Margarine für die Form
je ½ TL weißer Pfeffer, Oregano, Basilikum
1 Msp. getrockneter Thymian
500 g Tomaten
1 mittlere Zwiebel
1 Knoblauchzehe
1 EL Butter oder Margarine
100 g geriebener Emmentaler

Auberginen waschen, abtrocknen, Stängelansätze entfernen. Früchte in ½ cm dicke Scheiben schneiden. Mit Salz bestreut 20 Minuten ziehen lassen. Abspülen und auf Küchenpapier abtropfen lassen.
Öl in einer Pfanne erhitzen. Auberginenscheiben darin auf beiden Seiten anbraten. Eine Auflaufform mit Margarine einfetten. Auberginenscheiben mit den Kräutern mischen und in die Form füllen. Tomaten häuten, halbieren, entkernen und vierteln. Geschälte Zwiebeln und Knoblauchzehen sehr fein hacken und in heißer Butter oder Margarine glasig braten. Tomaten zugeben, salzen und so lange schmoren, bis die Tomaten breiig geworden sind. Heiße Soße auf die Auberginenscheiben verteilen. Emmentaler darüberstreuen. Im vorgeheizten Backofen bei 225 Grad auf der obersten Schiene 10–15 Minuten überbacken.

Auberginen-Kartoffel-Auflauf

6 mittelgroße Kartoffeln (ca. 1 kg)
200 ml Gemüsebrühe
200 ml Sahne
Salz, Pfeffer, Muskatnuss
ca. 400 g Auberginen
ca. 480 g geschälte Tomaten aus der Dose
1 große Zwiebel
1 Knoblauchzehe
2 EL Öl
je ½ TL Pfeffer, Oregano, Basilikum, Thymian
1 EL Tomatenmark
100 g geriebener Käse

Die Kartoffeln gründlich waschen (nach Wunsch auch schälen) und in dünne Scheiben schneiden. Eine gefettete Auflaufform damit auslegen, mit Gewürzen und Salz bestreuen. Gemüsebrühe mit der Sahne verquirlen und über die Kartoffeln gießen. Im Ofen bei 180–200 Grad in ca. 25 Minuten gar backen. – Die Auberginen waschen, trocknen, die Stängel entfernen, in etwa ½ cm dicke Scheiben schneiden, salzen, mit Öl beträufeln und auf einem Backblech bei 180–200 Grad im Ofen ca. 10–15 Minuten backen. – Zwiebel und Knoblauch fein würfeln, in Öl hell andünsten. Die Tomaten zugeben, mit Gewürzen und Salz würzen und ca. 5 Minuten köcheln lassen. Tomatenmark zugeben und pikant abschmecken. Abwechselnd die Auberginenscheiben und die Soße auf die Kartoffeln geben, mit Käse bestreuen und im Ofen bei 180–200 Grad überbacken, bis der Käse geschmolzen ist.

Blumenkohl in Käsesoße

1 Kopf Blumenkohl
Salz
50 g Butter oder Margarine
30 g Vollweizenmehl
250 ml Schlagsahne
125 ml Milch
50 g gehobelte Mandeln
geriebene Muskatnuss
weißer Pfeffer
Salz
120 g geriebener Emmentaler

Gewaschenen und geputzten Blumenkohl in Röschen teilen und 8–10 Minuten in kochendem Salzwasser garen. Abtropfen lassen und warm stellen. Aus Butter und Mehl eine Mehlschwitze herstellen. Schlagsahne und Milch dazugießen und kräftig mit dem Schneebesen durchschlagen. 5 Minuten einkochen, Emmentaler unterrühren und mit Muskat, frisch gemahlenem Pfeffer und Salz abschmecken. Nochmals 3 Minuten ziehen lassen. Blumenkohlröschen anrichten, mit der Soße überziehen, unter dem Grill gratinieren und mit hellbraun gerösteten Mandelblättchen bestreuen.

Blumenkohl-Erbsen-Gratin

2 kleine Köpfe Blumenkohl
Salz
300 g Tiefkühl-Erbsen
Fett für die Form
30 g Butter oder Margarine
4 EL Vollweizenmehl
500 ml Milch
1 TL Curry
½ TL geriebene Muskatnuss
100 g geriebener Käse

Blumenkohl putzen, waschen und in Röschen teilen. 5 Minuten in kochendem Salzwasser vorgaren. 250 ml Blumenkohlwasser durch ein Sieb gießen und beiseite stellen. Blumenkohlröschen und Erbsen in eine gefettete Auflaufform füllen. Für die Soße Fett erhitzen, Mehl darin anschwitzen und mit der Milch und dem Blumenkohlwasser unter ständigem Rühren ablöschen. Aufkochen lassen. Anschließend mit Salz, Curry und Muskat abschmecken. Zum Schluss die Soße über das Gemüse gießen, mit Käse bestreuen und im vorgeheizten Backofen bei 200 Grad 35–40 Minuten überbacken.

Blumenkohlschnitzel

1 großer Blumenkohl
500 ml Milch
300 g Vollweizenmehl
½ TL Backpulver
Salz
Pfeffer
Curry
Öl oder Kokosfett zum Braten

Den gewaschenen Blumenkohl halbieren und in Salzwasser halb gar kochen. Abgießen und abtropfen lassen. Die Blumenkohlhälften in ca. 2 cm dicke Scheiben schneiden.
Mehl mit Backpulver und Gewürzen mischen und mit Milch zu einem dicken Pfannkuchenteig rühren. Es dürfen sich keine Klumpen bilden. Den Teig gut 30 Minuten ruhen lassen.
Die Blumenkohlscheiben in den Pfannkuchenteig tauchen und sofort in heißem Fett oder Öl in der Pfanne ausbacken (ca. 5 Minuten auf jeder Seite).
Dazu passen gut Kartoffelbrei und ein Salat.

Blumenkohl mit Vollkornbröseln

1 mittelgroßer Blumenkohl
Salz
4–5 EL Butter
4 EL Vollkornbrösel
1 EL Zitronensaft

Blumenkohl in Salzwasser nicht zu weich garen.
Butter schmelzen, Vollkornbrösel darin bräunen, Zitronensaft zufügen und über den in Röschen zerteilten Blumenkohl geben.
Dazu passen gut Kartoffelbrei und Salat.

Grüne Bohnen mit Tomaten und Käsesoße

750 g grüne Bohnen
etwas frisches Bohnenkraut
375 g Tomaten
2 Zwiebeln
Salz
Pfeffer
1 Prise Vollrohrzucker
1 TL Oregano
3 EL Öl

Für die Soße:
100 ml Milch
½ TL Johannisbrotkernmehl
250 g Gorgonzola
Pfeffer aus der Mühle

Bohnen putzen, waschen und mit dem Bohnenkraut 15–20 Minuten in Salzwasser garen. Bohnenkraut herausnehmen, Bohnen abgießen und mit kaltem Wasser abschrecken.
Tomaten schälen, vierteln. Zwiebeln fein schneiden, in dem Öl glasig dünsten, Tomaten zugeben und ca. 5 Minuten leicht anschmoren. Mit den Gewürzen pikant abschmecken. Bohnen dazugeben und alles kurz erhitzen.
Milch erwärmen, Johannisbrotkernmehl einrühren, Käse bei mittlerer Hitze darin schmelzen, kurz aufkochen, mit Pfeffer abschmecken. Soße über das Gemüse gießen.

Grüne Bohnen mit Paprika

500 g Stangenbohnen
1 mittelgroße rote Paprikaschote
1 Zwiebel
4 EL Öl
250 ml Gemüsebrühe
1 EL Tomatenmark
etwas frisches Bohnenkraut
Salz
weißer Pfeffer

Die Bohnen waschen, an den Enden kürzen und in 4 cm lange Stücke schneiden. Die Paprikaschoten halbieren, Kerne ausschaben und beide Hälften in größere Stücke schneiden. Die Zwiebel schälen und fein würfeln. Das Öl erhitzen. Zwiebelwürfel darin glasig braten. Bohnen und Paprika dazugeben und kurz braten. Dann die Brühe mit dem Tomatenmark und dem gehackten Bohnenkraut verrühren. Zum Gemüse geben. Mit Salz und Pfeffer würzen. Im geschlossenen Topf 20 Minuten köcheln lassen.

Grüne Bohnen mit Thymian-Sahne

750 g grüne Bohnen
200 g Crème fraîche
200 ml Schlagsahne
1 EL mittelscharfer Senf
1 Bund Thymian
Pfeffer
Salz

Bohnen waschen, putzen und in Salzwasser 15–20 Minuten kochen, abgießen und kalt abschrecken. In einem breiten, flachen Topf Crème fraîche und Sahne 3 Minuten dicklich kochen. Mit Pfeffer, Salz und Senf abschmecken. Abgezupften, gehackten Thymian in die Soße geben. Die angerichteten Bohnen mit der Soße übergießen.

Gebratene grüne Bohnen

1 kg grüne Bohnen
etwas Bohnenkraut
1 Zwiebel
Salz
schwarzer Pfeffer
Thymian
4 EL Hefeflocken,
3 EL Sesam
Öl zum Braten

Bohnen putzen, waschen, und in Salzwasser mit dem Bohnenkraut nicht zu weich garen. Das Wasser abgießen, Bohnen kalt abschrecken. Öl in der Pfanne erhitzen, die feingehackte Zwiebel darin hell anbraten, die abgetropften Bohnen hineingeben, mit Hefeflocken und Sesam bestreuen und unter öfterem Umwenden kurz durchbraten. Mit Pfeffer und Thymian würzen.

Brokkoli au Gratin

750 g Brokkoli
Gemüsebrühe
1 Tasse Milch
½ Tasse Sahne
1 gehäufter EL Sojamehl
1 TL Johannisbrotkernmehl
Kräutersalz
Pfeffer
Muskat
150 g Mozzarella, gewürfelt

Brokkoliröschen in wenig Brühe ca. 10 Minuten andünsten. In eine gefettete Auflaufform geben. Milch, Sahne, Sojamehl, Johannisbrotkernmehl, Salz und Gewürze gut miteinander verquirlen, das Gemüse damit übergießen. Mit Käse bestreuen.
Bei 200 Grad 20 Minuten lang überbacken.
Dazu passt frischer grüner Salat.

Italienischer Brokkolitopf

1 kg Brokkoli
2 Zwiebeln
2 Knoblauchzehen
3 EL Olivenöl
1 große Dose geschälte Tomaten
1 EL Oregano
1 TL Thymian
etwas Pfeffer
Salz
4 EL geriebener Käse

Die fein gehackten Zwiebeln und Knoblauch in Olivenöl andünsten, Tomaten, Gewürze und Salz zugeben und ca. 10 Minuten mitdünsten.

Brokkoliröschen waschen, Stiele in Scheiben schneiden und beides in etwas Salzwasser leicht garen.

Dann zu der Soße geben, den geriebenen Käse unterheben und nochmals auf kleiner Flamme ca. 15 Minuten ziehen lassen.

Chicorée in Sahne

4 große Chicorée-Stauden
½ TL Vollrohrzucker
25 g Butter oder Margarine
50 ml Gemüsebrühe
100 g flüssige Sahne
1 TL Johannisbrotkernmehl
2 EL Sonnenblumenkerne

Chicorée putzen und vierteln. Das bittere Ende entfernen. Fett zerlassen, Zucker dazugeben. Chicorée etwa 5 Minuten dünsten. Mit Brühe aufgießen und bedeckt ca. 10 Minuten garen. Sahne hinzufügen, Johannisbrotkernmehl einrühren und im offenen Topf einkochen, bis die Soße dickflüssig ist.

Sonnenblumenkerne ohne Fett anrösten und über den Chicorée streuen.

Gefüllte Champignons

8 große Champignons
2 EL Butter oder Margarine
1 EL Zitronensaft
2 EL Vollkornbrösel
1 Zwiebel
80 g geriebener Käse
etwas Salz
frischer Pfeffer
etwas Petersilie
150–200 ml Gemüsebrühe
3–4 EL Sahne

Champignons putzen, waschen und gut abtrocknen. Die Stielansätze vorsichtig aus den Köpfen lösen und klein schneiden, die Köpfe etwas aushöhlen, innen mit Zitronensaft beträufeln.
Butter oder Margarine in einer Pfanne erhitzen, kleingeschnittene Zwiebel und Champignonstücke andünsten, Vollkornbrösel zugeben. Diese Masse mit dem geriebenen Käse vermischen, mit den Gewürzen und der Petersilie abschmecken und in die gesalzenen Champignonköpfe füllen. Die Pilze nebeneinander in eine gefettete Auflaufform setzen. Gemüsebrühe mit Sahne vermischt dazugeben und im Ofen bei 200 Grad etwa 20 Minuten garen.

Erbsen mit Käsesahne

1 kg Erbsen (in der Schote)
Kräutersalz
250–500 ml Wasser
1 große Zwiebel
25 g Butter oder Margarine
125 ml Schlagsahne
100 g Schafskäse
frisch gemahlener Pfeffer
1 Bund gehackte Petersilie

Erbsen putzen, waschen und 10 Minuten in Salzwasser kochen; sie sollten aber nicht zu weich werden. Flüssigkeit durch ein Sieb gießen und auffangen. Inzwischen die Zwiebel zerkleinern und in Fett glasig dünsten. Schafskäse zerbröckeln, zusammen mit Sahne einrühren. Mit Pfeffer würzen. Petersilie hacken, die Hälfte unter die Soße heben. Die Erbsen mit der Soße übergießen und mit der restlichen gehackten Petersilie bestreuen.

Fenchelauflauf

4 große Fenchelknollen (ca. 1 kg)
1 unbehandelte Zitrone
40 g Butter
40 g Vollweizenmehl
500 ml Milch
150 g geriebener Emmentaler
Salz
Pfeffer aus der Mühle
1 Prise geriebene Muskatnuss
1 Prise Vollrohzucker
Fett für die Form
20 g Butter in Flöckchen

Die Fenchelknollen putzen, gründlich waschen, der Länge nach in nicht zu dünne Scheiben schneiden. Salzwasser mit Zitronenscheiben erhitzen, den Fenchel darin 10 Minuten vorkochen. Für die Soße 40 g Butter zerlaufen lassen, das Mehl zugeben und unter Rühren goldgelb anschwitzen. Unter weiterem Rühren die Milch zugeben und kurz kochen lassen. Den Topf vom Herd nehmen und gut 100 g Käse unterrühren. Die Soße mit Salz, Pfeffer, Muskat und Zucker abschmecken.

Eine feuerfeste Form ausfetten. Fenchel hineingeben, Soße darübergießen, die Butterflöckchen und den restlichen Käse darüber verteilen. Die Form in den vorgeheizten Backofen schieben, etwa 30 Minuten bei 200 Grad backen. Die Oberfläche sollte goldbraun sein.

Fenchel mit Senfsahne

750 g Fenchel
30 g Butter oder Margarine
1–2 EL körniger Senf
125 ml Gemüsebrühe
200 ml Schlagsahne
1 Bund Schnittlauch
Pfeffer
Salz
abgeriebene Schale einer unbehandelten Zitrone
1 TL Honig
2 TL Johannisbrotkernmehl

Fenchel putzen, waschen und vierteln. In der Butter oder Margarine andünsten, Brühe zugeben und im geschlossenen Topf etwa 10 Minuten dünsten. Senf und Sahne zugeben und alles zugedeckt weitere 10–15 Minuten köcheln lassen. Den Schnittlauch in Röllchen schneiden. Soße mit Pfeffer, Salz, Zitronenschale und Honig abschmecken. Johannisbrotkernmehl einrühren und die Soße aufkochen lassen. Fenchel mit der Soße servieren und mit geschnittenem Fenchelgrün und Schnittlauch bestreuen.

Fenchel mit Tomaten

4 Fenchelknollen
(etwa 750 g)
400 ml Gemüsebrühe
400 g Tomaten
4–5 EL Vollkorn-Semmelbrösel
50 g Parmesan
200 ml Sahne
½ TL Salz
Pfeffer
¼ TL Johannisbrotkernmehl

Fenchelknollen putzen, waschen und längs halbieren, Fenchelgrün fein hacken. Brühe zum Kochen bringen und den Fenchel darin 15–20 Minuten garen (Brühe aufbewahren!), abtropfen lassen.
Die geschälten und halbierten Tomaten (Kerne entfernen) in Stücke schneiden. Die Fenchelhälften mit den Schnittflächen nach unten in eine gebutterte Auflaufform geben, die Zwischenräume mit den Tomaten ausfüllen.
Sahne mit den Vollkorn-Semmelbröseln, Käse, Fenchelgrün und Gewürzen mischen (evtl. noch etwas Brühe zugießen), Johannisbrotkernmehl oder Speisestärke unterrühren und alles über den Fenchel gießen, Butterflöckchen aufsetzen und bei 200 Grad ca. 20 Minuten überbacken.

Fenchel mit Käsesoße

1 Fenchelknolle
Salz
1 EL Vollweizenmehl
1 EL Butter
2 EL Sahne
2 EL Milch
etwas geriebene Muskatnuss
2 EL geriebener Emmentaler
evtl. etwas gehackte Petersilie

Fenchel waschen, halbieren und in Salzwasser ca. 10–15 Minuten garen. Butter erhitzen, Mehl dazugeben, kurz anschwitzen, mit Milch und Sahne löschen und kräftig durchrühren. Evtl. noch etwas Fenchelkochwasser dazugießen. Käse unterrühren, schmelzen lassen und mit Muskat abschmecken. Den abgetropften Fenchel damit übergießen, mit gehacktem Fenchelgrün oder Petersilie bestreuen.

Gemüse-Getreide-Pfanne

150 g Gerstenkörner
1 rote Paprikaschote
1 gelbe Paprikaschote
2 Stangen Lauch
2 Zucchini
2 EL Butter oder Margarine
Salz
Pfeffer
Kräuter der Provence
etwas Gemüsebrühe
200 g Crème fraîche

Gerste verlesen, gründlich waschen und in etwa ½ l Wasser 5–10 Stunden einweichen. Gerste im Einweichwasser mit etwas Salz aufkochen und ca. 60 Minuten köcheln lassen. Evtl. weitere 1–2 Stunden nachquellen lassen. Das Gemüse putzen und in Stücke, Lauch in Ringe schneiden. Das Gemüse in heißem Fett andünsten, würzen, die Gerste zugeben, mit Gemüsebrühe auffüllen und noch 5–7 Minuten garen. Zuletzt Crème fraîche unterziehen.

Varianten:
Wenn Sie Gerstengraupen statt Gerstenkörner nehmen, müssen diese nicht eingeweicht werden. In kaltem Salzwasser ansetzen, aufkochen und bei geringer Hitze 50–60 Minuten quellen lassen. Ebensogut lässt sich dieses Rezept mit Hirse abwandeln.

Gemüse-Ragout

1 Aubergine
Salz
2 Knoblauchzehen
3 EL Olivenöl
2 Zwiebeln
1 rote Paprikaschote
1 grüne Paprikaschote
1 Zucchini
100 g Champignons
2 EL Tomatenmark
500 ml Gemüsebrühe
½ TL Oregano
½ TL Basilikum
Pfeffer aus der Mühle
2 EL Zitronensaft
Sojasoße
1 Bund Schnittlauch

Die Aubergine waschen, putzen und in Würfel schneiden. Gut mit Salz bestreuen und Wasser ziehen lassen. Abwaschen und mit Küchenpapier abtupfen. Inzwischen die Knoblauchzehen mit etwas Salz zerreiben. Olivenöl erhitzen, die kleingeschnittene Zwiebel und die Knoblauchzehen darin anbraten. Paprikaschoten, Zucchini und Champignons in grobe Würfel schneiden. Mit den Auberginenwürfeln ins heiße Zwiebel-Knoblauch-Öl geben und unter mehrmaligem Wenden 8–10 Minuten dünsten. Tomatenmark kurz mit anschwitzen, dabei gründlich untermischen und alles mit Gemüsebrühe ablöschen. Mit Oregano und Basilikum würzen, salzen und pfeffern. Noch 5 Minuten köcheln lassen. Mit Zitronensaft und einigen Tropfen Sojasoße abschmecken. Das Gemüseragout mit Schnittlauchröllchen bestreut servieren.

Dazu passen sehr gut Vollkornnudeln oder Spaghetti.

Grünkohl-Auflauf

1 kg frischer Grünkohl oder 500 g TK-Grünkohl
1 große Zwiebel
1 großer Apfel
50 g Butter oder Margarine
Pfeffer
Salz
Muskat
200 g Grünkernschrot
Hefewürze
200 g Crème fraîche
1 TL Reismehl oder Speisestärke
geriebener Käse

Den Grünkernschrot in 400 ml kochende Gemüsebrühe geben, kurz aufkochen, würzen und 1–2 Stunden zu einer festen Masse ausquellen lassen. Grünkohl waschen, grob zerteilen. Zwiebel und Apfel schälen und fein schneiden, in heißem Fett anbraten, Grünkohl zugeben, mit wenig Flüssigkeit aufgießen und etwa 20 Minuten dünsten (bei Verwendung von TK-Grünkohl etwas länger dünsten). Die Hälfte davon in eine gefettete Auflaufform geben. Grünkern darüber verteilen und mit dem restlichen Grünkohl bedecken. Crème fraîche, Reismehl oder Speisestärke und Gewürze verquirlen und über dem Auflauf verteilen. Käse darüber streuen. Im vorgeheizten Backofen bei 200 Grad ca. 20 Minuten überbacken. Dazu passt gut eine Käsesoße (siehe Kapitel Soßen).

Grünkohl mit Apfel

800 g Grünkohl
60 g Margarine
1 mittelgroße Zwiebel
200 ml Gemüsebrühe
2–3 mittelgroße Äpfel
2 EL Vollkorn-Semmelbrösel
2 EL Sesamsamen
1 EL körniger Senf
1 TL Zucker
Muskat, gemahlen
Salz
200 g Räuchertofu

Grünkohl gründlich waschen, holzige Stiele und gelbe Blätter entfernen. In kochendem Wasser 1 Minute blanchieren, gut abtropfen lassen und kleinschneiden. Zwiebel abziehen, in kleine Würfel schneiden und in einem Kochtopf in der Hälfte der Margarine andünsten. Grünkohl und Gemüsebrühe zugeben und 20–30 Minuten dünsten. Äpfel schälen, achteln, das Kerngehäuse entfernen, zum Grünkohl geben und ca. 15 Minuten weiter dünsten. Semmelbrösel und Sesam in der restlichen Margarine goldgelb rösten. Grünkohl mit Senf, Zucker, Salz und Muskat abschmecken und mit der Semmelbrösel-Sesam-Mischung bestreuen. Räuchertofu würfeln und über dem Gemüse verteilen.

Gurken mit Gerstenschrot gefüllt

3 Gemüsegurken
1 Zwiebel
50 g Öl
125 g Gerstenschrot
gut 375 ml Gemüsebrühe
1 EL Tomatenmark
Salz
etwas Pfeffer
Basilikum
evtl. Käse zum Überbacken

Gurken schälen und quer in etwa 10 cm lange Stücke schneiden, aushöhlen und in etwas Salzwasser nicht zu weich dünsten. Für die Füllung die fein gehackte Zwiebel und die Gerste in wenig Öl andünsten, mit Gemüsebrühe auffüllen, die Gerste darin dick kochen und ausquellen lassen. Mit Tomatenmark, Salz und Gewürzen abschmecken. Die Gurkenstücke nebeneinander in eine gefettete Form legen, die Füllung hineingeben, mit wenig Gemüsebrühe angießen. Das Ganze evtl. mit geriebenem Käse bestreuen, 15–20 Minuten im Backofen bei 180–200 Grad überbacken.

Gurkengemüse mit Dillsahne

2 EL Butter oder Margarine
2–3 mittelgroße gewürfelte Zwiebeln
ca. 800 g Schmorgurken
½ Tasse Gemüsebrühe
Salz
weißer Pfeffer
½ TL Honig
250 ml süße Sahne
2 Bund frischer Dill

Gurken schälen, der Länge nach halbieren und in ca. 2 cm breite Scheiben schneiden. Margarine erhitzen, Zwiebelwürfel darin goldgelb andünsten und die Gurkenscheiben zugeben. Mit wenig Brühe angießen, ca. 15 Minuten garen (Gemüse soll nicht zu weich sein) und mit Honig, Salz und Pfeffer pikant abschmecken.

Die Sahne leicht anschlagen, mit dem geschnittenen Dill und Honig vermischen und erst vor dem Anrichten über die Gurken verteilen.

Gurkengulasch

2–3 Schmorgurken
3 EL Öl
1 Prise Salz
1 fein geschnittene Zwiebel
3 EL Tomatenmark
3 EL Wasser
1 ½ EL Mehl
1 TL Hefewürze
2 TL Paprikapulver
4 EL saure Sahne
1 EL Sojasoße

Die gut gewaschenen Gurken halbieren und in Würfel schneiden. Fett erhitzen, die Zwiebel darin glasig dünsten, Paprika und Tomatenmark zugeben, kurz anbraten, Gurkenwürfel zugeben, Wasser zugießen, salzen und auf kleiner Flamme nicht zu weich garen.

Mehl mit etwas Wasser verquirlen und die Gurken damit binden. Kurz aufkochen lassen. Zum Schluß die Sahne darunterrühren und mit Sojasoße und Hefewürze abschmecken.

Kohlrabi in Zitronensoße

700–800 g Kohlrabi
1 mittelgroße Zwiebel
40 g Butter
1 EL Zucker
200 ml Gemüsebrühe
Salz
Pfeffer
Muskat
1 Bund Zitronenmelisse
200 g Crème fraîche
2–3 EL Speisestärke
abgeriebene Schale von einer unbehandelten Zitrone
2 EL Zitronensaft

Die Kohlrabi schälen, vierteln, in Scheiben schneiden. Zwiebel abziehen, fein würfeln und in der Butter glasig dünsten. Kohlrabi zugeben und kurz weiterdünsten lassen. Zucker über das Gemüse streuen, kurz schmelzen lassen. Die Gemüsebrühe angießen und mit Pfeffer und Muskat würzen. Bei geringer Hitze etwa 15 Minuten zugedeckt köcheln lassen. Die Speisestärke in etwas Wasser glatt rühren und zu dem Gemüse geben. Unter Rühren aufkochen lassen, Crème fraîche zufügen. Die feingehackte Zitronenmelisse und Zitronenschale zugeben und mit Salz, Pfeffer und Zitronensaft erneut abschmecken.

Variante:
Einen Teil des Kohlrabis ersetzen durch Möhren oder eine Mischung aus Möhren und Erbsen.

Gebackene Kohlrabi-Scheiben

2–3 Kohlrabi (je nach Größe)
2 l Gemüsebrühe
ca. 250 ml Milch
3–4 EL Mehl
3–4 EL Vollkorn-Semmelbrösel
Öl zum Ausbacken

Kohlrabi schälen und in ca. 1,5 cm dicke Scheiben schneiden. Die Gemüsebrühe aufkochen und die Kohlrabi-Scheiben darin bissfest garen. Kohlrabi abgießen und abtropfen lassen. Milch, Mehl und Brösel auf Teller verteilen. Die Kohlrabi-Scheiben abwechselnd erst in Milch und Mehl, dann in Milch und Bröseln fest panieren. Öl in einer Pfanne erhitzen und die Scheiben darin beidseitig goldgelb braten.

Gefüllte Kohlrabi

4 große Kohlrabi
(je ca. 300 g)
Salz
100 g Naturreis
200 g Champignons
1 Zwiebel
2 EL Butter oder Margarine
Pfeffer aus der Mühle
Majoran
250 ml Gemüsebrühe
200 ml Sahne
100 g geriebener Käse
1 TL Johannisbrotkernmehl

Kohlrabi dünn schälen und ganz in kochendem Salzwasser ca. 50–60 Minuten garen. Herausnehmen (Brühe aufbewahren) und mit einem Teelöffel vorsichtig aushöhlen.

Reis waschen, Champignons putzen und waschen und in kleine Stücke schneiden. Fett erhitzen, klein geschnittene Zwiebel darin glasig dünsten, Reis und Champignons zugeben, ebenso die Gewürze, Gemüsebrühe zugießen und auf kleiner Flamme garen und ausquellen lassen. 100 ml Sahne unterrühren, abschmecken. Kohlrabi damit füllen, in eine gebutterte Auflaufform setzen, mit Käse bestreuen und im vorgeheizten Backofen bei 200 Grad etwa 15–20 Minuten überbacken.

Das Kohlrabi-Innere in der aufbewahrten Brühe fertig garen, Soße mit Sahne und Johannisbrotkernmehl binden, abschmecken und zu den Kohlrabi reichen.

Überbackene Kohlrabi

500–600 g Kohlrabi
2 l Wasser
2 EL körnige Gemüsebrühe
3 große Tomaten
ca. 250 ml Milch
3 EL Butter
2 EL Mehl
1 EL Sojasoße
Salz
Pfeffer
Muskat
150 g Reibkäse
gehackte Petersilie

Kohlrabi schälen und in ca. 1,5 cm dicke Scheiben schneiden. Wasser mit Gemüsebrühe aufkochen und die Kohlrabi-Scheiben darin bissfest garen. Eine Auflaufform fetten. Tomaten in Scheiben schneiden und mit den Kohlrabi-Scheiben in abwechselnden Reihen ziegelartig in der Form schichten. Mit etwas Salz bestreuen. Aus Butter und Mehl eine helle Mehlschwitze bereiten, kalte Milch zugießen, schnell glatt rühren, aufkochen lassen, mit Sojasoße, Pfeffer und Muskat und evtl. etwas Salz würzen und über das Gemüse gießen. Mit Reibkäse bestreuen und im vorgeheizten Ofen bei 180 Grad etwa 20 Minuten überbacken. Vor dem Servieren mit Petersilie bestreuen.

Kürbisragout

1 kg Kürbisfruchtfleisch
4 EL Öl
2 Stangen Lauch
3 Zwiebeln
2 Knoblauchzehen
500 ml Gemüsebrühe
½ TL Currypulver
Pfeffer
Salz
½ TL Ingwerpulver
1 TL gemahlener Koriander
100 ml Sahne
2–3 EL Kürbiskerne, grob gehackt

Kürbis teilen, aushöhlen, Fruchtfleisch würfeln. Lauch waschen, in feine Ringe schneiden. Öl erhitzen, klein geschnittene Zwiebeln und Knoblauch darin andünsten, Gewürze dazugeben und kurz anbraten. Kürbiswürfel dazugeben, untermischen und mit Gemüsebrühe auffüllen. Etwa 5 Minuten schmoren lassen, Lauch dazugeben und weitere 10 Minuten köcheln lassen. Zuletzt Sahne hineinrühren und offen aufkochen lassen. Abschmecken. Vor dem Servieren das Gemüse mit den Kürbiskernen bestreuen.

Lauchgericht

3–4 Stangen Lauch
1–2 EL Öl
Wasser
Kräutersalz
Dill
Muskat
Ingwer
100 ml Sahne
1 EL Butter

Lauch waschen, in etwa 10 cm große Stücke schneiden und in einen Topf geben. Etwas Öl hinzugeben und soviel Wasser, dass der Lauch gerade bedeckt ist. Aufkochen lassen, dann bei kleiner Flamme fertig garen. Mit den Gewürzen abschmecken, Sahne unterrühren und Butterflöckchen darüber verteilen. Dazu Kartoffelpüree reichen.

Lauch gratiniert

4 Stangen Lauch (ca. 1 kg)
1 Rezept Käsesoße (siehe Kapitel Soßen)
20 g Butter
100 g Räuchertofu
100 g geriebener Käse

Die Lauchstangen gut waschen und putzen, in ca. 5 cm lange Stücke schneiden. Diese in Salzwasser garen. Abtropfen lassen.
Eine Käsesoße bereiten. Tofu in Würfel schneiden. Lauch in eine gefettete Auflaufform füllen, Tofu darüber streuen, mit Soße übergießen und mit dem Käse bestreuen. Im vorgeheizten Ofen ca. 15 Minuten überbacken.

Lauchrollen

1 Rezept Pfannkuchen (siehe Kapitel Pfannkuchen)
750 g reife Tomaten
1 Zwiebel
1 Zweig Salbei
Salz
1 kg junger Lauch
etwas Gemüsebrühe
150 g saure Sahne
125 g geriebener Käse
Muskat
1 EL Hefeflocken
3 EL Crème fraîche

Pfannkuchen lt. Rezept bereiten.

Tomaten waschen, trocken reiben, Stängelansätze herausschneiden. Tomaten halbieren, Saft und Kerne entfernen. Zwiebel schälen, hacken, Salbeiblättchen ebenfalls hacken. Tomaten mit Zwiebeln, Salbei und Salz einkochen und durch ein Haarsieb streichen oder pürieren. Lauch putzen, längs halbieren, waschen und in ca. 15 cm lange Stücke schneiden. Lauchreste klein schneiden. Lauchstücke und Lauchreste in wenig Gemüsebrühe zugedeckt ca. 8 Minuten dünsten. Danach die Lauchstücke herausnehmen und abtropfen lassen. Sahne, 2/3 vom Käse, Muskat und Crème fraîche mit den Hefeflocken und Lauchresten verrühren. Diese Käsecreme auf die Pfannkuchen streichen, erkalteten Lauch darin einwickeln. Lauchrollen und evtl. übriggebliebene Lauchstücke in eine gefettete, feuerfeste Form legen, mit der Tomatensoße übergießen und mit Käse bestreuen. Evtl. mit etwas Öl beträufeln. Im auf 200 Grad vorgeheizten Ofen ca. 20 Minuten überbacken.

Mangold-Spinat

ca. 800 g Mangold
1 Knoblauchzehe
2 Frühlingszwiebeln
3 EL Öl
ca. 150 ml Gemüsebrühe
1 EL Sojasoße
100 ml Sahne oder Sojasahne
2 EL Sesamsamen
2 EL Chia-Samen
Salz, Pfeffer

Mangold waschen, Blätter von den Stielen zupfen. Die Stiele quer in ca. 2 cm breite Streifen schneiden und beiseite stellen, die Blätter klein schneiden. Die Zwiebeln klein schneiden, den Knoblauch fein hacken, Öl erhitzen und Zwiebeln sowie Knoblauch darin anrösten. Die Mangoldstiele zugeben und kurz mitdünsten. Blätter zugeben, mit Gemüsebrühe auffüllen und bissfest garen. Mit Sojasoße und den Gewürzen abschmecken, Sahne oder Sojasahne unterziehen. Sesam- und Chia-Samen ohne Fett in einer Pfanne leicht anrösten (max. 2–3 Minuten) und über den Mangold streuen.

Möhren in Nuss-Soße

750 g Möhren
30 g Butter

Für die Soße:
2 EL Vollweizenmehl
375 ml Milch
½ Brühwürfel
evtl. Kräutersalz
4 gehäufte EL gemahlene Haselnüsse
2 TL Butter

Möhren putzen und waschen, in Scheiben schneiden. Butter erhitzen, Möhrenscheiben hineingeben, ca. 15–20 Minuten auf kleiner Flamme gar dünsten.

Soße:
Milch zum Kochen bringen, Brühwürfel hineingeben, unter Rühren zergehen lassen. Mehl mit dem Schneebesen in etwas kalter Milch anrühren und in die kochende Milch einlaufen lassen, weiterrühren, bis die Soße anfängt anzudicken. Butter dazugeben, zergehen lassen. Zum Schluss Nüsse einrühren, nochmals kurz aufkochen.
Soße über die Möhren gießen und unterrühren. Sofort servieren.

Variante:
Die Nuss-Soße passt auch zu vielen anderen Gemüsen, besonders zu solchen, die von Natur aus leicht süßlich schmecken, wie z.B. Erbsen oder Schwarzwurzeln, Pastinaken und Sellerie.

Gefüllte Paprikaschoten mit Vollreis

4 große Paprikaschoten
200 g Vollreis
500 ml Wasser
Salz
1 Zwiebel
2–3 EL Reibkäse
1 EL Hefeflocken
Streuwürze
30 g Öl
2 EL Tomatenmark
200 ml Wasser
1 Knoblauchzehe
Pfeffer
1 TL Apfeldicksaft
1 Msp. Nelken
Salz

Reis mit Wasser, fein gehackter Zwiebel und Salz gar kochen und mit dem Reibkäse, Hefeflocken und Streuwürze abschmecken. Von den Paprikaschoten Deckel abschneiden, die Kerne entfernen, gründlich abwaschen und innen salzen. Paprikaschoten mit Reis füllen und die Deckel darauf geben. Öl im Topf erhitzen, die gefüllten Paprikaschoten hineinsetzen, Tomatenmark mit Wasser, gepresstem Knoblauch und Gewürzen verrühren, zu den Paprikaschoten gießen und garen lassen.

Bananen-Paprika-Gemüse

250 g Seitan
3 EL Öl
1 rote, 1 grüne Paprikaschote
2 Zwiebeln
1 TL Salz
1 TL Paprika
2 TL Curry
etwas Pfeffer
1 TL Speisestärke oder Johannisbrotkernmehl
250 ml Sahne oder Sojasahne
4 Bananen
4 kleine Tomaten

Seitan würfeln, in Öl anschmoren, Zwiebeln fein wiegen und hinzufügen, kurz andünsten. Paprikaschoten zerkleinern, dazugeben und mitdünsten. Etwas Wasser zugießen, Salz, Paprika, Curry und Pfeffer darunter rühren, Speisestärke o.ä. in Sahne verquirlen, in die Pfanne gießen und aufkochen lassen. 10 Minuten bei schwacher Hitze köcheln. Bananen und Tomaten zerkleinern, hinzufügen und weitere 5 Minuten mitdünsten lassen.

Paprika-Seitan-Gulasch

200 g Seitan
ca. 500 ml Gemüsebrühe
2 Zwiebeln
2 grüne Paprikaschoten
2 rote Paprikaschoten
1 Stange Lauch
6 EL Öl
Hefewürze
Salz
schwarzer Pfeffer
Paprikapulver
2 EL Sojasoße
2 EL Tomatenmark
150 g saure Sahne oder Crème fraîche oder Sojasahne
1 EL Vollweizenmehl

Seitan in Würfel schneiden und in 2 EL Öl anbraten. Paprikaschoten putzen, entkernen, waschen und in Streifen schneiden, Lauch gut waschen und in Ringe schneiden. Restliches Öl erhitzen, die kleingeschnittene Zwiebel darin anbräunen. Gemüse zufügen, ebenso Tomatenmark, Gewürze und die Seitanwürfel, mit etwas Gemüsebrühe aufgießen und ca. 15 Minuten gar dünsten. Mehl mit saurer Sahne bzw. Crème fraîche vermischen und das Gemüse damit binden. Kurz aufkochen und mit Sojasoße pikant abschmecken.

Pastinaken in Joghurtsoße

500 g Pastinaken
1 EL Öl
ca. ½ Tasse Wasser
Kräutersalz
½ TL gemahlener Kreuzkümmel
1 TL getrockneter Dill
100 g Vollmilchjoghurt, vermischt mit 2 EL Sahne

Pastinaken gründlich waschen, putzen, in etwa gleich große Scheiben schneiden. Öl in der Pfanne erhitzen, Pastinaken hineingeben, auf großer Flamme ca. 3–4 Minuten anbraten, dann auf kleiner Flamme weiter garen lassen. Etwas Wasser dazugießen, wenn es verkocht ist, wieder mit etwas Wasser aufgießen. Nach ca. 15 Minuten mit Kräutersalz, gemahlenem Kreuzkümmel und getrocknetem Dill würzen. Joghurt-Mischung dazugießen, erwärmen, aber nicht mehr kochen.

Gebratene Pastinaken

500 g Pastinaken
Mehl
Butter
Salz, Pfeffer

Pastinaken waschen und in Salzwasser weich kochen. Wasser abgießen, Pastinaken trocken reiben, schälen. Der Länge nach in ca. ½ cm dicke Scheiben schneiden. Die Scheiben anfeuchten und mit Mehl bestäuben. In heißer Butter auf beiden Seiten anbraten. Auf Küchenkrepp legen und das Fett aufsaugen lassen. Mit Pfeffer bestreuen und heiß servieren.

Pilze in süß-saurer Rahmsoße

750 g möglichst frische Pilze (Champignons, Maronen, Pfifferlinge)
2 EL Butter oder Margarine
1 Zwiebel, fein gewürfelt
Kräutersalz
Majoran
Pfeffer
Muskat
½ TL Honig
1 TL Johannisbrotkernmehl oder Speisestärke
Zitronensaft
1 Bund Petersilie, gehackt
200 ml süße Sahne

Pilze sorgfältig waschen, putzen, halbieren oder in Scheiben schneiden. Fett erhitzen, Zwiebel goldgelb anbraten, Pilze hineingeben, salzen, ca. 20 Minuten gar dünsten, würzen.

Johannisbrotkernmehl bzw. Speisestärke mit Sahne unverquirlen, zu den Pilzen geben, kurz aufkochen und andicken lassen. Kurz vor dem Anrichten mit Zitronensaft und Honig süß-sauer abschmecken. Mit Petersilie bestreuen.

Dazu passen Semmelknödel oder Reis.

Pilzgulasch

- 1 kg frische Pilze oder 500 g Dosenpilze
- 1 kg Kartoffeln
- 40 g Butter oder Margarine
- 200 ml Gemüsebrühe
- Kräutersalz
- Zwiebelpulver
- 1 TL Paprika
- 2 TL Tomatenmark
- 150 ml saure Sahne
- 3 EL geriebener Käse
- Petersilie

Pilze sorgfältig putzen, waschen und halbieren. Kartoffeln gut abbürsten, evtl. schälen, klein würfeln, mit Pilzen und Gewürzen im Fett andünsten. Gemüsebrühe zugießen und ca. 20 Minuten garen. Tomatenmark zugeben. Mit Sahne binden, mit Käse und Petersilie bestreuen, servieren.

Ratatouille

1 große Gemüsezwiebel (milde Zwiebelsorte)
1 kleine Aubergine
2 kleine Paprikaschoten
3 mittelgroße Zucchini
1 kleine Gurke
2–3 Knoblauchzehen
4 EL Olivenöl
Salz
375 ml Gemüsebrühe
1 kleine Dose Tomatenmark
3 Tomaten
1 kleine rote Pfefferschote (Peperoni)

Gemüse gründlich waschen und putzen. Zwiebel grob hacken, die Aubergine und die Zucchini in Würfel von 2–3 cm Kantenlänge schneiden, die Paprika vierteln und in Streifen schneiden. Gurke schälen, entkernen und würfeln. Pfefferschote fein schneiden, Knoblauchzehen schälen. Olivenöl in einer sehr großen Pfanne erhitzen, Pfefferschote und durchgepressten Knoblauch dazugeben. Nach 2–3 Minuten die Zwiebel hinzufügen. Einige Minuten lang dünsten, dann Zucchini, Aubergine und die Paprika dazugeben. Das Gemüse in dem Öl gut wenden, so dass alles möglichst gleichmäßig mit Öl bedeckt ist. Die heiße Gemüsebrühe und das Tomatenmark verrühren, über das Gemüse gießen und die Gurke hinzufügen, salzen.
Das Gemüse langsam in dieser Flüssigkeit kochen, gelegentlich umrühren, bis die Soße fast eingekocht ist (ca. 10–15 Minuten). Das Gemüse sollte weich sein, aber nicht zerfallen. Währenddessen die Tomaten achteln und 1 oder 2 Minuten vor dem Ende des Kochvorgangs zu dem Gemüse geben. Heiß servieren. Ergibt ca. 8 Portionen.

Variante:
Das Gericht abkühlen lassen, 80–100 ml Vinaigrette-Soße (siehe Kapitel Salatsoßen) darüber geben und gut mischen. Gekühlt mit warmen Brötchen oder frischem Brot servieren.

Rosenkohl mit Käse

500 g Rosenkohl
ca. ½ Glas Orangensaft
50 g Butter, Margarine oder Öl
Salz
Pfeffer
Muskatnuss
50 g geriebener Käse (nach Geschmack auch mehr)

Rosenkohl waschen und putzen. Große Röschen halbieren, Fett erhitzen, Röschen 3–4 Minuten auf großer Flamme darin anbraten. Mit so viel Orangensaft aufgießen, dass der Boden des Topfes oder der Pfanne bedeckt ist. Rosenkohl darin wenden, bedecken, auf kleiner Flamme gar kochen (ca. 15 Minuten). Mit den Gewürzen abschmecken.
Vor dem Anrichten mit Käse bestreuen oder 5–10 Minuten im Ofen (obere Schiene) gratinieren.

Rosenkohl mit Zitronenbröseln

1 kg Rosenkohl
200 g Butter oder Margarine
40 g Vollkorn-Semmelbrösel
4 TL frisch gepresster Zitronensaft
Salz
Gewürzpfeffer

Rosenkohl putzen, größere Röschen am Stielansatz kreuzweise einschneiden, in kochendem Salzwasser bissfest garen. Abgießen, kalt abschrecken und abtropfen lassen. Butter zerlaufen lassen, Brösel zugeben und hellbraun rösten. Salz, Pfeffer und Zitronensaft darin verrühren und die Brösel gleichmäßig unter den Rosenkohl verteilen.
Dazu passen Kartoffelpüree und Salat.

Rosenkohl-Auflauf

750 g Rosenkohl
1 Zwiebel
2 EL Öl
40 g Mehl
250 ml Milch
125 g Sahne oder Sojasahne
Salz
Pfeffer
Muskat
Majoran
200 g geriebener Käse

Rosenkohl putzen, waschen, die Stielansätze kreuzweise einschneiden, dann etwa 10 Minuten in ca. 1 Liter Salzwasser bissfest kochen. Das Kochwasser abgießen und auffangen, Rosenkohl kalt abschrecken und abtropfen lassen. Zwiebel abziehen, fein würfeln und in Öl andünsten, Mehl zufügen, mit Milch ablöschen und glatt rühren, die Sahne bzw. Sojasahne einrühren, evtl. etwas aufgefangenes Kochwasser zufügen, so dass eine cremige Soße entsteht. Mit Salz, Pfeffer, Muskat und Majoran würzen. Den Rosenkohl in eine gefettete Auflaufform geben, mit der Soße übergießen, mit dem Käse bestreuen und im vorgeheizten Ofen bei 200 Grad etwa 20 Minuten überbacken.

Rosenkohlgemüse mit Lauch

600 g Rosenkohl
3 Stangen Lauch
4 EL Öl
ca. 500 ml Gemüsebrühe
gemahlener Kümmel
geriebener Muskat
100 ml Sahne oder Sojasahne
1 EL Reismehl
2 EL Chia-Samen

Rosenkohl putzen und gut waschen. Den Lauch putzen, waschen und in fingerbreite Streifen schneiden. Öl erhitzen, Rosenkohl und Lauch darin anrösten, mit Gemüsebrühe auffüllen, Gewürze zugeben und ca. 15–20 Minuten gar dünsten. Sahne oder Sojasahne mit dem Reismehl verrühren, in das Gemüse einlaufen lassen und kurz aufkochen lassen. Chia-Samen in einer Pfanne ohne Fett kurz anrösten (max. 2–3 Minuten) und über das fertige Gemüse streuen.

Rosenkohl-Eintopf mit Seitan

750 g Rosenkohl
500 g Kartoffeln
500 ml Gemüsebrühe
etwas Kümmel
1 kleine Dose Tomaten
Salz
Pfeffer
Paprikapulver
300 g Seitan, gewürfelt
1 EL Fett
1 EL gehackte Petersilie

Rosenkohl putzen und mit geschälten, gewürfelten Kartoffeln und Kümmel in der Brühe ca. 15–20 Minuten garen. Dann die pürierten Tomaten mit Salz, Pfeffer und Paprika dazugeben. Seitan im Fett anbraten, in den Eintopf geben und etwa 10 Minuten leise köcheln lassen. Mit Petersilie bestreut servieren.

Rote Bete mit Äpfeln

500 g Rote Bete
1 Zwiebel
2 TL Senfkörner
1 Lorbeerblatt
2 Äpfel
etwas Apfeldicksaft
Salz
Pfeffer
Ingwerwurzel
100 g Crème fraîche
2 TL Meerrettich

Rote Bete waschen, schälen und in feine Stifte schneiden. Zwiebel schälen, in Würfel schneiden und mit dem Gemüse, den Senfkörnern und dem Lorbeerblatt in Salzwasser ca. 20 Minuten garen. Äpfel in dünne Scheiben schneiden und ca. 5 Minuten mitdünsten. Mit Pfeffer, Apfeldicksaft und frisch geriebenem Ingwer abschmecken. Crème fraîche mit Meerrettich vermischen und über das Gemüse geben.

Rote-Bete-Taler

600 g Rote Bete
150 ml Milch
4 EL gemahlene Haselnüsse
4 EL Sesamsamen
4 EL Kokosflocken
Öl zum Braten

Rote Bete schälen und in 1 cm dicke Scheiben schneiden. In Salzwasser ca. 15 Minuten nicht zu weich garen. Abgießen, abtropfen und abkühlen lassen. Nüsse, Sesam und Kokosflocken gut vermischen. Die Rote-Bete-Scheiben einzeln durch die Milch ziehen, im Nussgemisch wälzen und diese Panade von beiden Seiten fest andrücken. In heißem Öl von beiden Seiten knusprig ausbraten. Dazu passt gut ein Joghurtcreme-Dip (siehe Kapitel Salatsoßen).

Rotkraut mit Äpfeln

1 kg Rotkraut
3–4 EL Rotweinessig
50 g Butter oder Margarine
3 säuerliche zerkleinerte Äpfel
200 ml Gemüsebrühe
Kräutersalz
1 Zwiebel
1 Lorbeerblatt
3–4 Nelken
schwarzer Pfeffer
Kümmel
etwas Apfeldicksaft
½ TL Johannisbrotkernmehl oder Reismehl

Kohlkopf waschen, halbieren, äußere Kohlblätter und harten Strunk entfernen, Kraut fein hobeln. Fett erhitzen, Zwiebel anlaufen lassen, die blättrig geschnittenen Äpfel zugeben, ebenso den Kohl, Essig darüber gießen, mit wenig Gemüsebrühe auffüllen, Gewürze zufügen, salzen. Evtl. Brühe nachgießen. Kraut weich dünsten, ca. 35 Minuten, dabei öfter umrühren. Mit Apfeldicksaft abschmecken, mit Johannisbrotkernmehl binden.

Schweizer Rotkraut mit Preiselbeeren

500 g Rotkraut
30 g Butter oder Margarine
½ TL Kräutersalz
½ TL Honig, Apfeldicksaft oder Vollrohrzucker
1 Stückchen Stangenzimt
30 g Korinthen
200 ml roter Traubensaft
2–3 EL Obstessig
1–2 EL Preiselbeerkompott

Kohlkopf waschen, halbieren, Strunk abschneiden und äußere Blätter entfernen. Kraut fein hobeln, Fett erhitzen, Kraut hineingeben, Salz, Honig, Zimt und Korinthen hinzufügen, einige Minuten schmoren. Mit Traubensaft aufgießen, ca. 45 Minuten garen. Zuletzt mit Essig abschmecken. Preiselbeerkompott unterrühren.
Ergibt 2–3 Portionen.

Apfel-Sauerkraut

1 fein gewiegte Zwiebel
50 g Butter oder Margarine
2 Äpfel
750 g Frischkost-Sauerkraut
125 ml Gemüsebrühe
250 ml Apfelsaft
evtl. 4 Wacholderbeeren
2 TL Kümmel
1 große Kartoffel
Salz
schwarzer Pfeffer
1 Prise Vollrohrzucker

Zwiebel in Fett andünsten, Äpfel ungeschält, in feine Streifen geschnitten mit anlaufen lassen. Kraut mit der Gabel auflockern, dazugeben. Mit Brühe und Apfelsaft aufgießen. Wacholderbeeren hinzufügen. Mit Kümmel bestreuen und bei geringer Hitze ca. 30 Minuten garen. Kartoffel schälen, fein reiben und einrühren, unter Rühren 3–4 Minuten kochen lassen. Mit Salz, Pfeffer und Zucker abschmecken.

Sauerkraut-Kartoffel-Auflauf

20 g Butter oder Margarine
1 mittelgroße Zwiebel
500 g Frischkost-Sauerkraut
1 TL ganzer Kümmel
250 ml Gemüsebrühe
500 g Kartoffeln
200 g Räuchertofu
2 mittelgroße Tomaten
200 ml Sahne
100 g geriebener Käse
Salz
Muskat
Pfeffer

Fett erhitzen, die gewürfelte Zwiebel darin andünsten. Sauerkraut auseinander zupfen und zusammen mit der Gemüsebrühe dazugeben, Kümmel darüber streuen, 10 Minuten schmoren. Inzwischen die Kartoffeln schälen, würfeln, ebenso den Tofu und beides zum Sauerkraut geben. Auf kleiner Flamme köcheln, bis die Kartoffeln gar sind. Evtl. Brühe nachgießen. Dann in eine gefettete Auflaufform geben. Mit Tomatenscheiben belegen.
Sahne und Käse vermengen, mit Salz, Muskat und Pfeffer abschmecken und die Masse über dem Auflauf verteilen. Im vorgeheizten Backofen bei 200 Grad ca. 20 Minuten überbacken.

Vegane Variante:
Für einen veganen Auflauf den Sahne-Käse-Guss ersetzen durch einen gut gewürzten Cashew- oder Seidentofu-Guss. Rezepte siehe unter "Tipps für die vegane Küche".

Sellerie Amandina

2 Sellerieknollen
2 EL Sojasoße
2 EL Butter
1 gehackte Zwiebel
1 gestr. EL Vollweizenmehl
100 ml Sahne oder Milch
50 g geröstete Mandelblättchen oder Sonnenblumenkerne
1 Tasse Gemüsebrühe

Sellerie waschen, dünn schälen und in Stücke schneiden, in Butter zusammen mit den Zwiebeln andünsten. Mit Gemüsebrühe aufgießen, Sojasoße dazugeben, ca. 20 Minuten bedeckt schmoren lassen. Gelegentlich umrühren. Mit Mehl bestäuben, Sahne oder Milch dazugeben, aufkochen lassen. Mandeln oder Sonnenblumenkerne einrühren.

Sellerie-Kartoffel-Gratin

1 kleine Sellerieknolle
500 g Kartoffeln
2 rote Äpfel
1 TL Majoran
Salz
Pfeffer
100 ml Milch
200 ml Sahne
50 g Butter

Sellerie und Kartoffeln putzen, schälen und in feine Scheibchen hobeln. Das Kerngehäuse der Äpfel entfernen, Äpfel vierteln und längs ebenfalls in Scheiben schneiden. Das Gemüse in eine gebutterte Auflaufform abwechselnd in Reihen schichten. Mit Salz, Pfeffer und Majoran würzen. Milch und Sahne verquirlen und über das Gemüse gießen. Butterflöckchen aufsetzen und im vorgeheizten Backofen bei 180 Grad 40–50 Minuten goldbraun überbacken.

Sellerie-Schnitzel

1 Sellerieknolle (etwa 750 g)
Salz
2 EL Zitronensaft
weißer Pfeffer
50 g Kokosraspeln
50 g geriebene Haselnüsse oder Sesam
3 EL Vollweizenmehl
etwa 100 ml Milch
ca. 50 g Butterschmalz oder Kokosfett

Sellerie in etwa 1 cm dicke Scheiben schneiden, schälen und in kochendem Salzwasser etwa 10 Minuten nicht zu weich garen. Herausnehmen, abtropfen lassen und mit Zitronensaft beträufeln.
Kokosraspeln, Haselnüsse bzw. Sesam und Pfeffer vermischen. Die Gemüsescheiben nacheinander zuerst in Mehl, dann in der Milch und zuletzt in dem Kokos-Nuss-Gemisch bzw. in Sesam wenden und gut andrücken. In heißem Fett von jeder Seite etwa 3 Minuten goldbraun backen.
Dazu passt sehr gut eine Joghurtsoße oder ein Dip (siehe Kapitel Salatsoßen).

Variante:
2 oder 3 Kohlrabi putzen, in 1 cm dicke Scheiben schneiden, diese etwa 15–18 Minuten in Gemüsebrühe vorkochen. Wie oben beschrieben fortfahren.

Spargel mit Zitronensoße

1 kg Spargel
1 Rezept Zitronensoße (siehe Kapitel Soßen)

Spargel am Kopfende beginnend schälen (am besten mit einem Gemüse- oder Spargelschäler), die Enden abschneiden. (Holzige Stücke unbedingt entfernen.) Salzwasser mit 1 TL Öl zum Kochen bringen, Spargel einlegen und in ca. 20 Minuten garen (am Stielende Garprobe machen!). In der Zwischenzeit die Soße zubereiten. Den Spargel abgießen und abtropfen lassen; das Spargelwasser kann für Suppen o.ä. verwendet werden. Dann den Spargel in die Soße legen und einige Minuten darin ziehen lassen oder den fertigen Spargel mit der Soße begießen und sofort servieren.

Variante:
Spargel kann auf dieselbe Art und Weise mit einer Käsesoße zubereitet werden (siehe Kapitel Soßen).

Spinat, englische Art

1 kg frischer Spinat
1–2 EL Butter oder Margarine
1 feingewiegte Zwiebel
1 Knoblauchzehe
1 TL Salz
Muskat
4 EL Sahne
1 EL Vollweizenmehl

Spinat mehrmals gut waschen (lange Stiele entfernen). In wenig Wasser kurz dünsten, dann in einem Sieb abtropfen lassen. Kochwasser darf nie weiterverwendet werden. Dann den Spinat grob zerkleinern.
Fett erhitzen, Zwiebel darin anlaufen lassen, Spinat zugeben, Mehl darüber stäuben. Knoblauch hineinpressen, kurz aufkochen lassen, Gewürze gut unterrühren, zuletzt die Sahne unterziehen.

Spinat-Kartoffel-Auflauf

1 kleine Zwiebel
2–3 TL Öl
300 g Tiefkühl-Blattspinat
2 EL Vollweizenmehl
150 ml Sahne
Salz
weißer Pfeffer
4 EL geriebener Käse
ca. 8 Pellkartoffeln
2 EL Butter oder Margarine

Zwiebel schälen, hacken und in heißem Öl in der Pfanne anbraten. Spinat zugeben, darin auftauen lassen. Mehl mit der Hälfte der Sahne anrühren, Spinat damit binden. Würzen. Eine feuerfeste Form mit Öl einfetten, Spinat einfüllen. Die Hälfte des geriebenen Käses darauf streuen.
Kartoffeln abziehen, in Scheiben schneiden, in die Form schichten, salzen, pfeffern und den restlichen Käse darüber streuen.
Restliche Sahne darauf verteilen. Das Fett zerlassen und darüber träufeln. Im vorgeheizten Backofen bei 200 Grad auf der mittleren Schiene 20 Minuten überbacken.

Schwarzwurzeln in Käsesoße

600 g Schwarzwurzeln
Saft von 2 Zitronen
100 ml Gemüsebrühe
Salz
250 g Champignons
125 g geriebener Käse
weißer Pfeffer
Thymian
Petersilie
1 Tomate
1 EL gehackte, leicht angeröstete Walnusskerne

Schwarzwurzeln unter fließendem Wasser schälen und sofort in Zitronenwasser legen. In 4–5 cm lange Stücke schneiden, Salz zugeben und in Gemüsebrühe ca. 20 Minuten garen.
Champignons waschen, putzen und halbieren. Zu den Schwarzwurzeln geben und ca. 5 Minuten mitdünsten. Pfeffer, Thymian und den geriebenen Käse zugeben. Wenn der Käse zerlaufen ist, grob gehackte Petersilie untermischen. Mit Tomatenstreifen und Nüssen garnieren.

Schwarzwurzeln in Käse gebacken

600 g Schwarzwurzeln
6 Scheiben Schnittkäse (evtl. mehr)

Schwarzwurzeln vorbereiten (siehe Rezept oben), dann in 10 cm lange Stücke schneiden, in Salzwasser 15–20 Minuten gar kochen und abtropfen lassen. Mehrere Stücke in die einzelnen Käsescheiben wickeln und in einer gefetteten Auflaufform bei 200 Grad kurz überbacken.

Schwarzwurzeln paniert

600–1000 g Schwarzwurzeln
etwas Milch
2 EL geriebene Haselnüsse
1 EL Sesam oder Vollkorn-Semmelbrösel
Öl

Schwarzwurzeln vorbereiten (siehe Rezept oben), in Salzwasser fast gar kochen, abtropfen lassen. Nüsse und Sesam mischen. Schwarzwurzeln in Milch tauchen und in dem Nuss-Sesam-Gemisch panieren. In der Pfanne in heißem Öl ausbacken.

Tomaten-Lauch-Auflauf

1 große Stange Lauch
100 g Champignons
4 Tomaten
Öl
Salz
weißer Pfeffer
Knoblauchpulver
1 säuerlicher Apfel
100 g Emmentaler, gerieben

Lauch und Champignons putzen, waschen und in dünne Scheiben schneiden. Öl erhitzen, Lauch und Pilze darin durchbraten. Mischung leicht würzen und in eine feuerfeste Auflaufform füllen. Apfel schälen, vierteln, entkernen und in dünne Scheiben schneiden. Obenauf legen. Darauf die in Scheiben geschnittenen Tomaten geben. Würzen und mit dem Käse bestreuen. Im vorgeheizten Backofen auf der mittleren Schiene bei 200 Grad etwa 20 Minuten überbacken, bis der Käse geschmolzen ist.

Überbackene Tomaten

8–10 Tomaten
Salz
Basilikum
Thymian
Pfeffer
Oregano
20–40 g Butter oder Margarine
50 g Vollkorn-Semmelbrösel
evtl. 50 g geriebener Käse

Tomaten in dicke Scheiben schneiden, in eine feuerfeste Form schichten. Jede Lage mit Salz, Pfeffer, Basilikum, Thymian und Oregano bestreuen. Semmelbrösel in die zerlassene Butter geben, leicht anrösten, dann über den Tomaten verteilen. Evtl. Käse darüber streuen. Bei 180 Grad ca. 20 Minuten in der Röhre überbacken.

Tomaten mit Reisfülle

12 große Tomaten
1 ½ Tassen Naturreis
2–3 Zwiebeln
Öl
3 Tassen Gemüsebrühe
Salz
Pfeffer
Knoblauchpulver
150 g saure Sahne

Tomaten waschen, kleine Deckel abschneiden, vorsichtig aushöhlen. Das ausgelöste Fruchtfleisch durch ein Sieb streichen. Tomaten innen leicht salzen und pfeffern und mit wenig Knoblauchpulver bestreuen. Zwiebeln fein würfeln, in Öl andünsten, Reis zugeben, aufkochen und 35–40 Minuten und anrösten. Tomatenbrei und Gemüsebrühe zugeben und bei milder Hitze ausquellen lassen. Die abgekühlte Masse abschmecken und in die Tomaten füllen. Deckel aufsetzen und in eine gefettete Auflaufform stellen. Im vorgeheizten Backofen bei 200 Grad ca. 5–6 Minuten dünsten. Saure Sahne verquirlen, darüber gießen und ca. 15 Minuten fertig garen.

Variante:
Statt Reis kann auch ca. 150 g Hirse verwendet werden.

Tomaten mit Spinatfüllung

8 mittelgroße Tomaten
20 g Butter oder Margarine
2 Zwiebeln
1 Knoblauchzehe
700 g frischer Spinat oder 400 g TK-Blattspinat, aufgetaut
Basilikum
schwarzer Pfeffer
Salz
200 g geriebener Käse

Tomaten waschen, entstielen, Deckel abschneiden, aushöhlen und leicht salzen. Butter erhitzen, die gewürfelten Zwiebeln und den feingehackten Knoblauch darin glasig dünsten. Den gewaschenen Spinat etwas zerkleinern, würzen, zugeben und ca. 5 Minuten garen (TK-Spinat etwas länger). Spinatwasser abgießen. Spinat abkühlen lassen und den geriebenen Käse untermischen. Die Masse in die Tomaten einfüllen. Mit den Deckeln in eine gefettete Auflaufform setzen. Bei 200 Grad ca. 15 Minuten backen.

Gebackenes Weißkraut

1 kg Weißkraut
200 g Räuchertofu
2–3 Tomaten
Hefeflocken
Salz
etwas Butter
evtl. Reibkäse

Guss:
125 g Cashewkerne
125 g Sonnenblumenkerne
100–125 ml Wasser
200 g Crème fraîche
Basilikum
Salz

Weißkraut fein schneiden und in wenig Salzwasser nicht zu weich dämpfen. Eine Auflaufform fetten und die Hälfte des Weißkrauts hineingeben und verteilen. Den Tofu würfeln, in etwas Öl anbraten und über dem Weißkraut verteilen. Die kleingehackten Tomaten und evtl. etwas Käse darüber verteilen. Mit Hefeflocken bestreuen und das restliche Weißkraut darüber geben. Für den Guss die Cashew- und Sonnenblumenkerne fein mahlen, mit Wasser zu einer Creme rühren, Crème fraîche unterrühren, mit Salz und Basilikum abschmecken. Der Guss sollte cremig sein. Über das Weißkraut gießen, mit Butterflöckchen bestreuen und im vorgeheizten Backofen bei 180 Grad etwa 30 Minuten backen.

Kohlrouladen mit Käse-Risotto

1 kleiner Weißkohl
Salz
4 Zwiebeln
1 EL Öl
250 g Langkornreis
850 ml Gemüsebrühe
100 g junger Gouda
1 Bund Petersilie
weißer Pfeffer
2 EL Butter oder Margarine
125 ml Apfelsaft
100 ml Sahne
1 TL Johannisbrotkernmehl

Weißkohl putzen, Strunk herausschneiden und den Kohl 8–10 Minuten in kochendes Salzwasser geben. Herausnehmen und 8 äußere Blätter davon ablösen. Zwiebeln schälen und würfeln. Öl erhitzen, Zwiebeln und Reis zufügen und glasig dünsten. Mit 600 ml Brühe auffüllen und bei schwacher Hitze 45 Minuten garen. Käse grob reiben. Petersilie waschen, trocken tupfen und fein hacken. Beides unter den Reis mischen und mit Salz und Pfeffer abschmecken. Reis auf die Kohlblätter verteilen und aufrollen. Dabei zuerst die Seiten des Kohlblattes nach innen einschlagen. Dann von der Spitze zum Strunkansatz aufrollen. Evtl. mit Holzstäbchen feststecken.

Fett erhitzen. Kohlrouladen darin mit der offenen Seite nach oben anbraten, dann umdrehen und die andere Seite anbraten (so dass die offene Seite zum Schluss unten liegt). Restliche Brühe und Apfelsaft angießen und bei mittlerer Hitze 30 Minuten schmoren lassen. Kohlrouladen herausnehmen und warm stellen. Soße zum Kochen bringen, mit Sahne und Johannisbrotkernmehl binden und unter Rühren noch einmal aufkochen lassen. Mit Salz und Pfeffer abschmecken.

In der Zwischenzeit restlichen Kohl klein schneiden, in etwas Zwiebel dünsten, mit Kümmel, Salz, Zitronensaft und Pfeffer abschmecken und zu den Rouladen reichen.

Vegetarisches Chop Suey

500 g Weißkohl oder Chinakohl
2 Zwiebeln
1 grüne Paprikaschote
2 Knoblauchzehen
1 Stück frischer Ingwer oder ½ TL Ingwerpulver
500 g Pilze
2 Stangen oder 1 kleine Knolle Sellerie
1 EL Sojasoße
Salz
1 TL Johannisbrotkernmehl
375 ml Gemüsebrühe
2 EL Öl
1 Dose Sojabohnensprossen
180 g abgezogene, fein gehackte Mandeln
Salz
Pfeffer
Vollrohrzucker
zum Servieren: gekochter Reis

Kohl fein hobeln; Zwiebeln würfeln und Paprika in Stücke schneiden; Knoblauch und Ingwer zerdrücken; Pilze und Sellerie in dünne Scheiben bzw. in dünne Streifen schneiden. Öl in einem großen Topf erhitzen und das vorbereitete Gemüse darin wenden. 3 Minuten lang unter Rühren erhitzen, aber nicht braun werden lassen. Gemüsebrühe zugießen, mit Sojasoße und Salz würzen und weich dünsten. Johannisbrotkernmehl, Bohnensprossen und Mandeln dazugeben und alles unter Rühren andicken lassen. Mit Salz, Pfeffer, Zucker und Sojasoße nochmals abschmecken. In die Mitte einer vorgewärmten Servierplatte geben und mit gekochtem Reis umgeben.
Ergibt 6 Portionen.

Variante:
Für ein Karotten-Kohl-Chop-Suey statt Pilze, Paprika und Sojabohnensprossen 750 g Karotten verwenden. Die Karotten schräg in dünne Scheiben schneiden. Mandeln verfeinern den Geschmack erheblich, können aber, falls nicht vorhanden, weggelassen werden. Gut mit Salz und Pfeffer abschmecken.

Westfälischer Kohltopf

ca. 1 kg Weißkohl
50 g Butter oder Margarine
ca. 250 ml Gemüsebrühe
3 mittelgroße säuerliche Äpfel
Kräutersalz
Pfeffer
Kümmel
1 Lorbeerblatt
2 Nelken
1 EL Obstessig
etwas Vollrohrzucker oder Honig
1 mittelgroße rohe Kartoffel

Weißkohl von den starken Rippen befreien und hobeln. Fett zerlassen, Kohl darin andünsten, mit Brühe aufgießen, Salz und Gewürze zugeben. Äpfel in Stücke schneiden, dazugeben. Alles ca. 30 Minuten garen. Kartoffel hineinreiben, das Gericht unter Rühren andicken lassen. Zum Schluss den Kohl mit Essig und Zucker süß-sauer abschmecken.

Spitzkohl-Auflauf

1 Spitzkohl (500–600 g)
ca. 750 g Pellkartoffeln
ca. 250 g Möhren
200 g Soja-, Bulgur- oder Grünkern-Bratlingsmischung
3 EL Öl
Salz, Pfeffer

Für den Guss:
200 ml Soja-Sahne
1 EL Cashewmus
ca. 80 ml Wasser
1 EL Hefeflocken
Basilikum
Koriander
Thymian
Salz

Möhren putzen, in Würfel schneiden und in etwas Salzwasser ca. 10 Minuten bissfest garen, abgießen. Pellkartoffeln schälen und ebenso würfelig schneiden. Spitzkohl putzen, in Viertel schneiden, Strunk entfernen und die Viertel in kochendem Salzwasser ca. 5 Minuten vorgaren, abgießen, abtropfen lassen und nochmals halbieren (in Achtel). Die Bratlingsmischung nach Packungsangabe zubereiten, kleine Bratlinge (3–4 cm Durchmesser) formen und in heißem Öl beidseitig ausbacken. Alle Zutaten in einer gefetteten Auflaufform schichten: Spitzkohl-Achtel zuunterst, dann Kartoffel-Möhren-Würfel und darüber die Bratlinge verteilen.
Die Zutaten für den Guss cremig verrühren, gut würzen. Den Guss gleichmäßig über dem Gemüse verteilen und im vorgeheizten Ofen bei 200 Grad etwa 15–20 Minuten überbacken. Eventuell mit gehackter Petersilie bestreuen.

Wirsing in Sahne

½ kleiner Wirsing
1 Tasse Gemüsebrühe
4 EL süße Sahne
1 EL Vollweizenmehl
Kräutersalz
Pfeffer
etwas gemahlener Kümmel

Wirsing putzen, waschen und vierteln. In Gemüsebrühe garen. Gewürze zugeben, Sahne mit Mehl verquirlen, über das Gemüse gießen, kurz aufkochen lassen, evtl. nochmals abschmecken.

Wirsingrollen mit Hirsefüllung

125 g Hirse
1 l Gemüsebrühe
200 g Möhren
1 Wirsingkohl (ca. 1 kg)
Salz
weißer Pfeffer
150 g Magerquark
50 g geriebener Käse
30 g Butter oder Margarine
3 EL Crème fraîche

Die heiß gewaschene Hirse in 500 ml kochende Gemüsebrühe geben und zugedeckt bei geringer Hitze 30 Minuten ausquellen lassen. Möhren schälen, waschen und in kleine Würfel schneiden, 10 Minuten vor Ende der Garzeit zur Hirse geben. Vom Wirsing 8 große Blätter ablösen und in kochendem Wasser 3 Minuten blanchieren. Herausnehmen und abkühlen lassen. Evtl. starke Blattrippen mit einem scharfen Messer flach schneiden. Hirse ebenfalls abkühlen lassen. Mit Quark und geriebenem Käse vermischen und mit Salz und Pfeffer abschmecken. Die Hirsefüllung auf die Wirsingblätter verteilen, zu Rouladen aufrollen. Fett in einem Topf erhitzen, Wirsingrollen mit der offenen Seite nach unten darin leicht anbraten, mit restlicher Brühe ablöschen. Bei mittlerer Hitze ca. 20 Minuten garen. Herausnehmen und warm stellen. Schmorflüssigkeit etwas einkochen lassen, Crème fraîche einrühren. Mit Salz und Pfeffer abschmecken und mit den Wirsingrollen anrichten. Den nicht verbrauchten Wirsing anderweitig verwenden.

Variante:
Wirsingrollen mit Käsefüllung

200 g Frischkäse
200 g Hüttenkäse
2–3 EL gemahlene Haselnüsse
Saft und Schale einer ½ unbehandelten Zitrone
Pfeffer, Salz

Alle Zutaten gut verrühren. 1 EL pro Rolle und als Füllung verwenden. Weitere Verarbeitung siehe oben.

Weitere Variante:
Wirsingrollen mit Reisfüllung

Für die Reisfüllung siehe das Rezept "Gefüllte Zucchini", aber die Perlgraupen durch Vollreis ersetzen; die Kochzeit verlängert sich entsprechend. Weitere Verarbeitung wie oben.

Zucchini-Allerlei

1 TL Kurkuma
evtl. 2 EL fein gewiegte Pfefferminzblätter
ein 1 ½ cm langes Stück Ingwerwurzel, fein gerieben
2–3 Knoblauchzehen, zerdrückt oder durch die Presse gedrückt
Saft 1 Zitrone
2 EL Crème fraîche
1 Zwiebel
500 g zerkleinerte Zucchini oder 250 g Zucchini und 250 g Kürbis, geschält und gewürfelt
250 g gehobelter Weißkohl oder zerkleinerter Blumenkohl
250 g in Scheiben geschnittene Pilze
1 EL Butter oder Margarine
1 Tasse Gemüsebrühe

Kurkuma, nach Geschmack evtl. Pfefferminzblätter, Ingwer, Knoblauch und Zitronensaft gut vermischen. Butter erhitzen, Zwiebel und Gewürze darin leicht anbräunen. Mit Gemüsebrühe aufgießen. Gemüse einrühren und gut bedeckt auf kleiner Flamme weich kochen. Ggf. noch etwas Wasser oder Gemüsebrühe dazugießen, damit nichts anbrennt. Zum Schluss Crème fraîche unterheben. Nicht mehr kochen. Heiß servieren.

Vegane Variante:
Statt Crème fraîche 1–2 EL Mandelmus unterrühren.

Zucchini-Auflauf mit Mozzarella

4 Zucchini
400 g Tomaten
250 g Mozzarella
2 Knoblauchzehen
3 Stiele Basilikum
4 EL Olivenöl
Pfeffer
Salz
150 g Schafskäse

Zucchini und Tomaten waschen und in Scheiben schneiden. Mozzarella abtropfen lassen und ebenso in Scheiben schneiden. Alles zusammen fächerartig in eine gebutterte Auflaufform schichten.
Das gewaschene Basilikum abtropfen lassen, fein hacken, in das Öl hineinrühren, Knoblauch hineinpressen, mit Pfeffer und Salz würzen und über dem Gemüse verteilen.
Im vorgeheizten Backofen bei 200 Grad 25–30 Minuten backen. Schafskäse zerbröseln und nach der Hälfte der Garzeit über das Gemüse geben und mit überbacken.
Evtl. mit Basilikum bestreuen.

Zucchini-Polenta-Auflauf

750 ml Gemüsebrühe
200 g Maisgrieß
2 EL gehackte Petersilie
20 g Margarine
2 gewürfelte Zwiebeln
500–700 g Zucchini
1 rote Paprikaschote
schwarzer Pfeffer
Kräuter der Provence
Salz
3 Knoblauchzehen
100 g geriebener Käse

Maisgrieß in die kochende Brühe einlaufen lassen und unter Umrühren ca. 20 Minuten garen. Petersilie untermischen und den entstandenen Brei in eine gefettete Auflaufform füllen. Zwiebeln in Margarine andünsten, dann kleingeschnittene Zucchini und Paprika zugeben. Mit wenig Flüssigkeit aufgießen, garen, zerdrückten Knoblauch und Gewürze hinzufügen. Gemüse auf Polenta verteilen. Mit Käse bestreuen und ca. 15 Minuten bei 200 Grad überbacken.

Vegane Variante:
Statt mit Käse den Auflauf mit einem veganen Guss (siehe "Tipps für die vegane Küche") überbacken.

Zucchini-Eintopf

800 g Zucchini
500 g Kartoffeln
250 g Zwiebeln
2 EL Öl
2 Knoblauchzehen
500 ml Gemüsebrühe
30 g Vollweizenmehl
250 ml Sahne oder Sojasahne
Kräutersalz
Basilikum
frische Kräuter

Gewaschene Zucchini und geschälte Kartoffeln in Würfel schneiden. Geschälte Zwiebeln klein schneiden. Fett erhitzen, Zwiebeln darin glasig dünsten, gepressten Knoblauch, Gewürze und Gemüse zugeben, mit der Gemüsebrühe auffüllen und zum Kochen bringen. Ca. 20–25 Minuten garen. Mehl und Sahne verrühren, das Gericht damit binden. Kräftig abschmecken. Mit frisch geschnittenen Kräutern servieren.

Zucchinischeiben gebacken

800 g große Zucchini
1 Rezept Pfannkuchenteig (siehe Kapitel Pfannkuchen)
Öl

Den Pfannkuchenteig mit Salz, Pfeffer und beliebigen Kräutern würzen. Die Zucchini waschen, in ½ cm dicke Scheiben schneiden und im gewürzten Pfannkuchenteig wenden. In der Pfanne in heißem Öl goldgelb backen.

Gefüllte Zucchini

4 Zucchini
150 g gelbe Paprika
200 g Tomaten
100 g Perlgraupen
3 EL Öl
400 ml Gemüsebrühe
Thymian
Pfeffer
Muskatnuss
50 g geriebener Käse
evtl. Hefeflocken

Zucchini waschen, halbieren und mit einem Löffel aushöhlen.
Paprika waschen, entkernen und in Streifen schneiden. Tomaten waschen und würfeln, ebenso das Innere der Zucchini.
Öl erhitzen, Graupen zugeben, würzen und mit etwas Gemüsebrühe ca. 10–15 Minuten köcheln lassen, bis sie fast gar sind. Dann das Gemüse zugeben und alles zusammen bissfest dünsten, evtl. mit Hefeflocken binden. Abschmecken und abkühlen lassen. Dann in die Zucchini-Hälften verteilen. In eine feuerfeste Form einlegen, mit der restlichen Brühe begießen und bei 200 Grad 15–20 Minuten garen. Nach der Hälfte der Garzeit mit Käse bestreuen. Eventuell mit Tomatensahne servieren (Rezept siehe unten).

Tomatensahne

200 ml Sahne
6 EL Tomatenketchup
1 EL Zitronensaft
½ TL Knoblauchpulver
evtl. Salz
etwas Tabascosoße

Sahne schlagen, mit Ketchup verrühren und mit den anderen Zutaten abschmecken.

Zwiebelrahmgemüse

750 g Zwiebeln
200 g Kartoffeln
125 ml Gemüsebrühe
125 ml Sahne
1 EL Majoran
etwas Petersilie
etwas Kümmel
Salz
50 g Butter

Die geschälten Zwiebeln in Scheiben schneiden, ebenso die geschälten, rohen Kartoffeln. Die Butter erhitzen, die Zwiebeln leicht anbraten, Kartoffeln zufügen, ebenso Gewürze und Salz, Gemüsebrühe auffüllen und gar dünsten. Die Sahne unterziehen und nochmals abschmecken.

Apfel-Zwiebel-Orangen-Gemüse

500 g Zwiebeln
ca. 1 Tasse Wasser
400 g Äpfel
2 Orangen
2 EL Apfeldicksaft
30 g Butter oder Margarine
Salz
Paprikapulver
Pfeffer
evtl. einige Salbeiblätter
3 EL süße Sahne

Zwiebeln schälen und in Scheiben schneiden. In Öl andünsten und mit Wasser ca. 15 Minuten glasig dünsten. Dann die in Spalten geschnittenen Äpfel mit Apfeldicksaft zugeben und mit den Salbeiblättern 5–10 Minuten offen köcheln lassen. Salbeiblätter entfernen. Zum Schluss die Orangenspalten hinzugeben und mit den Gewürzen und der Sahne gut durchziehen lassen.

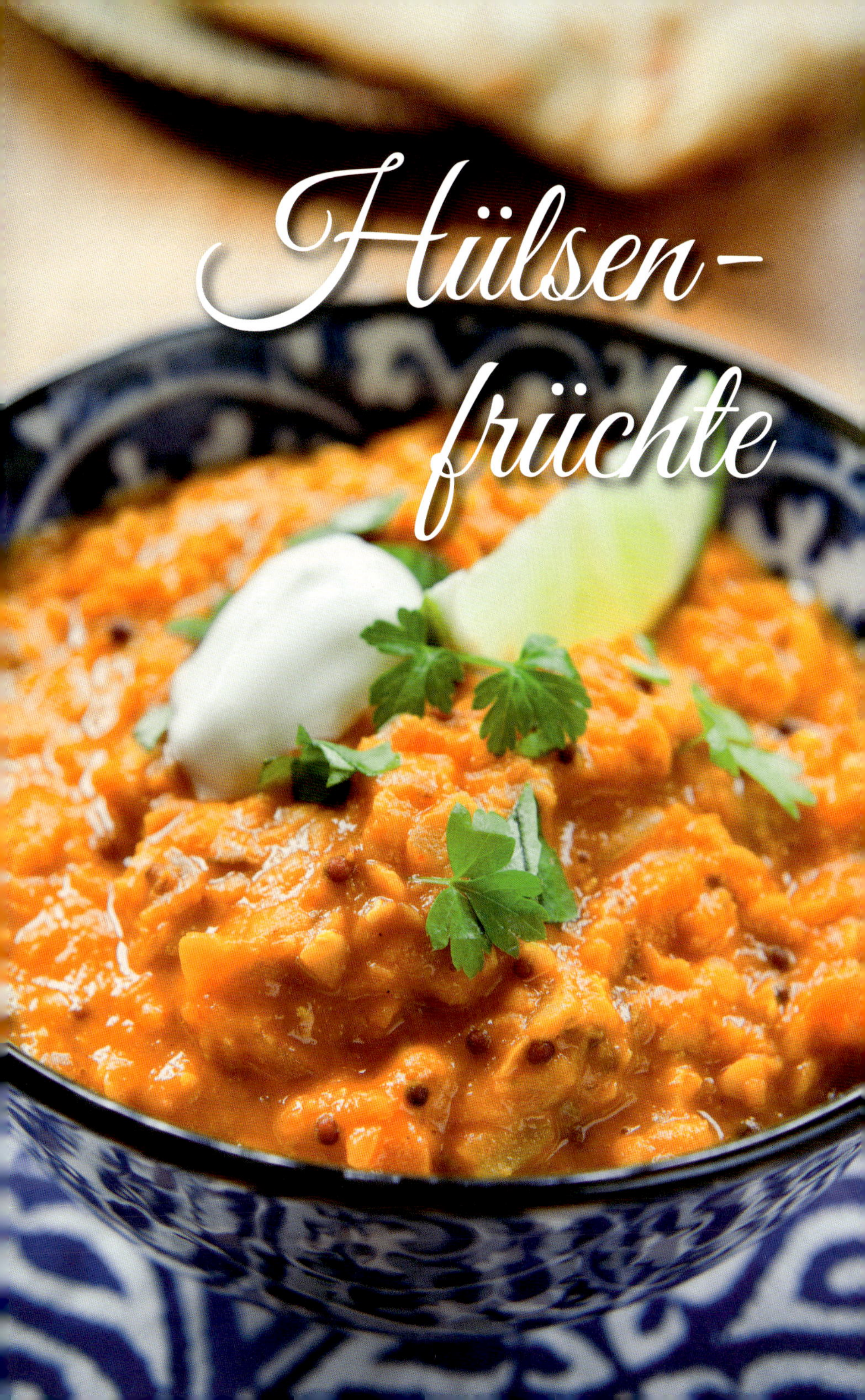
Hülsen-
früchte

HÜLSENFRÜCHTE

Hülsenfrüchte sind die Samen der Erbsen-, Bohnen- und Linsen-Pflanzen (Schmetterlingsblütler, die zu den Leguminosen zählen). Sie sind die proteinreichsten pflanzlichen Lebensmittel überhaupt. Mit 20–25 % hochwertigem Protein und ca. 59 % Kohlehydrate und einer Fülle von Vitaminen, Mineralstoffen und Spurenelementen haben sie einen hohen Nährwert, der ihren wichtigen Platz in der vegetarischen Vollwertküche begründet. In der klassischen Kombination von Hülsenfrüchten und Getreide (Reis, Mais, Weizen, Hirse) werden dem Körper alle für die Protein-Synthese benötigten Aminosäuren geliefert, die in dieser Mischung sogar dem tierischen Protein überlegen sind.

Hülsenfrüchte enthalten als besonderen Nährstoff das nervenaufbauende Lezithin. Sie senken den Cholesterinspiegel, enthalten Wirkstoffe gegen Krebs, regulieren den Blutzuckerspiegel, senken den Blutdruck und unterstützen dank ihrem hohen Ballaststoffanteil die Darmfunktionen. Ferner sind Hülsenfrüchte bewährte Eisen-Lieferanten und sollten allein schon deshalb möglichst ein- bis zweimal pro Woche gegessen werden. Um die Aufnahme von Eisen aus Gemüse und Hülsenfrüchten in den Körper zu verbessern, sollten die Gerichte mit Vitamin C-haltigen Lebensmitteln, wie z.B. Paprika, Fenchel oder Brokkoli, kombiniert werden. Alternativ kann kurz vor dem Servieren der Saft einer frisch gepressten Zitrone oder reichlich frisch gehackte Petersilie über das Gericht verteilt werden.

Dass Hülsenfrüchte Blähungen verursachen, liegt an den Vielfach-Zuckern (vor allem Raffinose), die von Menschen mit schwacher Verdauungskraft nur unzureichend abgebaut werden. Die Verdaulichkeit von allen Arten von Hülsenfrüchten wird jedoch optimiert durch ausreichend langes Einweichen in Wasser, um diese komplexen Zucker umzuwandeln; hilfreich ist auch die Zugabe von verdauungsanregenden Gewürzen, wie Lorbeer, Bohnenkraut, Ingwer, Pfeffer, Asafoetida (Asant), Koriander und Kreuzkümmel bzw. Kümmel.

Wichtig: Hülsenfrüchte und Sprossen aus Hülsenfrüchten dürfen auf keinen Fall roh gegessen werden! Sie enthalten in geringen Mengen das giftige Phasin, das durch das Kochen nach 15–20 Minuten zerstört wird.

Adzukibohnen

Sind kleine rote Bohnen, die vor allem in der japanischen und chinesischen Küche sehr beliebt sind. Sie haben einen leicht süßlichen Geschmack und sind im Vergleich zu anderen Hülsenfrüchten leichter verdaulich. Sie enthalten 25 % Protein, Vitamine der B-Gruppe sowie die Mineralstoffe Magnesium, Kalium, Kalzium und Eisen. Sie sind geeignet für Suppen, Eintöpfe und Gemüsebeilagen. Einweichen: 8–12 Stunden. Garzeit: 60–70 Minuten.

Bohnen

Neben der Weißen Bohne gibt es zahlreiche andere Bohnensorten, vor allem bekannt sind Schwarze Bohnen, die roten Kidney- oder Nierenbohnen, Canelli-Bohnen, Feuerbohnen, Wachtel- oder Pintobohnen, Lima-Bohnen und Dicke oder Sau-Bohnen. Mit einem Proteingehalt von 21–23 % sind auch Bohnen eine ideale Proteinquelle. Eine 100 g-Portion Weißer Bohnen deckt den gesamten Tagesbedarf an den Spurenelementen Mangan (unterstützt die Leber in ihrer Entgiftungsfunktion) und Selen und zwei Drittel des Tagesbedarfs an Kalium und Molybdän. Außerdem sind Magnesium, Eisen und Kupfer in der halben Tagesmenge enthalten. Bei salzarmer Zubereitung haben Weiße Bohnen (wie auch Adzukibohnen) eine entwässernde Wirkung. Die Kombination mit Biotin-haltigen Lebensmitteln, wie z. B. Tomaten, verbessert die Proteinverwertung. Einweichen: 8–12 Stunden. Garzeit: 1½–2 Stunden.

Erbsen (Grüne und Gelbe)

Haben einen Protein-Anteil von 25 % ihres Trockengewichts. Sie enthalten fast alle B-Vitamine in hoher Konzentration, allen voran B1 und Biotin, außerdem Kalium, Eisen, Kupfer, Magnesium und Zink. Geschält und ungeschält erhältlich, eignen sie sich gut für Suppen, Eintöpfe, Püree und Gemüsegerichte. Einweichen (ungeschält): 7–8 Stunden. Garzeit 1–1½ Stunden.

Kichererbsen

Sind eine vor allem im Nahen Osten und Indien verbreitete Hülsenfrucht, die leicht nussartig schmeckt. Sie sind reich an den Vitaminen A, C und der B-Gruppe, sowie den Mineralstoffen Kalium, Kalzium, Phosphor, Zink und Eisen. Sie enthalten durchschnittlich 18–25 % Protein und werden als Kroketten (Falafel), Püree (Hoummous), Pfannkuchen und Curry-Gerichte zubereitet. Einweichen: 8–12 Stunden. Garzeit: 2½–3 Stunden.

Linsen

Sind die kleinen grauen, braunen, schwarzen, gelblichen, grünen oder rötlichen

Samen einer weiteren Schmetterlingsblütler-Gattung. Reich an den Vitaminen A und der B-Gruppe, enthalten sie außerdem Kalium, Eisen, Kupfer, Magnesium, Zink, Chrom, Selen und Phosphor, sowie 23 % hochwertiges Protein. Linsen haben mit 10–17 % auch einen hohen Ballaststoffanteil. Bei Blutarmut (Eisenmangel) sollten Linsen mindestens einmal pro Woche auf dem Speiseplan stehen: Kupfer, Eisen und Folsäure unterstützen die Bildung der roten Blutkörperchen. Außerdem sind Linsen wegen ihres Magnesiumgehalts und der hohen Konzentration des Nervenvitamins B1 für gestresste Menschen empfehlenswert. Linsen werden vor allem als Eintopf-, Curry- und Gemüsegerichte zubereitet. – Linsen brauchen nicht eingeweicht zu werden und haben eine relativ kurze Kochzeit (ca. 30–45 Minuten); rote bzw. Feuer-Linsen sind sogar nach 15–20 Minuten gar.

Mungobohnen

Sind auch als „Mungbohnen" oder „Grüne Sojabohnen" erhältlich. Dabei gehören sie nicht zur Gattung der Sojabohne, sondern zählen (wie die roten Adzuki- und die schwarzen Urdbohnen) zur Vigna-Gattung. Sie enthalten reichlich Vitamin A, C, E, B1, B2, B12; außerdem 24 % Protein, Eisen, Phosphor, Kalium, Magnesium und Kalzium. Mit der Mungobohne, deren Sprossen unter dem irreführenden Namen „Sojasprossen" im Handel erhältlich sind, hat sich die Sprossenzucht im Westen durchgesetzt. Mungbohnen sind in der asiatischen Küche sehr beliebt, in Indien werden sie mit Reis zusammen zum köstlichen und bekömmlichen Kitcheri gekocht. – Das Einweichen ist bei Mungbohnen vorteilhaft, aber nicht unbedingt erforderlich. Garzeit: 45–60 Minuten.

Sojabohnen

Liefern 37 % Protein mit allen essentiellen Aminosäuren – das ist doppelt so viel Protein wie im Fleisch (15–20 %) und dreimal so viel wie in Eiern (13 %). Sie enthalten die Vitamine A, C, B1, B2 und K. Eine 100 g-Portion Sojabohnen liefert bis zu 300 % des Tagesbedarfs an Selen, 90 % des Tagesbedarfs an Kalium und Eisen, 80 % an Magnesium und 30 % an Kalzium. Die Sojabohne ist ferner eine der reichsten Lezithin-Quellen. Sojabohnen können verhärtete Arterien wieder elastisch machen, ihr Gehalt an Magnesium und Kalium unterstützt die Herzfunktion. Bei regelmäßigem Verzehr von Sojabohnen treten Magen- und Darmkrebs weniger häufig auf. Vegetarier schätzen die fermentierte Soja-Soße (Tamari, Shoyu) wegen ihres pikanten Geschmacks und ihres Vitamin B12-Gehalts, einer der wichtigsten Ergänzungsstoffe für fleischlos lebende Menschen. Die fernöstliche Küche kennt eine Vielzahl von Gerichten mit Sojabohnen und dem daraus hergestellten Tofu. Einweichen: 8–12 Stunden. Garzeit 1½–2 Stunden.

KOCHKURS FÜR HÜLSENFRÜCHTE

1. Verlesen und Waschen: Hülsenfrüchte sollten eine einheitliche Form und eine glatte Schale haben. Auf ein Tablett geben, auf Steinchen und Verunreinigungen untersuchen und runzlige, offene und löcherige Früchte entfernen. Hülsenfrüchte immer gründlich in stehendem Wasser waschen, wobei Hülsen und gebrochene Früchte nach oben steigen und herausgenommen werden können. Mehrmals waschen, dann in einem Sieb unter fließendem Wasser abspülen.

2. Einweichen: Hülsenfrüchte müssen vor dem Kochen je nach Sorte 4–12 Stunden in Wasser eingeweicht werden (drei- bis viermal so viel Wasser wie Früchte). Ausnahmen: Spließerbsen (das sind gespaltene grüne und gelbe Erbsen) müssen nicht eingeweicht werden, bei Mungobohnen und Linsen ist das Einweichen vorteilhaft, kann aber entfallen.

3. Kochen: Das Einweichwasser wegschütten (unbedingt wichtig bei Urdbohnen!). Die Hülsenfrüchte in frischem Wasser (doppelt so viel Wasser wie Früchte) und ohne Salz aufsetzen. Den Topf nur zur Hälfte füllen (wegen Schaumbildung beim Kochen). Zum Kochen bringen und zugedeckt bei schwacher Hitze in 45 Minuten bis 3 Stunden weich kochen. Die Garzeit richtet sich vor allem nach der Größe der Früchte (für Zeitangaben siehe die einzelnen Sorten). Bei stark kalkhaltigem Wasser ist es hilfreich, dem Kochwasser etwas Natron (Natriumbikarbonat) zuzugeben, das die harten Schalen aufweicht und so die Kochzeit verringert. – Die Garzeit kann durch Verwendung eines Dampfdrucktopfes erheblich verkürzt werden, allerdings platzen dabei mehr Schalen auf. Werden Hülsenfrüchte aus der Dose verwendet, entfällt die lange Kochzeit.

4. Abschäumen: Hülsenfrüchte müssen langsam kochen, da durch schnelles Kochen die Schale platzt und sich vom Kern löst. Eventuell geplatzte Schalen in Abständen mit dem Schaumlöffel entfernen.

5. Salzen: Hülsenfrüchte niemals vor oder während des Kochvorgangs salzen. Dadurch wird die Schale härter und schwerer unverdaulich. Den gleichen Effekt haben Tomaten und andere säurehaltigen Zutaten, wie z. B. Essig und Zitronensaft. Salz immer erst zum Schluss dazugeben.

6. Würzen: Die Zugabe von Bohnenkraut und/oder Lorbeerblättern macht ein Bohnengericht leichter verdaulich, ebenso eine kleine Kartoffel, die man am Anfang des Kochvorgangs dazugibt und am Ende entfernt. Weitere Gewürze für

Gerichte mit Hülsenfrüchten sind Anis, Fenchel, Ingwer, Kardamom, Koriander, Kümmel, Majoran, Rosmarin, Salbei, Thymian und Wacholder, die erst nach dem langen Garen dazugegeben werden.

7. Garprobe: Die Früchte ganz weich kochen, damit die großen Mengen Protein und Stärke in die am leichtesten verdauliche Form gebracht werden und der Geschmack der Früchte sich voll entfaltet. Prüfen Sie, ob die Hülsenfrüchte gar sind, indem Sie eine Frucht zwischen Daumen und Zeigefingern zerdrücken; wenn sie dem Druck gleichmäßig nachgibt, ist sie gar.

Soja-Rosinen-Curry

200 g Sojabohnen
1 große Zwiebel
1 Knoblauchzehe
1 großer Apfel
2 EL Pflanzenöl
1 gehäufter TL Currypulver
2 EL Vollweizenmehl
Wasser
150 g Rosinen
Salz
Pfeffer
2 EL Sojasoße
2–3 EL Zitronensaft oder Obstessig
½–1 TL Vollrohrzucker

Sojabohnen über Nacht, nach Möglichkeit jedoch 24 Stunden lang einweichen. Dann 2 Stunden in frischem Wasser kochen, oder so lange, bis sie sehr weich sind (im Schnellkochtopf ohne Einweichen 2 Stunden Kochzeit). Kochwasser in einer Schüssel auffangen und mit Wasser auf 375 ml Flüssigkeit auffüllen. Apfel sehr klein schneiden, Zwiebel fein hacken, Knoblauch durchpressen und zusammen mit dem Currypulver in Öl weich andünsten. Mehl ins Sojawasser geben und alles gut vermengen. In den Topf geben, Rosinen und Sojabohnen hinzufügen.
15–20 Minuten lang leicht köcheln lassen, dann sorgfältig abschmecken und mit gekochtem Reis oder Kartoffelpüree und Mango-Chutney zusammen mit grünem Salat servieren.

Variante:
Statt Sojabohnen können auch weiße Bohnen oder Linsen verwendet werden, die beide allerdings nicht so viel Eiweiß enthalten wie Sojabohnen.

Chili con Soja

250 g Sojabohnen
200 g Seitan, gewürfelt
½ TL Knoblauchpulver
1 Msp. Chilipulver
½ TL Kräutersalz
½ TL Zwiebelpulver
2 EL Öl

Für die Soße:
250 ml Wasser
1 Gemüsebrühwürfel
etwas Pfeffer
150 g Tomatenmark
¼ TL Chilipulver
1 TL Vollrohrzucker
1 TL gemahlener Kreuzkümmel

Sojabohnen über Nacht einweichen und 2 Stunden in frischem Wasser kochen (s. vorhergehendes Rezept). Bohnenwasser auffangen. Öl erhitzen, Gewürze und Salz hineingeben, gewürfelten Seitan dazutun, 15–20 Minuten braten. Abschmecken.

Für die Soße alle Zutaten verrühren, zum Kochen bringen. Bohnen dazugeben, 5 Minuten leicht kochen lassen. Zum Schluss Seitan hinzufügen. Dazu passt Polenta oder Reis.

Tipp: Sollte die Chili-Schärfe zu feurig sein, nicht mit Wasser „löschen“, sondern etwas Joghurt essen. Das Brennen verschwindet fast augenblicklich!

Baked Beans

500 g weiße Bohnen oder Sojabohnen
500 ml Gemüsebrühe
1 TL Senf
Pfeffer
Kräutersalz
1 TL Johannisbrotkernmehl
Tomatenmark, mind. 150 g
Bohnenkraut
Zwiebelpulver
3 EL Melasse (Rübenkraut) oder Sirup
Fett für die Form

Bohnen kochen (vgl. nebenstehende Rezepte). Auflaufform fetten, die abgetropften Bohnen hineingeben. Brühe mit Gewürzen, Melasse, Senf und Tomatenmark verrühren, mit Johannisbrotkernmehl binden, über die Bohnen gießen. Form bedecken. Bei 200 Grad 15–30 Minuten backen. Mit Kartoffelpüree servieren.

Feine weiße Bohnen

500 g weiße Bohnen
Zwiebelpulver
Knoblauchpulver
Pfeffer
Salz
gemahlener Kreuzkümmel
Oregano
75 g geriebener Käse
100 g saure Sahne

Bohnen über Nacht einweichen, ca. 2 Stunden in frischem Wasser weich kochen. Nun einen Teil der Bohnen mit einem Kartoffelstampfer zerdrücken, damit man eine Art Soße erhält.
Bohnen mit Gewürzen abschmecken, Käse unterrühren, unter Rühren zergehen lassen. Zum Schluss saure Sahne dazugießen, erwärmen, aber nicht mehr kochen. Mit Kartoffelpüree oder Reis servieren.

Skandinavische Bohnenschüssel

500 g weiße Bohnen
2 l Gemüsebrühe
750 g Birnen
200 ml roter Traubensaft oder Wasser
20 g Speisestärke
Vollrohrzucker
Saft 1 Zitrone
Kräutersalz
½ TL Zimt

Bohnen über Nacht einweichen. Am nächsten Tag abgießen, ca. 2 Stunden in der Gemüsebrühe kochen. (Im Schnellkochtopf ohne Einweichen in ca. 90 Minuten garen.) Abgießen.
Birnen gut waschen, in kleine Stücke schneiden, in Traubensaft oder Wasser mit etwas Zucker und Zimt weich kochen. Speisestärke mit etwas kaltem Wasser anrühren, in die Früchte einrühren, kurz aufkochen lassen, bis der Saft andickt, dabei umrühren. Früchte und Fruchtsoße unter die Bohnen mischen. Gemüse mit Zitronensaft und Salz abschmecken.

Italienischer Bohnentopf

500 g weiße Bohnen
Wasser zum Einweichen
1 mittelgroße Zwiebel, mit 2 Gewürznelken gespickt
½ TL Thymian
1 Lorbeerblatt
1 kleine zerkleinerte Zwiebel
9 EL Tomatenmark
500 ml Bohnenbrühe
2 EL getrocknete Petersilie
2 EL Butter
Salz
schwarzer Pfeffer nach Geschmack
1 TL Sojasoße
etwas Käse zum Bestreuen
nach Wahl: 2 Tomaten, 1 Aubergine, Olivenöl

Bohnen waschen. Mit Wasser bedecken und über Nacht einweichen. In einen großen Topf geben, mit Wasser aufgießen, Zwiebel, Thymian und Lorbeerblatt dazugeben. Bohnen 2 Stunden auf kleiner Flamme weich kochen. Abgießen, 500 ml Brühe auffangen. Zwiebel und Lorbeerblatt entfernen.

Butter in einem Tiegel zerlassen, zerkleinerte Zwiebel darin weich dünsten. Tomatenmark, Petersilie, Bohnenbrühe sowie noch etwas Wasser dazugeben. Soße mindestens 15 Minuten lang leise andicken lassen. Mit etwas Salz, frisch gemahlenem schwarzem Pfeffer und etwas Sojasoße würzen.

Die abgetropften Bohnen in die Soße geben und gut umrühren. Eine Auflaufform leicht mit Olivenöl auspinseln, dann beides hineingeben. Ggf. die Aubergine der Länge nach in 1–2 cm dicke Scheiben schneiden, ebenso die Tomaten. Auberginenscheiben leicht mit Olivenöl bestreichen, abwechselnd mit den Tomaten auf die Bohnen legen, pfeffern und salzen.

Geriebenen Käse darüberstreuen. Bei 170 Grad 30 Minuten lang backen. Heiß servieren.

Ergibt 6–8 Portionen.

Weiße Bohnen mit Salbei

300 g weiße Bohnen
600 g Tomaten
4–5 EL Olivenöl
1 Bund frische Salbeiblätter
2–3 Knoblauchzehen
2 EL gekörnte Gemüsebrühe
Salz, Pfeffer
Muskat, gerieben

Weiße Bohnen verlesen, gründlich waschen und in der gut dreifachen Wassermenge über Nacht einweichen. Bohnen am nächsten Tag abgießen, mit ca. 2 l Wasser und 2 EL Gemüsebrühpulver etwa 1 ½ Stunden langsam kochen lassen.

Die Tomaten kreuzweise einritzen, überbrühen, schälen und das Fruchtfleisch klein schneiden. Salbei waschen, fein schneiden. Das Öl erhitzen, Knoblauch und Salbei darin andünsten. Die fertig gekochten Bohnen abgießen, abtropfen lassen und mit den Tomaten zu dem Knoblauch-Salbei geben. Kräftig würzen und zugedeckt ca. 15 Minuten fertig garen.

Mexikanische Bohnen, gratiniert

500 g dicke Bohnen (Saubohnen)
2 Zwiebeln
2 Knoblauchzehen
2 EL Pflanzenöl
500 g passierte Tomaten
50 g schwarze Oliven, gehackt
50–75 g geriebener Käse
1–2 TL Rosenpaprika oder Chilipulver
½ TL Kreuzkümmel, gemahlen
2 TL Salz
Pfeffer

Bohnen über Nacht einweichen, am nächsten Tag das Einweichwasser wegschütten und die Bohnen in frischem Wasser gar kochen (2 ½–3 Stunden). Abtropfen lassen.
Zwiebeln und Knoblauch fein würfelig schneiden, im heißen Öl goldbraun dünsten. Kreuzkümmel und Paprika bzw. Chilipulver dazugeben und kurz mitrösten. Die abgetropften Bohnen dazu geben, gründlich in der Zwiebel-Gewürz-Mischung wenden, salzen. 5–10 Minuten erwärmen, dabei gelegentlich umrühren. Pürierte Tomaten hineinrühren, evtl. mit Salz und Pfeffer abschmecken und kurz warm werden lassen.
Die Bohnen in eine Auflaufform geben, mit Käse und Oliven bestreuen. Bei 180 Grad ca. 15 Minuten im Ofen überbacken. Dazu passen Polenta, Vollkorn-Baguette oder Mais-Tortillas.

Variante:
Rote Kidney-Bohnen statt dicke Bohnen nehmen. Das Bohnengericht schmeckt auch ohne Überbacken mit Käse vorzüglich – und ist leichter bekömmlich.

Bohnen-Auflauf

300 g dicke Bohnen
1 Stange Lauch
1 Möhre
etwas Sellerie
2 mittelgroße Zwiebeln
Salz
gekörnte Gemüsebrühe
1 Lorbeerblatt
Pfefferkörner
Muskat
2 EL Margarine oder Öl
300 g saure Sahne
50 g geriebener Käse

Die Bohnen über Nacht in reichlich Wasser einweichen. Bohnen in frischem Wasser ca. 2 Stunden weich kochen. Die Zwiebeln klein schneiden und in der Margarine bzw. Öl andünsten. Lauch, Möhren und Sellerie klein schneiden, zu den Zwiebeln geben, mit etwas Wasser und gekörnter Gemüsebrühe aufgießen. Bissfest kochen. Mit den Bohnen vermischen, nochmals würzen und in eine feuerfeste Form geben. Saure Sahne mit geriebenem Käse vermischen und über den Bohnen verteilen. Im vorgeheizten Backofen bei 220 Grad ca. 15–20 Minuten überbacken und mit gehackter Petersilie bestreuen.

Rote Bohnen mit Champignons

200 g rote Bohnen (Kidney-Bohnen)
1–1½ l Wasser
30 g Margarine oder Öl
2 Zwiebeln
300 g grüne Paprikaschoten
400 g Champignons
½ Tasse Gemüsebrühe
100 g Crème fraîche oder Sojasahne
2 EL Zitronensaft
evtl. 2 Knoblauchzehen
Salz, Pfeffer
½ Bund Petersilie

Die gewaschenen Bohnen über Nacht in Wasser einweichen. Abtropfen lassen, mit frischem Wasser ohne Salz aufsetzen und in etwa 90 Minuten weich kochen. Die Bohnen abtropfen lassen und leicht salzen. 15–20 Minuten ziehen lassen, damit die Bohnen das Salz aufnehmen.

Paprika halbieren, entkernen und in feine Streifen schneiden. Pilze waschen, in Scheiben schneiden. Zwiebeln würfelig schneiden. Das Fett erhitzen und die Zwiebeln darin goldgelb dünsten. Paprikastreifen dazugeben und kurz mitdünsten, mit Gemüsebrühe angießen und die Pilze dazugeben. Etwa zehn Minuten in der offenen Pfanne garen. Die Crème fraîche bzw. Sojasahne vorsichtig unterrühren, mit Zitronensaft, evtl. frisch gepresstem Knoblauch, Salz und Pfeffer würzen.

Die gekochten Bohnen mit der Pilzmasse vermischen, nochmals abschmecken und mit gehackter Petersilie bestreut servieren. Dazu passen Vollkornbrot, Maisfladen oder Naturreis.

Adzuki-Bohnen mit Tofu-Gemüse

300 g Adzuki-Bohnen
1 l Gemüsebrühe
3 Möhren
½ Knolle Sellerie
2 Stangen Lauch
400 g Räuchertofu
2 Zwiebeln
2 Knoblauchzehen
4 EL Öl
1 EL gekörnte Gemüsebrühe
150 ml saure Sahne oder Sojacreme
evtl. frische Kräuter

Die Adzuki-Bohnen verlesen, gründlich waschen und in 1½ l Wasser über Nacht einweichen und quellen lassen. Abgießen, mit 1 l Gemüsebrühe aufkochen und ca. 60–80 Minuten bei niedriger Hitze butterweich kochen. (Bei Bedarf heißes Wasser zugießen.) Abtropfen lassen. Möhren und Sellerie putzen und in kleine Würfel schneiden, den Lauch putzen und in dünne Ringe schneiden. Zwiebel und Knoblauch fein hacken und in heißem Öl andünsten. Gemüse zugeben, mit gekörnter Gemüsebrühe bestreuen, kurz anbraten, ca. 750 ml Wasser zugeben und bei niedriger Hitze ca. 20 Minuten gar kochen. Bohnen und Gemüse vermischen, saure Sahne bzw. Sojacreme unterziehen. Den Tofu in Würfel schneiden, im restlichen Öl anbraten und zuletzt unter das Gemüse mischen. Evtl. mit gehackten frischen Kräutern bestreuen.

Mungbohnen mit Spinat, indisch

150 g gelbe (geschälte) Mungbohnen
1 kg Spinat (ersatzweise 500 g TK-Spinat)
3 EL Pflanzenöl
1 Zwiebel
1 TL Schwarzkümmel
1 TL Kurkuma
2 Lorbeerblätter
1 TL Kreuzkümmel
Ingwerwurzel (1–2 cm)
Salz
Chilipulver

Die Mungbohnen verlesen und waschen, etwa 2 Stunden in Wasser einweichen. Im Sieb abtropfen lassen. Die Zwiebel klein schneiden, 1 EL Öl in einem Topf erhitzen, darin die Zwiebel goldbraun dünsten, Kurkuma, Chilipulver und Schwarzkümmel dazugeben und kurz anrösten. Mungbohnen und Lorbeerblätter zufügen, mit den Gewürzen vermengen. Ca. 750 ml Wasser aufgießen und 30 Minuten köcheln lassen.

Inzwischen den Spinat waschen und von den dicken Stielen abnehmen. 3 Minuten in kochendem Wasser blanchieren und dann pürieren. (Alternativ Tiefkühlspinat separat auftauen, abtropfen lassen, etwas anwärmen.) Spinat zu den halb garen Mungbohnen (nach ca. 30 Minuten) geben und bei schwacher Hitze fertig kochen. Dabei gelegentlich umrühren und, falls nötig, ein wenig kochendes Wasser zugießen. Das fertige Gericht sollte die Konsistenz eines dicken Pürees haben.

Ingwer schälen und fein schneiden oder reiben. Das restliche Öl erhitzen, Ingwer darin goldbraun rösten, Kreuzkümmel zufügen und 2 Minuten mitdünsten. Auf die Mungbohnen mit Spinat geben und gut vermischen. Lorbeerblätter herausnehmen, mit Salz und Chilipulver abschmecken, 5–10 Minuten durchziehen lassen. Dazu passt Reis oder Brot.

Erbsenpüree

500 g gelbe Erbsen, geschält
1 TL Salz
½ TL gemahlener Kümmel
½ TL gemahlener Koriander
250 ml saure Sahne

Erbsen verlesen, gründlich waschen und über Nacht in reichlich Wasser einweichen. Am nächsten Tag das Einweichwasser abgießen und die abgetropften Erbsen mit frischem Wasser bedeckt zum Kochen bringen und in ca. 40–60 Minuten weich kochen. Durch ein Sieb abtropfen lassen. Im Mixer oder mit dem Pürierstab fein pürieren. Danach Salz, Gewürze und saure Sahne unterrühren. Sollte das Püree zu trocken sein, etwas heißes Wasser dazugeben. Evtl. mit gehackter Petersilie bestreuen.

Varianten:
Statt saurer Sahne mit 100–150 g Butter verfeinern, evtl. mit etwas Kochwasser cremig rühren. Statt Kümmel mit Bohnenkraut würzen.

Erbsengemüse

500 g geschälte gelbe Erbsen
1–2 Möhren
2–3 Lauchzwiebeln
½ Staudensellerie
2 EL Gemüsebrühpulver
4–5 Stiele Minze
1 EL Sojasoße
Salz, Pfeffer

Die Erbsen verlesen und waschen, über Nacht in ca. 1½ l Wasser einweichen. Das Gemüse waschen, putzen, fein zerkleinern. Die Erbsen im Einweichwasser zusammen mit dem Gemüse und dem Gemüsebrühpulver in etwa 30–40 Minuten gar kochen. Die Erbsen sollen noch „Biss" haben. Minze fein hacken und unter das Erbsengemüse rühren. Mit Salz, Pfeffer und Sojasoße abschmecken.

Kichererbsen-Eintopf

300 g Kichererbsen
1½ l Wasser
Hefewürze
50 g Öl oder Margarine
2–3 Zwiebeln
1 Knoblauchzehe
3 große Möhren
1 große Dose Tomaten
3–4 Kartoffeln
etwas Cayennepfeffer, Salz
Kräuter der Provence
100 g saure Sahne oder Sojasahne
Zitronensaft

Kichererbsen über Nacht in reichlich Wasser einweichen, dann abgießen und mit frischem Wasser zum Kochen bringen. Hefewürze zugeben und ca. 3 Stunden kochen. In der Zwischenzeit das Fett erhitzen und die klein geschnittenen Zwiebeln und Möhren darin andünsten. Mit den Tomaten auffüllen und die klein geschnittenen Kartoffeln zugeben. Mit den Gewürzen abschmecken. Ca. 20 Minuten garen, dann zu den Kichererbsen geben und nochmals gut durchkochen lassen.
Saure Sahne bzw. Sojasahne unterziehen. Mit Salz und Zitronensaft abschmecken.

Kichererbsen-Curry mit Minze

200 g Kichererbsen
1 l Einweichwasser
500 ml Gemüsebrühe
1 Lorbeerblatt
1 TL Koriander, gemahlen
1 TL Currypulver
500 g Tomaten
je 2 rote und gelbe Paprika
2 große Zwiebeln
2 Knoblauchzehen
3 EL Öl
1 TL Paprikapulver
200 g saure Sahne
1 Zitrone
Salz
einige Minzblätter

Kichererbsen waschen und zugedeckt über Nacht einweichen. Einweichwasser abgießen, die Kichererbsen im Sieb gut abspülen und abtropfen lassen. In einen Topf geben, mit Gemüsebrühe aufgießen, Lorbeerblatt, Koriander und Currypulver zugeben, aufkochen und ca. 2–3 Stunden leicht köcheln lassen, bis die Kichererbsen weich sind. Tomaten häuten, Fruchtfleisch würfeln, den gewaschenen Paprika in kleinen Stücke schneiden. Öl erhitzen, gewürfelte Zwiebeln und Knoblauch darin hell anbraten. Paprika und Tomaten zugeben und kurz mitdünsten. Mit Paprikapulver bestäuben. Das Gemüse zu den Kichererbsen geben, Salz dazu geben und zusammen 20–30 Minuten gar köcheln lassen. Das Lorbeerblatt herausnehmen. Saure Sahne unterziehen, mit Zitronensaft abschmecken. Zuletzt feingewiegte Minzblätter darunter mischen.

Kichererbsen-Kroketten aus Nahost (Falafel)

250 g Kichererbsen (ersatzweise 400–500 g Kichererbsen aus der Dose)
1 kleine Zwiebel
3 Knoblauchzehen
½ Bund glatte Petersilie
Salz, Pfeffer
½ TL Paprika, edelsüß
1 TL Koriander, gemahlen
1–1½ TL Kreuzkümmel, gemahlen
1–1½ l Pflanzenöl zum Fritieren
300 g Joghurt
6–8 Minzblätter
abgeriebene Schale einer unbehandelten Zitrone

Kichererbsen verlesen und waschen, in ¾ l kaltes Wasser geben und zugedeckt 24 Stunden einweichen lassen. Einweichwasser wegschütten, Kichererbsen gut abspülen und abtropfen lassen. (Das Einweichen entfällt bei Verwendung von Kichererbsen aus der Dose; diese abtropfen lassen.) Zwiebel und Knoblauchzehen fein würfeln, Petersilie klein hacken. Kichererbsen mit Petersilie, Knoblauch und Zwiebel in der Küchenmaschine fein pürieren. Mit Salz, Pfeffer, Paprika, Koriander und Kreuzkümmel würzen. Den Teig zugedeckt mindestens 1 Stunde kalt stellen. Für die Joghurtsoße die abgeriebene Zitronenschale im Joghurt verrühren, die gewaschenen und trockengetupften Minzblätter in feine Streifen schneiden und dazu geben.

Mit leicht geölten Händen 20 Kroketten oder flache Bällchen aus jeweils 1–2 EL Masse formen, nochmals 30 Minuten ruhen lassen. Das Öl in einem Topf erhitzen. Die Kroketten portionsweise im heißen Öl 2–3 Minuten ausbacken. Auf Küchenpapier abtropfen lassen. (Für eine fettarme Variante den Ofen auf 190 Grad vorheizen, die Kroketten auf ein gefettetes Blech geben und ca. 30 Minuten backen, bis sie gar sind.) Mit Joghurtsoße servieren. Dazu passt Tomatensalat.

Houmous

500 g Kichererbsen
2–3 EL Tahini (Sesam-Mus)
3–4 EL Olivenöl
3 Knoblauchzehen
2 EL Zitronensaft
2 gestr. TL Kreuzkümmel gemahlen
Salz, Pfeffer

Kichererbsen verlesen und waschen, über Nacht (mindestens 12 Stunden) einweichen. Am nächsten Tag in frischem Wasser ca. 3 Stunden langsam kochen (im Schnellkochtopf ca. 30 Minuten). Die Erbsen sollten butterweich sein. (Alternativ kann man Kichererbsen aus der Dose verwenden.) Kichererbsen abgießen, die Kochflüssigkeit auffangen. Kichererbsen mit Tahini, dem durchgepressten Knoblauch, Olivenöl, Zitronensaft und Gewürzen in den Mixer geben und glatt pürieren. Damit das Mus glatt und cremig wird, nach und nach etwas von der Kochflüssigkeit zugießen, bis es die gewünschte Konsistenz hat. Mit Salz und Pfeffer abschmecken. In einer Schüssel anrichten, mit dem Rücken eines Löffels ringförmig Furchen in das Püree drücken und etwas Olivenöl darüber geben. Passt gut zu Tomatengerichten und Fladenbrot.

Linsen-Curry mit Aprikosen

250 g Linsen
150 g getrocknete Aprikosen
150 g Seitan
750 ml Gemüsebrühe
1 Bund Frühlingszwiebeln
2 Knoblauchzehen
1 Staudensellerie
3 EL Öl
2–3 EL Currypulver
1 TL Koriander, gemahlen
½ TL Kreuzkümmel
Salz, Pfeffer
1–2 EL Zitronensaft

Aprikosen über Nacht in ca. 250 ml Wasser einweichen. Die Linsen gründlich abspülen, im Sieb abtropfen lassen. Aprikosen klein schneiden. Seitan würfelig schneiden und in etwas Öl gut anbraten. Sellerie in kleine Stücke schneiden, zum Seitan geben und mit andünsten. Knoblauch darüber pressen, Gewürze mit andünsten.

Aprikosen und Linsen dazu geben, mit Gemüsebrühe aufgießen und 20 Minuten garen. Die gut gewaschenen, in Ringe geschnittenen Frühlingszwiebeln dazu geben und zu Ende garen. Mit Salz, Pfeffer und Zitronensaft abschmecken. Dazu passt Reis.

Linsen-Curry mit Gemüse

150 g Linsen
2 mittelgroße Zwiebeln
1 Stange Lauch
2 Knoblauchzehen
1–2 EL Pflanzenöl
1 TL Curry
1 TL Kurkuma
Ingwerwurzel (1–2 cm)
500 ml Gemüsebrühe
1 grüne Paprikaschote
1 rote Parikaschote
2–3 EL Zitronensaft
Salz
Pfeffer
Basilikum
4 EL Crème fraîche oder Sojacreme

Die gewaschenen Linsen einige Stunden in ca. ½ l Wasser einweichen, abtropfen lassen. Den Lauch putzen, waschen und in feine Ringe schneiden. Ingwer schälen und fein hacken oder reiben, Zwiebeln und Knoblauch schälen und klein schneiden, in heißem Öl andünsten, Lauch dazugeben und kurz mitdünsten. Mit Curry und Kurkuma überstäuben, die Linsen dazugeben, mit Gemüsebrühe aufgießen. Ca. 40 Minuten auf kleiner Stufe kochen lassen.

Die Paprikaschoten halbieren, entkernen und in kleine Stücke schneiden. Zu den Linsen geben und nochmals 10 Minuten garen. Mit Zitronensaft, Salz, Pfeffer und Basilikum abschmecken. Linsen-Curry mit Crème fraîche servieren. Dazu passt Reis.

Linsengemüse

500 g Puy-Linsen
1 l Gemüsebrühe
1 Staudensellerie
200 g Möhren
1 Stange Lauch
Salz
Pfeffer
Currypulver
1 Lorbeerblatt
2 EL Obstessig
200 g Schmand oder saure Sahne

Die gewaschenen Linsen mit der Gemüsebrühe und dem Lorbeerblatt zum Kochen aufsetzen und auf kleiner Flamme ca. 20 Minuten köcheln lassen. Das Gemüse waschen, putzen, Staudensellerie und Lauch in kleine Stücke schneiden, Möhren grob raspeln. Zusammen mit den Gewürzen zu den Linsen geben und fertig garen. Mit Obstessig abschmecken. Zuletzt die saure Sahne unterrühren.

Linseneintopf

250 g Teller-Linsen
500 g Kartoffeln
1 l Gemüsebrühe
getrocknetes Suppengrün zum Mitkochen
1 Lorbeerblatt
Kräutersalz
Pfeffer
Zwiebelpulver
1 Msp. gemahlene Nelken
Curry
1 gehäufter TL Senf
5 EL Zitronensaft
1 Essiggurke
½–1 Rezept Béchamelsoße (siehe Kapitel Soßen)

Linsen waschen, 2–4 Stunden einweichen. Ca. 20–30 Minuten weich kochen. Im Schnellkochtopf brauchen sie ca. 5 Minuten. Vorheriges Einweichen ist dabei nicht nötig. Nach der Hälfte der Garzeit die in Würfel geschnittenen Kartoffeln zugeben. Lorbeerblatt und Suppengrün mitkochen.
Eine Béchamelsoße bereiten und unter die Linsen rühren, zuletzt eine geriebene Essiggurke darunter mischen. Mit den angegebenen Gewürzen kräftig abschmecken.

Rote Linsen nach indischer Art

250 g rote Linsen
2 Knoblauchzehen
1 grüner Chili
1 TL Kurkuma
1 TL Schwarzkümmel
1 TL Koriander, gemahlen
2 Lorbeerblätter
3 EL Pflanzenöl
1 TL Kreuzkümmel
1–2 TL Salz

Die Linsen verlesen und gründlich waschen. Chili entkernen und klein schneiden, Knoblauch fein hacken. Öl in einem Topf erhitzen, Chili, Knoblauch und alle weiteren Gewürze darin anrösten. Die Linsen dazugeben, mit 750 ml Wasser aufgießen, zum Kochen bringen und zugedeckt köcheln lassen, bis die Linsen eine püreeartige Konsistenz angenommen haben (ca. 30 Minuten, je nach Qualität der Linsen). Gelegentlich umrühren. Zum Schluss die Lorbeerblätter herausnehmen, Linsen mit Salz abschmecken. Dazu passen Brotfladen (Chapati) oder Reis.

Rote Linsen mit Pilzen

500 g Austernpilze
1 Staude Stangensellerie (ca. 600 g)
1 Zwiebel
1 Knoblauchzehe
3 EL Olivenöl
Salz, Pfeffer
200 g rote Linsen
½–1 l Gemüsebrühe
75 g Gorgonzola-Käse
125 g Crème fraîche
1–2 EL Zitronensaft

Die Linsen gründlich waschen und im Sieb abtropfen lassen. Austernpilze putzen und je nach Größe halbieren oder vierteln. Sellerie waschen, das Selleriegrün abschneiden und beiseite legen, Sellerie in Stücke schneiden. Zwiebel und Knoblauch würfelig schneiden.

Die Pilze in einem Topf im heißen Öl kräftig anbraten, mit Salz und Pfeffer würzen und herausnehmen. Zwiebel und Knoblauch im Bratöl glasig dünsten. Sellerie und Linsen zufügen, mit so viel Gemüsebrühe aufgießen, dass die Linsen gut bedeckt sind. Aufkochen und zugedeckt ca. 20 Minuten köcheln lassen, bis die Linsen weich sind. Gelegentlich umrühren und evtl. Gemüsebrühe zugeben.

Inzwischen Crème fraîche mit wenig Salz und Pfeffer verrühren, Gorgonzola-Käse würfeln und dazu geben. Selleriegrün in feine Streifen schneiden.

Pilze zum Linsengemüse geben und warm werden lassen. Mit Salz, Pfeffer und Zitronensaft abschmecken. Gorgonzola-Soße darüber geben und zugedeckt erhitzen, bis die Soße verlaufen ist. Mit Selleriegrün garnieren.

Tipp: Wem der Gorgonzola zu pikant schmeckt, kann ihn weglassen und die Soße nur mit Crème fraîche anrühren.

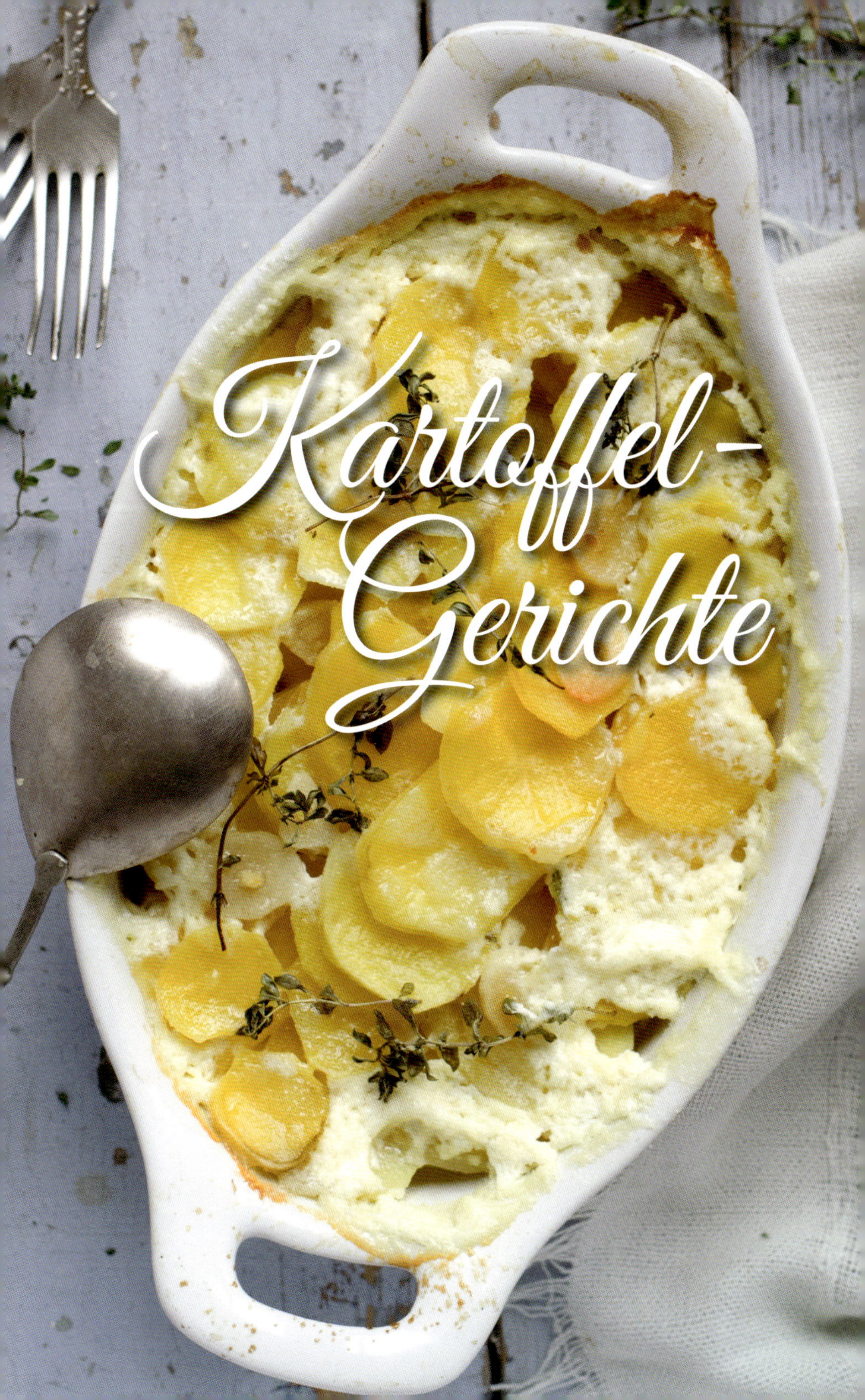
Kartoffel-
Gerichte

Auch in der Vollwert-Küche kommt der Kartoffel immer mehr eine führende Rolle zu. Bemerkenswert ist der hohe Gehalt an Kalium, reichlich hochwertigem Eiweiß, wenig Fett, aber vielen Vitaminen. Außerdem enthält die Kartoffel wichtige Mineralstoffe wie Phosphor, Eisen und Fluorid.
Um alle Nährstoffe möglichst zu erhalten, ist die schonendste Zubereitungsart, die Kartoffel als Pellkartoffel zu garen.

Pellkartoffeln mit Quark

500 g Kartoffeln
500 g Magerquark
4–5 EL kaltgepresstes Pflanzenöl, z.B. Lein-, Oliven- oder Rapsöl
Geschmackszutaten nach Wahl (z.B. Paprika, Kümmel, Tomatenmark, frische Kräuter)

Kartoffeln unter fließendem Wasser gut bürsten, in wenig Wasser (bedeckt) mit der Schale kochen. Quark mit Salz, Öl und den übrigen Zutaten verschlagen und zu den Kartoffeln reichen.

Bratkartoffeln mit Pfiff

ca. 500 g rohe Kartoffeln
2 Zwiebeln
Kräutersalz
Paprika
Majoran
Pfeffer
Muskat
1 Knoblauchzehe
2–3 EL Butter oder Margarine

Kartoffeln sauber bürsten, in feine Scheiben hobeln. Ebenso die Zwiebeln dazu reiben, die Gewürze und den zerdrückten Knoblauch dazugeben. Fett zerlassen. Kartoffeln hineingeben, Pfanne zudecken und unter häufigem Wenden gar braten.

Variante:
Sie können natürlich auch gekochte Kartoffeln zu Bratkartoffeln verarbeiten. Zum Abschmecken eignen sich Majoran, Ingwer, Kümmel und Paprika.
Sie können auch Apfelscheiben, Apfelwürfel, Tomaten- oder Gurkenscheiben mitbraten, oder einen herzhaften Käse, gerieben oder in dünne Scheiben geschnitten.

Gebackene Kartoffeln

1 kg rohe Kartoffeln
etwas Öl
3 EL Kümmel oder Sesam

Kartoffeln gut waschen, halbieren, die Schnittfläche mit Öl bepinseln und in Kümmel oder Sesam drücken. Mit der Schnittfläche nach unten auf ein mit Backpapier ausgelegtes Backblech setzen und bei 200–225 Grad je nach Größe 30–45 Minuten backen. Dazu passt angemachter Quark (siehe Kapitel „Brotaufstriche") oder Gemüse.

Gebackene Pommes Frites

1 kg rohe Kartoffeln
Pflanzenöl
Kräutersalz

Kartoffeln schälen, in Stifte schneiden. Auf ein gut gefettetes Backblech legen, ca. 40 Minuten bei 200 Grad backen. Während des Backens wiederholt wenden und zum Schluss mit Salz bestreuen.

Variante:
Kartoffelstifte in einer Schüssel mit Öl begießen, gut durchmischen, auf ein leicht gefettetes Backblech legen und weiter wie oben verfahren.

Béchamel-Kartoffeln

ca. 1 kg Kartoffeln
Béchamelsoße (siehe Kapitel Soßen)
evtl. 1 Eckchen Schmelzkäse

Kartoffeln gut abbürsten, mit der Schale kochen, abgießen, schälen, in Würfel oder Scheiben schneiden. Während die Kartoffeln kochen, eine Béchamelsoße zubereiten, darin (nach Wunsch) den mit der Gabel fein zerdrückten Schmelzkäse auflösen. Kartoffeln untermischen, ziehen lassen und gut abschmecken.

Kartoffelbrei

500 g Kartoffeln
1 TL Kräutersalz
1 Msp. Muskat, frisch gerieben
1 EL Butter
200–250 ml heiße Milch
1 EL gehackte Petersilie oder 1 gehackte Zwiebel

Kartoffeln als Pellkartoffeln kochen, abgießen, heiß schälen und sofort sehr fein zerdrücken (Kartoffelstampfer oder Kartoffelpresse, aber nicht mit dem Pürierstab). Die kochend heiße Milch mit der Butter und den Gewürzen unterschlagen. Mit Petersilie oder gebräunter Zwiebel bestreuen.

Kartoffelbrei mit Ingwer

500 g Kartoffeln
250 ml Milch, vermischt mit einigen EL Sahne
2–3 EL frischer geriebener Ingwer (oder ½–1 TL Ingwerpulver)
3 EL Butter
Kräutersalz

Kartoffeln gar kochen, schälen und in einem warmen Kochtopf zerstampfen (nicht pürieren). Milch und Sahne erhitzen und einrühren, die in Stücke geschnittene Butter und Ingwer dazugeben. Unter Rühren die Butter zergehen lassen. Vom Herd nehmen und mit Salz abschmecken.

Varianten:
Statt Milch Sauermilch oder saure Sahne, statt Ingwer 125 g geriebenen Käse verwenden.

Kartoffelbrei-Gemüse-Auflauf

750 g Kartoffeln
300 g Möhren
300 g Brokkoli oder Blumenkohl
1 Stange Lauch
evtl. 200 g Tiefkühl-Erbsen
1 Zwiebel
3 EL Öl
300 ml Gemüsebrühe
2 EL Reismehl
200 ml Sahne
Salz, Pfeffer
evtl. Sojasoße
1 EL Hefeflocken
1 EL Semmelbrösel

Kartoffelbrei wie oben beschrieben zubereiten. Das Gemüse putzen und in kleine Stücke schneiden. Zwiebel schälen und würfeln. Öl in einem Topf erhitzen, Zwiebel darin glasig dünsten, Gemüse zugeben und kurz anbraten, heiße Gemüsebrühe zugießen und alles ca. 10 Minuten köcheln lassen. Reismehl in der Sahne glatt rühren, in das Gemüse einrühren und kurz aufkochen, bis die Soße dicklich ist. Mit Salz, Pfeffer und evtl. 1 EL Sojasoße abschmecken.
Die Hälfte des Kartoffelbreis in einer gefetteten Auflaufform verteilen, das Gemüse darüber geben, den restlichen Kartoffelbrei darüber glatt streichen. Hefeflocken und Semmelbrösel darüber streuen und im vorgeheizten Ofen bei 180 Grad ca. 30 Minuten überbacken. Mit gehackter Petersilie bestreuen.

Rheinischer Kartoffelkuchen

1½ kg rohe Kartoffeln
2 Vollkornbrötchen
2 Zwiebeln
2 Knoblauchzehen
Salz, Pfeffer
Muskat, gerieben
Majoran
Thymian
1 Päckchen Backpulver
2 EL Leinsamen
ca. 500–600 ml Gemüsebrühe
Öl
3 EL Hefeflocken
Vollkorn-Semmelbrösel
100 g geriebener Käse

Vollkornbrötchen in etwas Gemüsebrühe einweichen. Kartoffeln gut waschen, bürsten und fein reiben (wie Reibekuchen), die Zwiebeln ebenso fein dazu reiben. Mit Salz, Gewürzen und dem durchgepressten Knoblauch gut vermischen.

Vollkornbrötchen ausdrücken, zusammen mit der Einweich-Gemüsebrühe, Backpulver, Hefeflocken und Leinsamen zu den Kartoffeln geben und gut unterarbeiten. Der Teig soll breiig sein; falls er zu fest ist, Gemüsebrühe nachgießen.

Eine Auflaufform fetten, mit Vollkorn-Semmelbröseln ausstreuen, ca. 1 cm hoch Öl hineingießen und darauf den Kartoffelteig etwa 4 cm hoch verteilen. Einige Vertiefungen eindrücken und noch etwas Öl hineingießen. Im vorgeheizten Backofen bei 200 Grad 60–90 Minuten backen. Die Oberfläche sollte goldbraun sein. 15 Minuten vor Ende der Backzeit mit Käse bestreuen.

Holsteiner Kartoffel-Eintopf

2 Zwiebeln, in dünne Scheiben geschnitten
50 g Butter oder Margarine
500 g in Scheiben geschnittene rohe Kartoffeln
250 g in Scheiben geschnittene Karotten
2 mittelgroße zerkleinerte Äpfel
Kräutersalz
Pfeffer
250–500 ml Gemüsebrühe

Zwiebeln in Fett anbräunen, Kartoffeln, Karotten und Äpfel dazugeben. Mit Gemüsebrühe auffüllen und ca. 20–30 Minuten garen. Abschmecken.

Variante:
200 g in Würfel geschnittenes Seitan in Fett anbraten, zum Schluss dazugeben.

Kartoffelgulasch

3 fein gehackte Zwiebeln
3 EL Pflanzenöl
1 EL Rosenpaprika
125 ml saure Sahne
250 ml Gemüsebrühe
1 kg geschälte und gewürfelte Kartoffeln
Kräutersalz
frisch gemahlener Pfeffer
gehackte Petersilie
1 TL Koriander, gemahlen
evtl. 1 Stängel Salbei

Zwiebeln in Öl kurz anbraten. Mit Paprikapulver bestäuben. Die Kartoffelwürfel hineingeben, mit Gemüsebrühe aufgießen und ca. 20–30 Minuten sämig kochen lassen. Mit den übrigen Gewürzen abschmecken. Saure Sahne untermischen und mit Petersilie bestreuen.

Variante:
3 rote und gelbe Paprikaschoten, in Würfel geschnitten, mitkochen und mit 2 EL Tomatenmark zusätzlich abschmecken.

Folienkartoffeln mit Kräuterquark

4 große Kartoffeln
1 Zwiebel
2 Bund gemischte Kräuter
125 ml Milch
500 g Quark
Salz
weißer Pfeffer

Kartoffeln waschen und gut bürsten, 15 Minuten in kochendem Wasser vorgaren, trocken tupfen. In Alufolie wickeln. Backofen vorheizen, Kartoffeln bei 225 Grad 30–40 Minuten backen. Nun die Zwiebel schälen, Kräuter waschen und alles fein hacken. Den Quark mit der Milch glatt rühren. Kräuter und Zwiebel dazugeben und mit Pfeffer und Salz abschmecken. Folie aufreißen, Kartoffeln kreuzweise einschneiden und etwas auseinanderziehen, mit dem Quark füllen.

Reibekuchen
(Kartoffelpuffer)

1 kg rohe Kartoffeln
1 EL Sojamehl
1 feingehackte Zwiebel
1 EL Salz
Pfeffer
Öl zum Backen

Die Kartoffeln gut bürsten, mit der Schale fein reiben. In einem Sieb abtropfen lassen, mit Sojamehl, der Zwiebel und den Gewürzen verrühren. Öl in einer Pfanne erhitzen, jeweils 1 EL Kartoffelmasse hineingeben, schnell zu einem Reibekuchen plattdrücken und ca. 3–4 Minuten auf jeder Seite goldgelb backen.

Schweizer Kartoffel-Rösti, klassisch

1 kg Pellkartoffeln (vom Vortag)
2 Zwiebeln
1 EL Salz
Pfeffer
etwas Öl zum Braten

Kartoffeln schälen, auf einer Raffel grob reiben, ebenso die geschälten Zwiebeln. Mit Salz und Pfeffer vermischen.
In einer Pfanne Öl erhitzen, eine Lage Kartoffeln, etwa 3 cm hoch, hineingeben und unter mehrmaligem Wenden insgesamt etwa 30 Minuten bei kleiner Hitze braten. (Evtl. mit Hilfe eines Tellers wenden.) Die Kartoffeln vom Rand her zu einem Kuchen zusammendrücken und so lange braten, bis die Rösti goldgelb sind. Dann vorsichtig lösen und auf einen Teller stürzen.
Dazu Salat servieren.

Kartoffel-Quark-Auflauf

2 EL Öl
3 gehackte Zwiebeln
250 g Magerquark
(evtl. 50 ml Sahne)
1 Stange Lauch
800 g gekochte Pellkartoffeln
etwas Salz
Pfeffer
1 TL Kümmel
40 g Butter oder Margarine
60 g geriebener Käse
2 EL Vollkorn-Semmelbrösel

Lauch putzen und waschen, in dünne Ringe schneiden und zusammen mit den Zwiebeln in Öl glasig dünsten, abkühlen lassen, mit dem Quark (evtl. mit Sahne verrührt) vermischen. Kartoffeln schälen und in Scheiben schneiden, mit Salz, Pfeffer und Kümmel bestreuen. Eine Auflaufform mit 20 g Butter oder Margarine ausstreichen, schichtweise Kartoffeln und Quarkmischung einfüllen. Käse mit Böseln mischen und darüber verteilen. Restliche Butter oder Margarine als Flöckchen obenauf setzen, den Auflauf im vorgeheizten Ofen bei 200 Grad 30–40 Minuten backen.

Käsekartoffeln mit Tomaten

500 g Kartoffeln
100 g geriebener Hartkäse
Salz
Pfeffer
Muskat
1 EL Sojamehl
200 ml Sahne
500 g Tomaten
3 EL Hefeflocken
50 g Butter
1 Knoblauchzehe

Kartoffeln waschen, gut bürsten und in feine Scheiben hobeln. In einer Schüssel Sahne und Sojamehl verschlagen, die Gewürze und die Hälfte des Käses zugeben, verrühren. Die Kartoffeln hineingeben und gut vermengen. Tomaten waschen und ebenso in feine Scheiben schneiden, salzen und pfeffern.
Auflaufform mit einer Knoblauchzehe ausreiben, dann ausfetten. Kartoffeln und Tomaten schichtweise einfüllen, mit dem restlichen Käse und den Hefeflocken bestreuen, Butterflöckchen aufsetzen und bei 180–200 Grad backen, bis die Kartoffeln gar sind (ca. 40 Minuten). Evtl. die Form abdecken, falls die Oberfläche zu stark bräunt.

Kartoffel-Gratin

500 g Kartoffeln
250 ml Milch
200 ml Sahne
50 g geriebener Hartkäse
1 Knoblauchzehe, gepresst
Salz
Pfeffer
Muskat

Kartoffeln waschen und gut bürsten, evtl. schälen. In feine Scheiben hobeln. Die Kartoffelscheiben schuppenförmig in eine gefettete Form schichten, salzen und pfeffern. Sahne, Milch, alle Gewürze und den Käse kräftig verrühren und über die Kartoffeln gießen. Im vorgeheizten Ofen bei 180 Grad ca. 50–60 Minuten überbacken.

Variante:
Zwischen die Kartoffeln ca. 200 g in Scheiben geschnittene Tomaten einschichten, dann evtl. die Kartoffelmenge etwas reduzieren.

Reisgerichte

REISARTEN

Natur- oder Vollreis ist reich an Vitaminen der B-Gruppe, die als Nerven- und Hautvitamine gelten und für den Kohlehydratstoffwechsel unentbehrlich sind. In weißem Reis fehlen sie fast völlig, da die äußere Schale und das wertvolle Silberhäutchen sowie der Keimling beim Schleifen und Polieren entfernt worden sind. Parboiled Reis hat dank der Vorbehandlung durch Dampf und Druck noch etwa 80 Prozent des ursprünglichen Gehalts an B-Vitaminen und Mineralstoffen, denn erst anschließend wird er poliert. Er hat, wie weißer Reis, eine kürzere Kochzeit als Naturreis.

Der so genannte Wildreis ist der schwarze Samen einer bestimmten Grasart und gehört daher nicht zu den Reisarten. Er hat ein nussiges Aroma und bedarf einer längeren Garzeit.

Die Form des Reises (Langkorn-, Rundkornreis) spielt keine Rolle für seinen ernährungsphysiologischen Wert. Rundkornreis wird vorwiegend für Süßspeisen, besonders für Milchreis, verwendet. Langkornreis wird meistens, pikant abgeschmeckt, als Beilage zu Gemüsegerichten gereicht. Der mittelkörnige Arborio- oder Avorio-Reis wird vor allem für Risotto verwendet.

KOCHKURS FÜR REIS

Reis kann auf verschiedene Arten zubereitet werden. Auf jeden Fall sollte man ihn zuerst auf Steinchen und andere Verunreinigungen prüfen und dann mehrmals gründlich in warmem Wasser waschen und dann im Sieb abtropfen lassen.

Grundrezept

Den verlesenen und gewaschenen Naturreis in 1–2 EL Fett (Öl, Margarine, Butterschmalz) ca. 3 Minuten andünsten. Mit der dreifachen Menge gut gewürzter Gemüsebrühe aufgießen und aufkochen lassen. Auf niedriger Stufe ca. 45 Minuten garen (gelegentlich umrühren), bis der Reis weich ist, aber noch „Biss" hat. Im Schnellkochtopf (Dampfdrucktopf) verkürzt sich die Garzeit auf etwa ein Drittel, also 15–20 Minuten.
Weißer Reis hat eine kürzere Garzeit als Naturreis, ca. 25 Minuten.
Wildreis lässt sich sehr gut mit Naturreis kombinieren. Der unterschiedlichen Garzeiten wegen den Wildreis ca. 15 Minuten vorkochen und dann den gewaschenen Naturreis dazugeben und fertig garen.

Verfeinerung

Sie können den fertiggekochten Reis auf vielfältige Art verfeinern. Sie können dem Reis Butter zugeben oder ihn darin andünsten. Würzen Sie den Reis anschließend mit Curry, Fenchel, gemahlenem Kreuzkümmel, Ingwer, Paprika oder Kurkuma (Gelbwurz). Auch gemahlener Koriander passt als Gewürz dazu. Als Kräuter eignen sich vor allem Dill und Petersilie.
Den gewürzten Reis können Sie zusammen mit frischem Joghurt und Tomatenketchup als Beilage zu Gemüse und Salaten reichen.
Reis schmeckt auch süß sehr gut (z. B. als Nachspeise oder zum Frühstück), wenn Sie ihn mit etwas Honig, Milch oder Joghurt, gehackten Nüssen, Kokosflocken und Rosinen vermengen. Er kann warm oder kalt gegessen werden.

Zur Mengenberechnung

- 1 Tasse entspricht 170 ml.
- 1 Tasse Vollreis wiegt 150 g und wird in 3 Tassen (also 500 ml) Flüssigkeit gekocht.
- Wenn man den Reis in Wasser kochen möchte, so gibt man generell 1 TL Salz auf 500 ml Wasser.

Kräuter-Reis

250 g Naturreis
750 ml Gemüsebrühe
getrocknete oder frische Kräuter nach Wahl (z.B. Petersilie, Majoran, Dill)
1 EL Butter
¼ TL Curry
¼ TL gemahlener Koriander

Reis ca. 40 Minuten (im Schnellkochtopf 15 Minuten beim 2. Ring) in Gemüsebrühe gar kochen, bis er weich ist, aber noch „Biss" hat. Den Reis im Sieb abtropfen lassen, dabei die Kochflüssigkeit auffangen und am Abend oder am nächsten Tag für Suppe oder Gemüse verwenden.
Butter und Kräuter unterrühren. Mit Gewürzen abschmecken.

Würzreis

1 EL Mohn
1 EL Schwarzkümmel (Nigella)
½ TL Kurkuma
½ TL gemahlener Fenchel
½ TL gemahlener Kreuzkümmel
2 EL Margarine
2 Tassen Naturreis
5 Tassen Wasser
Salz

Fett in einem Topf zerlassen. Zuerst Gewürze, Mohn und Schwarzkümmel darin anbraten, dann den Reis zufügen. Nach einigen Minuten mit heißem Wasser aufgießen, Salz zugeben, gut umrühren, aufkochen lassen und nach Grundrezept fertig garen.

Varianten:
Die Gewürze können nach Geschmack variiert werden. Außerdem können Sesamsamen oder Kokosflocken mit angedünstet werden.

Safranreis

Auf jede Tasse ungekochten Naturreis kommen:
2½ Tassen Wasser
1 EL Zitronensaft
2 EL Korinthen (wahlweise)
ca. ¼ TL gemahlener Safran
½ TL Kräutersalz
ca. 100 g Mandelblättchen (wahlweise)
1 EL zerlassene Butter

Reis waschen, mit Wasser, Korinthen und Salz 5 Minuten bedeckt kochen lassen. Auf kleiner Flamme fertig garen, ohne den Deckel abzunehmen. Nach ca. 30 Minuten von der Platte nehmen und nochmals ca. 10 Minuten ausquellen lassen.
Währenddessen den Safran unter Rühren im Zitronensaft auflösen. Wenn der Reis gar ist, Safran-Mischung zusammen mit den Mandeln darunter mischen. Zum Schluss den Reis in zerlassener Butter schwenken. Zu Gemüse reichen.

Varianten:
Statt Safran Curry oder Paprika oder je 1/4–1/2 TL Kurkuma, gemahlenen Kreuzkümmel und Rosenpaprika oder eine Prise Chilipulver nehmen.
Tahinreis: Fertig gegarten Reis mit einigen EL Tahin (Sesam-Mus) verrühren. Tahin ist reich an Eiweiß und ungesättigten Fettsäuren und ergänzt Naturreis in vorteilhafter Weise. Nach Geschmack salzen.

Reis in Kokosmilch

1½ Tassen Naturreis
1 EL Butterschmalz oder Öl
10 ganze Pfefferkörner
4 ganze Gewürznelken
3¾ Tassen Kokosmilch (Rezept siehe unten)
1 TL Kurkuma
1–1½ TL Kräutersalz
¼ TL gemahlener Kardamom
10 abgezogene, gehackte Mandeln oder 1 gehäufter EL Mandelblättchen
10 gehackte Cashewnüsse oder 2 EL Sonnenblumenkerne

Fett im Topf zerlassen. Reis dazugeben und so lange dünsten, bis er sein glasiges Aussehen verliert. Kokosmilch und alle Gewürze außer dem Kardamom dazugeben. Zum Kochen bringen, bedecken und leicht köcheln lassen. Wenn der Reis nahezu weich ist, Kardamom hineingeben. Nüsse und Mandeln anrösten und auf den fertigen Reis streuen. Dazu passt Salat oder gedünstetes Gemüse.

Kokosmilch:
150 g Kokosflocken
1 l kochendes Wasser

Kokosflocken mit kochendem Wasser überbrühen. 30 Minuten ziehen lassen. Dann die Masse in ein feinmaschiges Sieb über einer Schüssel geben und abtropfen lassen. Restliche Flüssigkeit mit den Händen ausdrücken.

Pfirsichreis

2 Tassen Naturreis
5 Tassen Wasser
2 EL Butterschmalz oder Öl
1 TL Salz
2–3 TL Schwarzkümmel (Nigella)
2 EL Sultaninen
1 Tasse Kokosflocken
500 g in Scheiben geschnittene Pfirsiche
10 gehackte Cashewnüsse oder Mandeln
1 TL Kurkuma
¼–½ TL Rosenpaprika oder Cayennepfeffer

Reis waschen, abtropfen lassen und gar kochen (siehe Grundrezept). Fett erhitzen, Schwarzkümmel, Kurkuma und Paprikapulver oder Cayennepfeffer darin andünsten. Kokosflocken und Pfirsiche dazugeben und 5 Minuten mitdünsten. Anschließend mit Nüssen oder Mandeln und Sultaninen ebenso verfahren. Alles unter den gekochten Reis mischen. Heiß servieren. Dazu Salat reichen.

Orientalischer Joghurtreis

2 Tassen Naturreis
5 Tassen Wasser
1 TL Salz
1 EL Butterschmalz oder Öl
1–2 TL Schwarzkümmel (Nigella)
ca. 500 g Joghurt
frischer Ingwer, ca. 2 1/2 cm lang (ersatzweise 1 gestrichener TL Ingwerpulver)
1 kleine Dose (225 g) Mangostücke
½ TL Salz
1 Prise Cayennepfeffer

Reis in Salzwasser gar kochen, abtropfen lassen und warm stellen. Die Mangoscheiben würfelig schneiden.
Fett erhitzen, Schwarzkümmel darin andünsten, Cayennepfeffer und feingehackten Ingwer dazugeben, ebenfalls mit andünsten. Die Fruchtstücke einrühren, ebenso den Joghurt. Vorsichtig erhitzen, damit der Joghurt nicht ausflockt. Zum Schluss den Reis unterrühren. Dazu passt grüner Salat.

Reisring

3 große, feste Salatgurken
2–3 EL Butter
6 EL Milch oder Sahne
150 g Käse (z.B. Gouda)
2 EL Vollweizenmehl
Kräutersalz
schwarzer Pfeffer
250 g Naturreis
1 große Zwiebel
2 EL Butter
½ TL Basilikum
1 TL gemahlener Kreuzkümmel
3 feste, reife Tomaten, in Würfel geschnitten
1 gute Handvoll gehackte Petersilie

Reis in 750 ml Salzwasser kochen, Gurken schälen, der Länge nach vierteln, in Würfel schneiden. Fett zergehen lassen, Gurkenwürfel 7–10 Minuten darin andünsten. Milch oder Sahne hinzufügen, vorsichtig erhitzen. Käse reiben, mit Mehl vermischen und langsam in die Milch-Gurken-Mischung einrühren. Mit Salz und Pfeffer würzen und unter ständigem Rühren auf kleiner Flamme kurz köcheln lassen.
Die klein geschnittene Zwiebel in 2 EL Butter andünsten, Basilikum und Kreuzkümmel dazugeben. Den fertig gegarten Reis abtropfen lassen und zu den Zwiebeln geben. Die Tomaten würfelig schneiden, einrühren und erhitzen. Petersilie, Salz und Pfeffer nach Geschmack hinzufügen. Gurken auf eine große Platte häufen und mit dem Reis umgeben. Sofort servieren.

Curryreis mit Pilzen

1 Tasse Naturreis
3 Tassen Gemüsebrühe
Curry nach Geschmack
1 EL Butter oder Öl
1 gehackte Zwiebel
ca. 250 g Pilze
½ Bund Petersilie
Salz

Reis in Brühe gar kochen (s. Grundrezept). Währenddessen Zwiebel und Pilze in Butter oder Öl mit Currypulver weich dünsten. Mit dem fertigen Reis vermengen und abschmecken. Reis auf eine Platte häufen, mit gehackter Petersilie bestreuen.
Ergibt 2 Portionen.

Gebackener Reis mit Lauch

200 g Naturreis
2 Stangen Lauch
2 EL Öl
1 Msp. Knoblauch
1 Msp. Muskat
Salz
100 g geriebener Käse
1 EL Butter
gehackte Petersilie

Reis nach Grundrezept zubereiten. Den Lauch putzen, waschen, in Ringe schneiden und in heißem Öl und etwas Wasser andünsten.

Den abgekühlten Reis mit dem Lauch und dem Käse vermischen, Gewürze zugeben und abschmecken. In eine gefettete, feuerfeste Form füllen, Butterflöckchen aufsetzen und bei 180 Grad ca. 30 Minuten überbacken. Evtl. nach 20 Minuten abdecken, damit der Reis nicht austrocknet. Mit gehackter Petersilie bestreuen.

Gebratener Reis, nach indischer Art

300 g Basmati-Reis
600 ml Wasser
3 EL Öl
1 Frühlingszwiebel
300 g frischer Spinat
Salz
½ TL Pfeffer
½ TL Muskat, gerieben

Reis in einem Topf anwärmen, Wasser mit 1 TL Salz zugießen, aufkochen und bei schwacher Hitze ausquellen lassen. Den Spinat waschen, putzen und in schmale Streifen schneiden. Die Zwiebel putzen, waschen und in dünne Ringe schneiden. Öl in einem Topf erhitzen, Zwiebel darin anbraten, Spinatstreifen dazugeben und zusammen ca. 2 Minuten dünsten. Den fertig gegarten Reis untermischen und mit Salz, Pfeffer und Muskat abschmecken.

Serbisches Reisgulasch

2 Tassen Naturreis
5 Tassen Wasser oder Gemüsebrühe
200 g Seitan oder Tofu
1 EL Margarine oder Öl
1 EL Tomatenmark (nach Geschmack mehr)
½ TL Basilikum oder Oregano
½ TL Rosenpaprika
½ TL Chilipulver
frisch gemahlener Pfeffer zum Bestreuen

Den gewaschenen Reis im Salzwasser oder in Gemüsebrühe gar kochen (s. Grundrezept). Seitan bzw. Tofu würfelig schneiden. Tofu-Würfel evtl. kurz in Sojasoße marinieren. Den (abgetropften) Tofu in einer heißen Pfanne ohne Fett knusprig braten und beiseite stellen. Wenn der Reis gar ist, Margarine oder Öl in einer Pfanne erhitzen, den Reis und die Seitan- bzw. Tofu-Würfel dazugeben. Alles gut vermengen und nach Geschmack würzen. Dazu grünen Salat reichen. (Ergibt 4 Portionen)

Tipp: Sollte das Gericht zu scharf geraten, Joghurt dazu reichen. Er nimmt die Schärfe besser als Getränke.

Reisgulasch mit Gemüse

Zutaten wie für „Serbisches Reisgulasch", außerdem:

2 Zwiebeln
2 grüne, 2 rote Paprikaschoten (ca. 500 g)
1 Dose Champignons (250 g)

Die Zwiebeln klein schneiden, den Paprika putzen und in dünne Streifen schneiden. Die Margarine zerlassen und die Zwiebeln darin andünsten, die Paprikastreifen dazugeben und zuletzt die Champignons mitdünsten. Reis und Seitan- bzw. Tofu-Würfel in das fertig gegarte Gemüse geben. Alles gut vermengen und nach Geschmack würzen. (Ergibt 5–6 Portionen)

Reispilaw

100 g Soja-Bratlingsmischung
250 g Naturreis
250 g Pilze (z. B. Champignons aus der Dose)
1 rote und 1 grüne Paprikaschote
1–2 große Tomaten (oder 1–2 EL Tomatenmark)
1 große Zwiebel
1 Knoblauchzehe
2–3 EL Öl
50 g Sultaninen (wahlweise)
50 g gehackte Mandeln
Curry
Paprikapulver
Salz
1–2 EL Hefeflocken
100–150 g Reibkäse (z. B. Gouda)

Reis nach Grundrezept in Salzwasser gar kochen. Paprika putzen und vierteln, in Streifen schneiden. Pilze ggf. putzen und in Stücke schneiden. Zwiebel und Knoblauch fein wiegen, in heißem Öl andünsten. Paprika und Pilze dazugeben, mit Gewürzen und Salz nach Geschmack würzen und ca. 10 Minuten dünsten. Die in Stücke geschnittenen Tomaten hineingeben und fertig dünsten. Während das Gemüse gart, Soja-Bratlingsmischung gemäß Packungsaufschrift in Wasser anrühren, quellen lassen, in einer Pfanne mit etwas Öl bröselig braten, die gewaschenen Sultaninen und Mandeln unterrühren. Mit dem Gemüse unter den Reis mischen und mit Hefeflocken abschmecken. Nach Wunsch mit Reibkäse bestreut anrichten.

Pikanter Reis mit Tomaten

2 Tassen Naturreis
4 EL geriebener Käse (z.B. Edamer)
1 EL geriebene Nüsse
1 EL Butter
etwas Zwiebelpulver
Salz
6–8 Tomaten
gehackte Petersilie

Den Reis nach Grundrezept gar kochen. Er soll „bissfest“ sein.
Den fertigen Reis mit dem Käse, den Nüssen, der Butter und dem Zwiebelpulver gut vermischen und nochmals bei kleiner Hitze ca. 1 Minute ziehen lassen, bis Butter und Käse geschmolzen sind. Mit Salz und Pfeffer abschmecken.
Den Reis in eine feuerfeste Form geben, glatt streichen und die halbierten Tomaten mit der Schnittfläche nach oben tief in den Reis hinein drücken. Auf die Schnittfläche nun die Petersilie streuen, etwas Salz darüber geben und bei ca. 175 Grad im Backofen backen, bis die Tomaten gar sind.
Dazu einen Frischsalat reichen.

Reisauflauf Nizza

250 g Naturreis
750 ml Gemüsebrühe
1 Knoblauchzehe
1 Zwiebel
2 EL Öl
250 g Zucchini
1 Aubergine
1 Dose geschälte Tomaten (850 ml)
250 g Seitan (ersatzweise Tofu)
Thymian
Rosmarin
schwarzer Pfeffer
Salz
4 EL geriebener Edamer

Die Gemüsebrühe aufkochen, den gewaschenen Reis hineingeben und 40–45 Minuten bei geringer Hitze quellen lassen.

Inzwischen Knoblauch und Zwiebel schälen, fein hacken und in Öl andünsten. Zucchini in Scheiben, Aubergine in Würfel schneiden und beides zu den Zwiebeln geben. Tomaten mit Saft, Thymian und Rosmarin unterrühren. Kräftig mit Salz und frisch gemahlenem Pfeffer würzen. 35 Minuten in der geschlossenen Pfanne schmoren lassen. Währenddessen Seitan würfelig schneiden. (Alternativ den Tofu abtropfen lassen, in einem Küchentuch ausdrücken, würfelig schneiden und in einer heißen Pfanne ohne Öl von allen Seiten goldbraun braten.) Seitan- bzw. Tofu-Würfel in das köchelnde Gemüse geben und die letzten 15–20 Minuten mitkochen.

Den fertig gekochten Reis unter das Gemüse mischen, in eine Auflaufform füllen, mit Käse bestreuen und ca. 10 Minuten überbacken.

Fenchel-Risotto

500 g Fenchel
1 Zwiebel
2–3 EL Margarine
1 l Gemüsebrühe
300 g Naturreis
4 EL geriebener Parmesan
2 EL gehacktes frisches Fenchelgrün
1 EL Butter

Fenchelknollen waschen und die feine äußere Haut abziehen. Knollen in dünne Scheiben schneiden. Zwiebel schälen und klein würfeln. Die Margarine auf mittlerer Stufe in einem Topf erhitzen und die Zwiebel darin andünsten. Den gewaschenen und abgetropften Reis dazu geben und unter Rühren glasig werden lassen. Mit der heißen Gemüsebrühe auffüllen. Die Fenchelscheiben darauf legen. Das Ganze kurz aufkochen lassen und dann auf kleiner Stufe 40 Minuten leise köcheln lassen, bis der Reis die Flüssigkeit aufgenommen hat. Zwischendurch einmal umrühren.

Den Parmesan und die Butter untermischen, 2–3 Minuten durchziehen lassen. Mit dem Fenchelgrün bestreuen.

Mexikanischer Reistopf

2 Tassen Vollreis
5 Tassen Wasser
150 g Maiskörner
1 Zwiebel
1 Knoblauchzehe
2 Tomaten
Öl
Salz
Chilipulver
Pfeffer
Majoran
Sojasoße nach Geschmack

Die Zwiebel klein schneiden und in einem Topf mit heißem Öl goldgelb dünsten. Den gewaschenen Reis hinzugeben und kurz andünsten. Mit heißem Wasser angießen, Salz hinzufügen, aufkochen lassen und auf kleiner Flamme ausquellen lassen. Inzwischen die Tomaten häuten und würfelig schneiden. Nach 20 Minuten Gewürze und Tomaten zum köchelnden Reis geben und das Ganze weitere 20–25 Minuten garen lassen. Die abgetropften Maiskörner unterrühren und warm werden lassen. Vor dem Servieren abschmecken.

Vegetarische Paella

2 große Auberginen
250 g Naturreis
2 große Zwiebeln
1 Knoblauchzehe
4 EL Oliven- oder Sonnenblumenöl
2 Lorbeerblätter
1 roter Paprika
250 g Pilze nach Wahl
Zitronensaft
4–6 Tomaten
125–175 g geröstete Mandelblättchen
Salz
Pfeffer
Paprika

Auberginen würfeln, mit Salz bestreuen und 1/2 Stunde stehen lassen. Inzwischen den Reis in reichlich kochendem Wasser mit Salz weich kochen, dann abgießen. (Brühe auffangen und für Suppen verwenden.)

Inzwischen den Paprika entkernen und in Streifen schneiden. Die Pilze putzen und in Scheiben oder Stücke schneiden. Die Tomaten häuten und vierteln.

Zwiebeln und Knoblauch zerkleinern; mit den Lorbeerblättern auf kleiner Flamme in Öl andünsten. Paprika zugeben und 7–8 Minuten mitdünsten. Auberginen-Flüssigkeit abgießen. Auberginen zusammen mit den Pilzen zu den Zwiebeln geben und 8–10 Minuten lang garen. Reis hinzufügen und mit einer Gabel vorsichtig untermischen, damit das Gemüse nicht zerdrückt wird.

Mit Gewürzen und Zitronensaft abschmecken. Kurz vor dem Servieren die Tomatenviertel dazugeben und warm werden lassen. Mit gerösteten Mandelblättchen bestreuen.

Ergibt 6–8 Portionen.

Reisgericht auf chinesische Art

1 große Zwiebel
1 grüne Paprikaschote
1 Knoblauchzehe (wahlweise)
frischer Ingwer, ca. 2 cm lang, feingehackt (ersatzweise ½–1 TL Ingwerpulver)
¼ frische Ananas oder 250 g Ananasstücke aus der Dose
250 g Pilze (z.B. Champignons aus der Dose)
1 Dose Bambussprossen
1 Dose Sojabohnensprossen
2 EL Öl
350 g gekochter Naturreis (aus ca. 125 g ungekochtem Naturreis)
1–2 EL Sojasoße (evtl. mehr)
Kräutersalz
Pfeffer
100–150 g abgezogene, halbierte Mandeln (wahlweise)

Zwiebel und Paprika in Stücke schneiden, Knoblauchzehe fein hacken oder durch die Knoblauchpresse drücken, ggf. Ananas und die geputzten Pilze in Stücke schneiden. Soja- und Bambussprossen in ein Sieb gießen und abtropfen lassen.
Öl erhitzen, Ingwer kurz darin anbraten, Obst und Gemüse hineingeben. Bei großer Hitze unter ständigem Rühren 3 Minuten lang andünsten. Reis, Sojasoße, Salz und Pfeffer dazugeben. Wenn der Reis ganz heiß ist, Mandeln unterrühren und die Reismischung auf eine Servierplatte häufen. Nach Geschmack die Süß-saure Soße (siehe Kapitel Soßen) dazu reichen.

Würziges Risotto mit Sonnenblumenkernen

300 g Naturreis
3 Zwiebeln
2 Knoblauchzehen
20 g Margarine oder Öl
1 l Gemüsebrühe
2 grüne Paprikaschoten
400 g Möhren
4 große Tomaten
100 g Sonnenblumenkerne
Salz
weißer Pfeffer
1 Bund Petersilie

Reis gründlich waschen und abtropfen lassen. Zwiebeln und Knoblauch schälen und fein würfeln. Fett in einem großen Topf erhitzen. Zwiebeln und Knoblauch darin andünsten. Reis zufügen und kurz darin bräunen. Anschließend mit Brühe ablöschen und im geschlossenen Topf ca. 20 Minuten kochen. Inzwischen Paprikaschoten putzen, waschen und in Streifen schneiden. Die Möhren schälen und in Scheiben schneiden. Nach ca. 20 Minuten Paprika und Möhren zum Reis geben und weitere 20–25 Minuten mitkochen lassen. Tomaten kreuzweise einschneiden, mit kochendem Wasser überbrühen, schälen und halbieren, den Stielansatz herausschneiden, entkernen, achteln. Sonnenblumenkerne in einer trockenen Pfanne goldbraun rösten. Die Tomaten und die Sonnenblumenkerne unter den gar gekochten Reis mischen, mit Salz und Pfeffer abschmecken. Petersilie waschen, fein hacken und zum Schluss über den Risotto streuen.
Ergibt 6 Portionen.

Bunter Wildreis

100 g Wildreis
100 g Naturreis
1 EL Öl
ca. 500 ml Gemüsebrühe
100 g Möhren
150 g Zucchini
3 Frühlingszwiebeln
2 Knoblauchzehen
1 EL Butter oder 2 EL Öl
200 g Sahne oder Sojasahne
Pfeffer aus der Mühle
Dill
Petersilie

Öl leicht erwärmen, Gemüsebrühe zugeben, aufkochen, Wildreis einstreuen und 15 Minuten kochen lassen. Dann den Naturreis zufügen und mit dem Wildreis bei kleiner Hitze im geschlossenen Topf nach Grundrezept fertig garen.

Möhren schälen, Zucchini waschen und beides in Würfel schneiden. Frühlingszwiebeln gut waschen und in feine Scheiben schneiden. Knoblauch sehr fein hacken. Butter zerlaufen lassen, Zwiebeln und Knoblauch darin goldgelb dünsten. Das Gemüse zugeben und ca. 10 Minuten mitdünsten. Sahne darüber gießen und bei kleiner Hitze nochmals 10 Minuten schmoren. Mit frisch gemahlenem Pfeffer und Salz abschmecken.

Den fertigen Reis mit dem Gemüse vermischen und mit den fein gehackten Kräutern bestreuen.

Getreide-
gerichte

GETREIDEARTEN

Getreidegerichte erfreuen sich immer größerer Beliebtheit, denn mit Vollkorngetreide kann man nicht nur backen, sondern auch kochen. Dazu steht eine breite Palette an Getreidearten verschiedenster Geschmacksrichtungen von lieblich-mild bis pikant-würzig bereit, die sich in erstaunlicher Vielfalt mit Sprossen, fast allen Obst- und Gemüsesorten und Hülsenfrüchten, mit Milchprodukten, Gewürzen und Kräutern in immer neuen farbigen Kombinationen verbinden lassen.

Amarant

Der in Südamerika heimische Amarant (auch Amaranth geschrieben) liefert kleine runde Körnchen mit einem außergewöhnlich hohen Proteingehalt von 16%. Hochwertige Fette, Kalzium, Magnesium, Eisen sowie Vitamine der B-Gruppe und Vitamin C empfehlen dieses Korn als Lebensmittel besonders für Kinder. Im Ernährungsalltag findet Amarant in allen Arten von Müslis, als Gemüsepfanne und Suppeneinlage, in Kuchen und Brot, aber auch in Süßigkeiten Verwendung. Angeboten wird er im Handel als ganzes Korn, gemahlen oder gepufft. Da Amarant glutenfrei ist, sollte er zum Backen im Verhältnis 1:2 mit Getreidemehl gemischt werden.

Buchweizen

Der Buchweizen, der als Knöterichgewächs genaugenommen nicht zum Getreide zählt, wurde zuerst in China, dann in Russland und Osteuropa angebaut. Buchweizen ist ein vorzüglicher Calcium- und Eisenlieferant und enthält 12% Protein mit einem ungewöhnlich hohen Anteil an Lysin, einer der essentiellen Aminosäuren, die selten in Getreide vorkommen. Er ist ein besonders wärmendes, stärkendes Getreide, hat einen charakteristischen nussigen Geschmack und ist zudem leicht verdaulich. Da er glutenfrei ist, eignet sich Buchweizen als Nahrungsmittel bei Glutenallergien (Zöliakie, Sprue). Er wird als ganzes Korn oder als Grütze (Kascha) gegessen oder als Mehl zu Pfannkuchen (Blinis) verarbeitet, und in Japan sind Buchweizennudeln (Soba) besonders beliebt.

Dinkel

Dinkel ist eine alte Kulturform des Weizens, deren Gehalt an Nährstoffen den des Weizens übertrifft. Da er jedoch nur in kleinen Mengen angebaut wird, ist Dinkel entsprechend teuer. Er wird meistens zum Backen verwendet, denn ersetzt man das Weizenmehl bis zu 50% durch Dinkelmehl, macht er jedes Weizengebäck lockerer und voluminöser. Dinkel bindet mehr Flüssigkeit als Weizen, deshalb muss auf ausreichend Flüssigkeit geachtet werden. Dinkel findet nicht nur in Gebäck Verwendung, sondern auch in Eintöpfen, Bratlingen und süßen Getreidegerichten.

Gerste

Die widerstandsfähige Gerste gedeiht in jedem Klima und genießt seit Urzeiten den Ruf einer nahrhaften Kraftspeise: Sie stärkt und ist zugleich leicht verdaulich – ideal für magen- und darmempfindliche Menschen. Ihre kühlende Wirkung hilft bei Fieber; bei Erkältungen und Grippe schwören die Engländer auf Gerstensud (Barley-water). Neben 10% Protein, Vitamin E, B_1, B_2, B_6 und Pantothensäure enthält Gerste nennenswerte Mengen an Kalium und Kieselsäure, weshalb sie zur Unterstützung des Bindegewebes (z.B. bei Krampfadern) empfohlen wird. Neueste Studien belegen, dass Gerste den Cholesterinspiegel senkt. – Bei der Herstellung von Perlgraupen (Rollgerste) werden Kleie und Keim fast vollständig von den Gerstenkörnern entfernt, Graupen dagegen enthalten noch den Keim und etwas Schale. Gerste wird gerne in Suppen und Eintöpfen verwendet.

Grünkern

Grünkern wird aus Dinkel hergestellt, der bereits im Stadium der Milchreife geerntet wird. Anschließend wird das Getreide in der Trockenanlage gedarrt, dabei entwickelt sich sein charakteristisches Aroma. Grünkern ist im Gegensatz zum Dinkel nicht mehr keimfähig. Grünkern hat viel Protein zu bieten, Kalium, Phosphor und Eisen. Er wird wegen seines pikanten Eigengeschmacks gern in Kombination mit Gemüse zu Bratlingen verarbeitet.

Hafer

Der winterharte Hafer ist das Getreide mit dem höchsten Anteil an Protein und Fett, nur noch übertroffen von Amarant und Quinoa. Vollkornhafer liefert Vitamin A, B_1, B_2, B_3 und sehr viel Vitamin E, enthält u.a. auch das für die Funktion der Schilddrüse so wichtige Jod. Hafer wärmt bei kalten Temperaturen, belebt und stärkt. Er wird zum Backen und für süße und pikante Getreidegerichte verwendet. – Haferflocken entstehen aus dem gedämpften und gewalzten Haferkorn; Instant- oder Schmelzflocken sind vorgekochte und gefriergetrocknete Haferflocken; beide enthalten aber die Nährstoffe des ganzen Korns.

Hirse

Die leichtverdauliche und in der Zubereitung äußerst vielseitige Hirse wird seit prähistorischen Zeiten geschätzt. Hirse wurde noch vor dem Reis im alten Indien, China und Ägypten angebaut. Sie ist auch bekannt als Grundnahrungsmittel der langlebigen Hunzas im Himalaja. Das kleine, runde Korn liefert alle 10 essentiellen Aminosäuren (Protein-Bausteine), alle wichtigen B-Vitamine, sowie A, C und E. Hirse zeichnet sich durch einen außergewöhnlichen Gehalt an Kieselsäure aus, die für die Kräftigung von Haut, Haaren, Zähnen und Nägeln wichtig ist. Mit 50 g Hirse ist der Tagesbedarf an Eisen gedeckt. Hirse wird für Aufläufe, süße und pikante Getreidegerichte, Eintöpfe und zum Füllen von Gemüse verwendet.

Mais

Der in Südamerika heimische Mais wird seinen Inhaltsstoffen nach sehr unterschiedlich eingeordnet. Das liegt an den zahlreichen Sorten und Anbauregionen. Mais enthält „nur" 9,5% Protein und ist arm an Vitaminen der B-Gruppe, enthält aber viel Kalium, Magnesium, Eisen, Phosphor, Zink und Kieselsäure. Gemahlener wie auch geschroteter Mais findet schon seit langer Zeit in der europäischen Küche, vor allem in Italien, als „Polenta" Verwendung und erfreut sich heute erneuter Beliebtheit beim Backen. Da sein Eiweiß frei von Gluten ist, findet er in der Diätküche viele Einsatzmöglichkeiten.

Quinoa

Das „Goldkorn" Quinoa dient den Bewohnern der südamerikanischen Anden seit 6000 Jahren als Grundnahrungsmittel und gilt heute als das vollständigste Nahrungsmittel, das uns die Pflanzenwelt zur Verfügung stellt. Der Proteingehalt von Quinoa übertrifft mit 16% und sämtlichen essenziellen Aminosäuren andere Getreidearten beträchtlich. Außerdem ist es reich an Kalzium, Magnesium, Zink und Eisen. Die bitter schmeckenden Saponine werden durch mehrmaliges Waschen mit heißem Wasser entfernt. Wegen des geringen Gluten-Anteils kann Quinoa problemlos von Getreideallergikern verzehrt werden. Quinoa eignet sich als Beilage und Suppeneinlage, aber u.a. auch für Aufläufe, Bratlinge und Süßspeisen.

Roggen

Der Roggen wächst auf anspruchslosem Boden bis in die kältesten Regionen der Erde und ist neben dem Weizen die wichtigste Brotgetreidefrucht. Er enthält 12% Protein, Vitamine der B-Gruppe und sehr viel Kalium, Kieselsäure, Kalzium, Phosphor und Eisen. Roggen ist etwas schwerer verdaulich als Weizen, kann aber durch entsprechende Zubereitung bekömmlicher gemacht werden. Mit Kräutern pikant gewürzt ist er eine vollwertige Beilage zu jeder Art von Gemüse.

Weizen

Weizen ist derzeit die am häufigsten angebaute Getreideart und wird vor allem zum Backen, Keimen, für Suppen, Eintöpfe und Salate verwendet. Das naturbelassene Weizenkorn enthält ca. 12% Protein, viel Vitamin E, Vitamine der B-Gruppe (B_2, B_3, B_5) und Mineralstoffe, darunter Kalzium, Eisen, Phosphor, Magnesium und Zink. Auszugsweizenmehl enthält nach dem Ausmahlen weniger als 20% des natürlichen Vitamin- und Mineralstoffgehalts. Zur Herstellung von *Bulgur* werden die ungeschälten Weizenkörner vorgekocht, getrocknet und geschrotet, wodurch der Nährwert des vollen Korns erhalten bleibt. Zur Herstellung von *Couscous* hingegen wird nur der Mehlkörper (Endosperm) des geschälten Weizens gedämpft, getrocknet und geschrotet. Bulgur kann anstelle von Reis in Pilaw, Aufläufen, Gemüsepfannen und Füllungen verwendet werden.

KOCHKURS FÜR GETREIDE

1. Verlesen und Waschen

Grundsätzlich Getreide (außer Schrot und Grieß) vor dem Einweichen und Kochen auf Steinchen und andere Verunreinigungen prüfen; dazu die Körner auf ein Tablett oder einen großen Teller geben. Anschließend die Körner gründlich, am besten mehrmals in stehendem Wasser (in einer Schüssel, nicht im Sieb) waschen, damit Schmutzteile und leere Hülsen nach oben steigen und entfernt werden können. Im Sieb abtropfen lassen.

2. Einweichen

Getreidekörner werden zum Aufschließen und damit zur besseren Verdaulichkeit mehrere Stunden vor dem Garen eingeweicht. Je nach Größe dauert das Einweichen 4–10 Stunden. Getreideschrot für Frischkornbrei sollte ebenfalls über Nacht eingeweicht werden; dadurch wird der Gehalt an Phytin, das mit Proteinen, Vitaminen und Mineralstoffen schwerlösliche Verbindungen eingeht und so die Verdauung erschweren kann, um etwa die Hälfte reduziert. Beim Keimen von Getreide (Sprossen) wird das Phytin vollständig abgebaut. – Ausgenommen vom Einweichen sind: Amarant, Buchweizen, Hirse, Reis, Quinoa und Maisgrieß.

3. Kochen

Das Getreide wird im Einweichwasser mit Salz oder gekörnter Gemüsebrühe bei mittlerer Hitze aufgekocht und soll je nach Getreideart bei geringer Wärmezufuhr 1–3 Stunden ausquellen. Es empfiehlt sich, das Getreide nach etwa der Hälfte der Garzeit öfter umzurühren, damit es nicht am Topfboden ansetzt. Bei Zubereitung im Dampfdrucktopf benötigt ganzes Getreide in der Regel nur ca. 20 Minuten, Buchweizen nur ca. 5 Minuten Kochzeit. Allerdings erhält das Gericht auf diese Weise keine breiartige Konsistenz.

4. Würzen

Das Getreide erst nach dem Kochen bzw. Ausquellen würzen, z. B. mit Kräutersalz oder Hefeextrakt. Folgende Gewürze und Kräuter eignen sich besonders für Getreidegerichte: Koriander (gemahlen), Kümmel (gemahlen), Curry, Muskat, Dill, Majoran, Thymian, Basilikum, Oregano.

5. Verfeinern mit Käse

Alle Getreidearten schmecken sehr gut, wenn man sie mit geriebenem Käse vermischt oder bestreut. Dabei gibt jede Käsesorte dem Gericht eine andere Geschmacksnote – es lohnt sich, verschiedene Sorten auszuprobieren. Nach Wunsch kann gekochtes Gemüse (auch Reste oder Konserven) untergemischt oder frisches Gemüse mitgekocht werden. Wenn man diese Getreide-Gemüse-Mischung mit Käse bestreut (evtl. auch mit etwas Sahne übergießt) und in einer gefetteten feuerfesten Form im Ofen 15–30 Minuten überbäckt, erhält man einen Getreideauflauf.

6. Servieren mit Soße

Auch mit Soße und Gemüse als Beilage kann man Getreide servieren. Folgende Soßen passen besonders gut dazu: Pilzsoße, Tomatensoße, Currysoße und Käsesoße.

7. Getreideschrot

Statt der ganzen Körner kann auch Getreideschrot oder –grütze verwendet werden. Das verkürzt die Garzeiten beträchtlich. Die Anschaffung einer Getreidemühle, mit der man das Getreide immer frisch und in der gewünschten Feinheit schroten oder auch mahlen kann, ist praktisch und lohnenswert. Ansonsten kann man das Getreide im Naturkostladen oder Reformhaus kaufen und dort frisch schroten lassen.

8. Süße Varianten

Grundsätzlich kann jeder Getreidebrei auch süß mit Milch zubereitet werden. Am besten süßt man mit Honig, Zuckerrübensirup, Ahornsirup oder Birnendicksaft, den man aber nicht mitkocht, sondern erst vor dem Servieren dazugibt. Weiter verfeinern lässt sich der Brei mit Nüssen, getrockneten oder frischen Früchten, Kokosflocken, Sonnenblumenkernen, Sesam usw. Ein solcher Brei zum Frühstück sättigt gut und anhaltend.

GRUNDREZEPTE

Amarant

Die Amarant-Körner in einer Schüssel mehrmals mit heißem Wasser gründlich waschen. Auf 1 Tasse Amarant nimmt man 2 ½ Tassen Wasser. Das Wasser zum Kochen bringen, 1 Prise Salz dazu geben. Amarant hineinrühren und 1–2 TL Pflanzenöl dazugeben. Aufkochen und zugedeckt ca. 20 Minuten bei schwacher Hitze unter gelegentlichem Rühren köcheln lassen. Auf ausgeschalteter, lauwarmer Herdplatte 30 Minuten nachquellen lassen.

Buchweizen

Den Buchweizen gründlich mit heißem Wasser waschen. Auf 1 Tasse Buchweizenkörner 1 ½ bis 2 Tassen Wasser nehmen. Das Wasser mit 1 Prise Salz zum Kochen bringen, den ganzen Buchweizen hinzugeben und ca. 30 Minuten auf kleiner Flamme gar kochen. Häufig umrühren!

Buchweizenschrot: Auf 1 Tasse Buchweizenschrot 2 ½ Tassen Flüssigkeit nehmen. Den Schrot in heißem Öl kurz anrösten. Mit heißer Gemüsebrühe oder heißem Wasser aufgießen und kurz aufkochen lassen. Eventuell etwas Salz dazugeben und bei schwacher Hitze ca. 25–30 Minuten ausquellen lassen.

Dinkel

Die ganzen Körner waschen. Auf 1 Tasse Dinkel 2 Tassen Wasser nehmen und den Dinkel 2–3 Stunden einweichen. Dinkel im Einweichwasser zum Kochen bringen und bei schwacher Hitze ca. 50 Minuten köcheln lassen. Salz und Gewürze zufügen und auf ausgeschalteter Platte 30 Minuten nachquellen lassen.

Dinkelschrot: Auf 1 Tasse Dinkelschrot 2 Tassen Wasser nehmen. Den Schrot in die kochende Flüssigkeit einrühren, Salz und Gewürze dazugeben und bei schwacher Hitze ca. 30 Minuten ausquellen lassen.

Gerste

Die Gerste gründlich waschen. Auf 1 Tasse Gerste 2–2 ½ Tassen Wasser nehmen und die Gerste 5–10 Stunden einweichen. Gerste im Einweichwasser aufkochen und auf kleinster Stufe ca. 60 Minuten köcheln lassen. Mit Salz, Pfeffer, Koriander und Kräutern nach Geschmack würzen und 1–2 Stunden nachquellen lassen.

Graupen: Auf 1 Tasse Graupen 3 Tassen Wasser nehmen. Graupen im kalten Wasser mit 1 Gemüsebrühewürfel und evtl. etwas getrocknetem Suppengemüse ansetzen. Aufkochen lassen und auf kleiner Flamme ca. 45–60 Minuten kochen lassen. (Im Schnellkochtopf brauchen die Graupen nur 20 Minuten.)

Gerstenschrot: 2 Tassen Gerstenschrot (Grütze) in etwas Öl leicht erwärmen, 4 Tassen warmes Wasser zugeben und unter gelegentlichem Rühren langsam kochen, bis die Flüssigkeit fast aufgesogen ist. Dann erst Salz und Gewürze zugeben und noch 30–60 Minuten nachquellen lassen.

Grünkern

Die Grünkernkörner gründlich waschen. Auf 1 Tasse Grünkern 2–2 ½ Tassen Wasser nehmen und die Körner 2–3 Stunden oder besser über Nacht einweichen. Grünkern im Einweichwasser aufkochen und 50–60 Minuten kochen. 1 ½ Stunden nachquellen lassen.
Grünkernschrot: Auf 1 Tasse Grünkernschrot 2 Tassen Wasser nehmen. 10–15 Minuten kochen, 30 Minuten nachquellen lassen.

Hafer

Die Haferkörner gründlich waschen. Auf 1 Tasse Hafer 2 Tassen Wasser nehmen und den Hafer 3–5 Stunden einweichen. Im Einweichwasser aufkochen und 50–60 Minuten auf kleinster Stufe köcheln lassen. 30–60 Minuten auf ausgeschalteter Platte nachquellen lassen.

Haferschrot (Grütze): 1 Tasse Schrot in 2 Tassen kochende Flüssigkeit einlaufen lassen, würzen, ca. 15 Minuten köcheln und 15–20 Minuten nachquellen lassen.

Hirse

Die Hirse heiß waschen. Auf 1 Tasse Hirse 2 ½ Tassen Wasser nehmen. Das Wasser mit 1 Prise Salz aufkochen, die Hirse hineingeben und 15 Minuten auf kleinster Stufe köcheln lassen. 30 Minuten nachquellen lassen.

Maisgrieß

Auf 1 Tasse Maisgrieß 3–4 Tassen Wasser nehmen (bzw. 250 g Maisgrieß auf 1 Liter Wasser). Das Wasser (oder halb Wasser, halb Milch) mit 1 Prise Salz zum Kochen bringen, Maisgrieß einrühren und ca. 10 Minuten unter gelegentlichem Rühren leicht kochen lassen. Nachquellzeit ca. 20 Minuten.

Quinoa

Die Quinoa-Körner in einer Schüssel mehrmals mit heißem Wasser gründlich waschen und in einem engmaschigen Sieb abtropfen lassen. Auf 1 Tasse Quinoa

2 Tassen Wasser oder Gemüsebrühe nehmen. Quinoa in einem heißen Topf ohne Fett anrösten, mit kochender Gemüsebrühe aufgießen. Abdecken und bei schwacher Hitze 20 Minuten kochen lassen.

Roggen

Den Roggen gründlich waschen. Auf 1 Tasse Roggenkörner 3 Tassen Wasser nehmen und den Roggen 5–10 Stunden einweichen. Roggen im Einweichwasser aufkochen und bei schwacher Hitze 1 ½ bis 2 Stunden kochen. Salz und Gewürze zufügen und auf warmer Herdplatte noch gut 2 Stunden nachquellen lassen.
Roggenschrot: 1 Tasse Roggengrütze in einem Topf mit etwas Öl leicht erwärmen, dann 2 Tassen Wasser zugeben und 15–20 Minuten kochen. Dann erst würzen und ca. 60 Minuten nachquellen lassen.

Weizen

Die ganzen Körner gründlich waschen. Auf 1 Tasse Weizenkörner 2 ½–3 Tassen Wasser nehmen und darin über Nacht bzw. ca. 10 Stunden einweichen. Weizenkörner im Einweichwasser zum Kochen bringen (evtl. etwas Wasser zugeben) und kräftig umrühren. Alles auf kleiner Flamme bei geschlossenem Topf ca. 60 Minuten köcheln. Mit Salz, Pfeffer und Kräutern nach Geschmack würzen und auf warmer Herdplatte 30 Minuten nachquellen lassen, bis die Körner weich sind, aber noch „Biss" haben.
Weizenschrot: 200 g Weizenschrot in 1 l kochende Flüssigkeit (Gemüsebrühe oder Milch) einrühren. 1 Prise Salz dazugeben und bei schwacher Hitze mindestens 20 Minuten ausquellen lassen.
Bulgur: Auf 1 Tasse Bulgur 2 Tassen kochendes Wasser nehmen. Das kochende Wasser darübergießen, eine Prise Salz dazugeben, kurz umrühren, abdecken und 30 Minuten stehen lassen.
Couscous: Auf 1 Tasse (100 g) Couscous 1 Tasse (150–170 ml) Wasser nehmen. Das Wasser mit Salz aufkochen und über den Couscous gießen, zugedeckt 5–10 Minuten quellen lassen, vor dem Servieren mit einer Gabel auflockern.

Amarant-Puffer

1 Tasse Amarant
2½ Tassen Gemüsebrühe
2 mittelgroße Zwiebeln
2 EL Sonnenblumenöl
½ TL Kurkuma (Gelbwurz)
Salz
Pfeffer
150 g Weizenvollkornmehl
2 EL Speisestärke
½ TL Backpulver
200 (–250) ml Milch
1 Prise Salz
Öl zum Backen

Amarant in heißem Wasser gründlich waschen und durch ein feines Sieb abtropfen lassen. Gemüsebrühe zum Kochen bringen, Amarant hineingeben, umrühren und aufkochen lassen. 30 Minuten bei geringer Wärmezufuhr kochen, dabei gelegentlich umrühren. Weitere 30 Minuten auf ausgeschalteter Platte quellen und dann abkühlen lassen.

Die Zwiebeln fein schneiden. 2 Esslöffel Öl erhitzen, Kurkuma zugeben und unter Rühren kurz anbraten, die Zwiebeln dazugeben und goldbraun dünsten. Zwiebeln zum Amarant geben und gleichmäßig unterrühren. Mit Salz und Pfeffer würzen.

Aus Mehl, Speisestärke, Backpulver, 1 Prise Salz und Milch einen dickflüssigen Pfannkuchenteig rühren und zum Amarant geben. Gut mischen. Falls die Masse zu fest ist, etwas Milch zugeben.

Öl in der Pfanne erhitzen, mit einer kleinen Schöpfkelle den Teig in die Pfanne geben und Puffer von beiden Seiten goldbraun backen. Mit Apfelmus servieren.

Varianten:

1. Statt gebratener Zwiebeln ½ Bund gehackter Petersilie zum Amarant geben.
2. **Süße Puffer:** Amarant in leicht gesalzenem Wasser statt in Gemüsebrühe kochen, mit 1 Messerspitze gemahlener Vanille würzen und statt Speisestärke 2 EL Vanillepuddingpulver nehmen. Statt Zwiebeln kleingeschnittene Trockenaprikosen in die Masse geben. Mit frischen Heidelbeeren oder Heidelbeerkompott servieren.

Mediterrane Amarant-Gemüse-Schüssel

300 g Amarant
750 ml Gemüsebrühe
1 Aubergine
500 g Tomaten
500 g Zucchini
1 Paprikaschote
1 Zwiebel
2 Knoblauchzehen
4 EL Öl
200 g Crème fraîche oder saure Sahne
Salz, Pfeffer
Kräuter de Provence
3–4 Stiele Basilikum

Amarant in Gemüsebrühe aufkochen, etwa 20 Minuten garen und auf lauwarmer Herdplatte zugedeckt 30 Minuten ausquellen lassen. Gemüse putzen und waschen, Tomaten überbrühen und Haut abziehen, alles in grobe Würfel schneiden. Zwiebel und Knoblauch fein hacken. Öl erhitzen, Zwiebel und Knoblauch darin andünsten, das Gemüse – außer den Tomaten – zugeben, würzen und kräftig anbraten. Den fertig gequollenen Amarant zugeben, ebenso die Tomaten und alles zusammen bei mittlerer Hitze ca. 5 Minuten schmoren. Evtl. etwas Gemüsebrühe zugeben und mehrmals umrühren. Zuletzt Crème fraîche bzw. saure Sahne unterziehen, nochmals abschmecken, in eine vorgewärmte Schüssel geben und mit fein gehacktem Basilikum bestreuen.

Russische Kascha

250 g ganzer Buchweizen
1 große Zwiebel
2 EL Öl
gut 500 ml Gemüsebrühe
1 TL Thymian
20 g Butter

Die Zwiebel schälen, in kleine Würfel schneiden und in Öl andünsten. Den ganzen Buchweizen dazugeben und so lange rösten, bis er knusprig ist. Dann die Brühe zugießen, würzen und etwa 10 Minuten langsam kochen lassen. Die Masse in eine gefettete Auflaufform füllen. Butterflöckchen aufsetzen und bei mittlerer Hitze ca. 25 Minuten überbacken, bis die gesamte Flüssigkeit aufgenommen wurde.
Dazu gedünstetes Gemüse (Rote Bete), Tomatensalat oder Joghurt bzw. saure Sahne reichen.

Buchweizen-Risotto

500 g ganzer Buchweizen
1 l Wasser
1 Zwiebel
3 EL Sonnenblumenöl
200 g Karotten
100 g Erbsen
Muskat
etwas Petersilie
Salz

Die fein gehackte Zwiebel und dann den Buchweizen im Öl anrösten. 1 l kochendes Wasser hinzugießen, die würfelig geschnittenen Karotten und Erbsen und Salz dazugeben. Aufkochen und im geschlossenen Topf auf niedriger Stufe 30 Minuten gar kochen. Mit Muskat und gehackter Petersilie abschmecken. Mit Tomatensoße oder Pilzen servieren.
Ergibt 5–6 Portionen.

Buchweizen-Lauch-Auflauf

200 g ganzer Buchweizen
3 Stangen Lauch (ca. 400 g)
1 Zwiebel
2 mittelgroße Karotten
3 EL Öl
500 ml warme Gemüsebrühe
Salz
Currypulver
1 Lorbeerblatt
½ Tasse Maiskörner
200 g Sahne
½ Bund Petersilie
200 g geriebener Käse

Die Zwiebel und die Karotten klein würfeln und in heißem Öl andünsten. Den gewaschenen Buchweizen, die Gemüsebrühe, etwas Salz, Curry und das Lorbeerblatt zugeben und auf kleiner Flamme ca. 25 Minuten köcheln lassen.
Inzwischen den Lauch putzen, waschen, in Ringe schneiden und in wenig Salzwasser ca. 15 Minuten kochen. Lauch und Maiskörner mit dem gekochten Buchweizen vermengen und in eine flache, gefettete Auflaufform geben. Die Sahne mit der fein gehackten Petersilie vermischen und über der Buchweizen-Masse verteilen. Mit geriebenem Käse bestreuen und im vorgeheizten Ofen bei 200 Grad etwa 20 Minuten überbacken.

Goldenes Bulgur-Pilaw

2 Tassen Bulgur
4 Tassen Gemüsebrühe
2 Zwiebeln
4 mittelgroße Möhren
2 gelbe Paprikaschoten
1 rote Paprikaschote
Salz, Pfeffer
Liebstöckel
Schnittlauch
Öl

In einem gut schließenden Topf Bulgur mit kochender Gemüsebrühe übergießen, Deckel aufsetzen, mindestens 30 Minuten stehen lassen. Möhren putzen, waschen, schälen und in feine Stifte schneiden. Paprika waschen, putzen, entkernen und in kleine Stücke schneiden. Zwiebeln schälen und fein hacken. Öl in einer großen Pfanne erhitzen, Zwiebeln darin goldgelb dünsten, Möhren dazugeben und unter gelegentlichem Rühren anbraten. Paprika nach 7–8 Minuten zufügen und alles zusammen bei mäßiger Hitze und geschlossenem Deckel garen. Gelegentlich umrühren, evtl. etwas heiße Gemüsebrühe zugießen. Das fertige Gemüse mit Salz und Pfeffer abschmecken, den gequollenen Bulgur untermischen. Mit viel frischem, fein geschnittenem Liebstöckel und Schnittlauch bestreuen.

Bunter Bulgur-Topf

200 g Bulgur
375 ml Gemüsebrühe
200 g Möhren
1 Stange Lauch
200 g Staudensellerie
1 Stück Blumenkohl oder Kohlrabi oder Brokkoli (es lassen sich gut Reste verwenden)
4 EL Olivenöl
Salz, Pfeffer
Majoran
1 EL Sojasoße
100 g Mandelsplitter

Gemüsebrühe aufkochen, Bulgur einstreuen und auf lauwarmer Kochplatte ca. 30 Minuten ausquellen lassen. Das Gemüse putzen, waschen und in kleine Stücke schneiden. Öl erhitzen, Mandelsplitter darin hell anrösten, Gemüse zugeben, kurz anbraten und in wenig Gemüsebrühe weich dünsten. Den gequollenen Bulgur unterrühren und mit Salz, Pfeffer, Majoran und Sojasoße würzen.

Bulgur-Füllung
(für Paprika, Auberginen, Zucchini etc.)

200 g Bulgur
375 ml Gemüsebrühe
1 Lauchzwiebel
1 Möhre
evtl. das Fruchtfleisch des zu füllenden Gemüses
2 EL Öl
Salz, Pfeffer
Liebstöckel, gehackt
Basilikum, gehackt
200 g Quark
100 g Frischkäse
evtl. 1 TL Sojasoße

Bulgur mit kochender Gemüsebrühe übergießen und zugedeckt mindestens 30 Minuten quellen lassen. Möhre putzen und fein würfeln. Die Lauchzwiebel putzen, in feine Ringe schneiden, im Öl andünsten, die gewürfelte Möhre dazugeben und weiterdünsten, gegebenenfalls das zerkleinerte Fruchtfleisch des zu füllenden Gemüses dazugeben, salzen, pfeffern und gar dünsten. Evtl. etwas Wasser oder heiße Gemüsebrühe zugießen. Quark, Frischkäse, Gewürze und Sojasoße vermischen, den gequollenen Bulgur und das Gemüse gut unterrühren. Die Füllung in das vorbereitete Gemüse, z. B. Paprikaschoten oder Auberginenhälften, füllen, mit Käse bestreuen und im vorgeheizten Ofen bei 200 Grad überbacken.

Dinkel-Tomaten-Pilz-Topf

200 g Dinkelgrütze
400 g Champignons
500 g Tomaten
2 EL Öl
500 ml Gemüsebrühe
1 Zwiebel
Salz
Pfeffer
Majoran
Basilikum
Petersilie

Die Champignons putzen und in Scheiben schneiden. Die Tomaten häuten und entkernen (kann entfallen). Die klein geschnittene Zwiebel in dem heißen Öl andünsten, den Dinkel dazu geben, ebenso die Tomaten, mit Gemüsebrühe auffüllen und ca. 15–20 Minuten auf kleiner Flamme köcheln lassen. Gelegentlich umrühren, damit nichts ansetzt. Die Champignons hineingeben, umrühren und das Ganze weitere 10 Minuten köcheln lassen. Zuletzt mit Kräutern und Salz würzen und etwas ausquellen lassen. Mit gehackter Petersilie bestreuen.
Ergibt 4 Portionen.

Gerstengemüsepfanne

250 g Gerstengraupen
1 l Gemüsebrühe
1 mittelgroße Zwiebel
1 roter Paprika
2 Stangen Lauch
200 g Champignons
1 EL Margarine oder Sonnenblumenöl
1 TL Hefewürze
150 g Crème fraîche
Kräuter der Provence
Salz, schwarzer Pfeffer

Gerstengraupen in der Gemüsebrühe aufkochen und in ca. 30 Minuten gar kochen. Bei Bedarf noch etwas Gemüsebrühe zugießen. Inzwischen Zwiebeln würfeln, Paprika in Stücke und Lauch in Ringe schneiden. Champignons putzen, waschen, halbieren. Fett erhitzen und Gemüse darin andünsten. Gerstengraupen mit Kochflüssigkeit und Hefewürze zugeben und alles weich dünsten. Mit Kräutern, Salz und Pfeffer abschmecken und mit Crème fraîche binden.

Grünkerngemüse

250 g Grünkernschrot
750 ml Gemüsebrühe
1 Zwiebel
2 große Möhren
1 Stange Lauch
etwas Margarine oder Öl
Salz
etwas Wasser
evtl. gehackte Petersilie zum Bestreuen

Den Grünkernschrot in der Gemüsebrühe etwa 10 Minuten leicht kochen und anschließend etwa 30 Minuten auf warmer Herdplatte ausquellen lassen. Die Möhren putzen, schälen und in Würfel schneiden. Den Lauch putzen, waschen und in dünne Ringe schneiden. Die Zwiebel klein schneiden und im Fett glasig dünsten, das vorbereitete Gemüse zugeben und mit etwas Wasser gar dünsten. Mit Salz würzen. Danach den Grünkern zufügen und evtl. mit gehackter Petersilie bestreuen.

Überbackener Grünkern-Gemüse-Auflauf

250 g Grünkernschrot
ca. 750 ml Gemüsebrühe
2 Zucchini
1 Möhre
1 Stück Sellerie
1 Zwiebel
3 EL Öl
1 TL Salz
150 g Quark
200 g Frischkäse
100 g saure Sahne
1 TL Paprika
1 TL Majoran
1/2 TL Pfeffer
1 EL Sojasoße
150 g Reibkäse
3–4 Tomaten

Grünkernschrot in der Gemüsebrühe aufkochen, ca. 30 Minuten köcheln lassen und danach 1–2 Stunden ausquellen lassen. Gemüse (außer Tomaten) putzen, waschen und klein schneiden. Die gehackte Zwiebel in Öl andünsten, Gemüse zugeben, 2–3 Minuten weiterdünsten, Salz und 3 EL Wasser zugeben und auf kleiner Flamme garen.
Quark, Frischkäse, Sahne und Gewürze gut verrühren, Grünkern dazugeben und alles mit dem gegarten Gemüse vermengen. Die Masse in eine gefettete Auflaufform füllen, mit Käse bestreuen und mit Tomatenscheiben belegen. Im vorgeheizten Ofen bei 180–200 Grad etwa 20 Minuten überbacken. Ein grüner Salat passt gut dazu.

Hafer-Gemüse-Topf

2 EL Margarine oder Öl
1 mittelgroße Zwiebel
100 g grober Haferschrot
1 l Gemüsebrühe
2 große Möhren
2 Stangen Lauch
1 Stück Sellerie
2 EL Tomatenmark
Salz
Thymian
schwarzer Pfeffer
Paprika
1 EL geriebener Käse
1 EL gehackte Petersilie

Die Zwiebel fein schneiden. Fett erhitzen, Zwiebelwürfel und Haferschrot darin anrösten, mit Gemüsebrühe aufgießen und ca. 10 Minuten unter gelegentlichem Rühren kochen lassen. Möhren und Sellerie schälen und würfelig schneiden, Lauch putzen und waschen, in Ringe schneiden, zu dem Haferschrot geben und ca. 30 Minuten garen. Mit Tomatenmark und mit den Gewürzen abschmecken, mit Käse und Petersilie bestreuen.

Gewürzte Hirse

1 ½ Tassen Hirse
4 Tassen Wasser
2 Zwiebeln
2 EL Öl
gehackte Kräuter
Majoran
Muskat
Salz

Das Wasser mit Salz aufkochen lassen und die gewaschene Hirse langsam einstreuen. Auf kleiner Flamme etwa 30–35 Minuten ausquellen lassen. Die gehackte Zwiebel in dem Öl goldgelb dünsten und mit den Kräutern und Gewürzen unter den Hirsebrei rühren. Dazu passt gedünstetes Gemüse, Meerrettichsoße oder Tomatensoße.

Varianten:

Hirse mit Käse: Ca. 150 g geriebenen Käse nach Geschmack unterziehen und mit etwas Paprikapulver bestreuen. Oder mit Curry würzen.

Gemüse-Hirse: Gekochtes Gemüse (Lauch, Möhren, Sellerie usw.) unterziehen und mit ca. 150 ml Sahne verfeinern.

Hirsepuffer: Aus dem pikant abgeschmeckten Hirsebrei Puffer formen, mit Semmelbröseln panieren und in Öl goldgelb backen. Dazu gedünstetes Gemüse oder einen grünen Salat reichen.

Hirseauflauf

1 EL Margarine oder Öl
1 gehackte Zwiebel
200 g Hirse
1 zerdrückte Knoblauchzehe
1 Lorbeerblatt
Muskat
500 ml heiße Gemüsebrühe
250 g gekochtes Gemüse nach Wahl (z.B. Erbsen, Möhren, Lauch, Rosenkohl, Sellerie, Rüben)
250 g Pilze (Dose)
Kräutersalz
Pfeffer
200 ml Sahne
75–100 g geriebener Käse

Fett zerlassen, Zwiebel darin dünsten, Gewürze 2 Minuten mitdünsten, dann die gewaschene Hirse dazugeben und 5 Minuten andünsten. Mit heißer Gemüsebrühe aufgießen, aufkochen lassen und zugedeckt auf kleinster Flamme in ca. 40 Minuten garen. Lorbeerblatt herausnehmen, das Gemüse untermischen. Mit Salz und Pfeffer abschmecken. Sahne unter die Gemüse-Hirse-Masse mengen und alles in eine gefettete Auflaufform füllen. Geriebenen Käse darüberstreuen. Bei 200 Grad ca. 15–20 Minuten im Backofen zu goldgelber Farbe überbacken.

Variante: Für einen Grünkern-Auflauf nehmen Sie statt Hirse 250 g Grünkernschrot.

Hirse-Pilz-Auflauf

750 ml Gemüsebrühe
2 mittelgroße Zwiebeln
250 g Hirse
400–500 g frische Champignons
20 g Margarine oder Öl
200 g saure Sahne
Muskat
Salz
Pfeffer
½–1 Bund Petersilie

Gemüsebrühe aufkochen lassen, eine halbierte geschälte Zwiebel und die gewaschene Hirse zugeben. Aufkochen lassen und zugedeckt auf kleinster Flamme in ca. 40 Minuten garen. Inzwischen die Champignons waschen, putzen und in Scheiben schneiden. Die zweite Zwiebel schälen, würfeln und in heißem Fett glasig dünsten. Die Champignons hinzufügen und ca. 10 Minuten bei gelegentlichem Umrühren dünsten. Mit der Hälfte der sauren Sahne, dem Muskat, Salz und Pfeffer abschmecken.
Die Petersilie fein hacken. Die Hirse, Champignons und Petersilie vermengen und die Masse in eine gefettete Auflaufform geben. Die restliche saure Sahne über die Masse verteilen. Bei 200 Grad ca. 15–20 Minuten überbacken.

Hirse-Auberginen-Auflauf

3 Auberginen
Öl zum Bestreichen
2 Zucchini
250 g Champignons
ca. 300 g gegarte Hirse
ca. 350 g Tomaten
2 EL Kapern
1 TL Curcuma
½ TL Pfeffer
1 Prise Muskatnuss
1 EL Basilikum, fein gehackt
3–4 EL Reibkäse
Salz

Gemüse putzen und waschen. Auberginen der Länge nach in Scheiben schneiden, mit etwas Öl bestreichen und auf einem Backblech im Ofen bei 170 Grad 15 Minuten backen. Zucchini in feine Scheiben schneiden und mit den Champignons in heißem Öl kurz anbraten. Danach mit der aufgelockerten Hirse vermischen, Kapern unterrühren und mit Salz, Pfeffer, Curcuma und Muskat kräftig abschmecken. Den Boden einer gefetteten Auflaufform mit den Auberginenscheiben belegen. Die Hirsemischung darüber verteilen. Tomaten in feine Scheiben schneiden, die Füllung damit bedecken, mit Salz und Pfeffer würzen. Mit Reibkäse und Basilikum bestreuen und im heißen Ofen bei 180 Grad ca. 15–20 Minuten überbacken.

Hirse-Pizza

1 Tasse Hirse
2 Tassen Gemüsebrühe
etwas Butter oder Margarine

Für den Belag:
3–4 Tomaten
300 g Blattspinat
100 g frische Champignons
Salz
Muskat
Pfeffer
125–150 g geriebener Käse

Die gut gewaschene Hirse in die kochende Gemüsebrühe einlaufen lassen und bei geringer Hitze ca. 20 Minuten ausquellen lassen, die Butter dazugeben, mit Gewürzen abschmecken und noch warm in eine gefettete Springform oder Auflaufform füllen. An den Rand fest andrücken. Die Tomaten waschen, den Stielansatz entfernen, in Scheiben schneiden und die Form damit auslegen. Den leicht gedämpften und mit Salz, Pfeffer und Muskat abgeschmeckten Spinat und die klein geschnittenen Champignons auf die Tomatenscheiben verteilen. Im vorgeheizten Backofen bei 200 Grad 30 Minuten überbacken, mit dem geriebenen Käse bestreuen und nochmals 5–10 Minuten überbacken, bis der Käse geschmolzen ist.

Polenta

2 Tassen Maisgrieß
6 Tassen Gemüsebrühe
Salz
50 g Butter
50 g Parmesankäse

Die Gemüsebrühe in einem Topf zum Kochen bringen, Maisgrieß langsam und unter ständigem Rühren dazugeben. Salz und Butter hinzufügen. Unter häufigem Rühren mit einem Holzlöffel 20–30 Minuten lang bei kleiner Flamme ausquellen lassen. Die Polenta sollte fest, aber glatt und weich sein. Wenn sie gar ist, den geriebenen Parmesankäse einrühren und noch etwas quellen lassen.
Mit Tomaten- oder Pilzsoße servieren. Dieses Gericht passt auch gut zu scharf gewürzten oder sauer eingelegten Gemüsen.
Variante: Für eine cremige Polenta statt Gemüsebrühe eine Mischung aus halb Milch und halb Gemüsebrühe verwenden.

Polenta-Schnitten

1 Rezept Polenta (s. oben)
Margarine oder Öl zum Anbraten
Salz
Pfeffer

Die Polenta wie oben zubereiten, dann in eine mit Butter eingefettete, flache Form geben oder auf ein mit Wasser angefeuchtetes Backblech 2–3 cm hoch streichen. Abkühlen und fest werden lassen. Wenn sie fest ist, in kleine Quadrate, Rauten oder Rechtecke schneiden. Margarine oder Öl in einer Bratpfanne erhitzen und die Polentastücke auf beiden Seiten anbraten, bis sie braun sind. Heiß mit saurer Sahne, Béchamelsoße, Tomatensoße oder Gorgonzolasoße oder Auberginen servieren. Dieses Gericht eignet sich auch als Vorspeise für ein italienisches Abendessen.

Varianten:
150 g gehackte Walnüsse in die heiße Polenta-Masse einrühren. Oder für Rote Polenta-Schnitten 6 Tassen gut gewürzte Tomatensoße zubereiten, 2 Tassen Maisgrieß in die kochende Soße einrühren, nach Rezept fortfahren.

Polenta-Schnitten Hawaii

Wie oben, nur die kalten Maisschnitten mit je ½ Scheibe Ananas und 1 Scheibe Käse belegen und im Backofen (oberste Schiene) zu goldbrauner Farbe überbacken.

Polenta-Schnitten Napoli

Wie oben, aber statt Ananasscheiben mit dicken Tomatenscheiben belegen, die man mit Pizza-Gewürz oder Oregano oder Basilikum bestreut.

Polenta-Pizza

1 Rezept Polenta (s. oben)
50 g Margarine oder Öl
3–4 Tomaten
500 g Zucchini (evtl. anderes Gemüse)
etwas Knoblauch
Salz
Oregano
200 g geriebener Käse

Die Polenta wie oben zubereiten, dann 1 cm dick auf ein gefettetes Backblech streichen. Die Zucchini waschen und in Scheiben schneiden, in dem Fett kurz andünsten. Leicht mit wenig Salz und Oregano würzen. Tomaten waschen und in dünne Scheiben schneiden . Zucchini und Tomaten auf die Polenta verteilen. Mit Salz, Oregano und Knoblauch würzen und im vorgeheizten Backofen bei 200 Grad 15 Minuten backen. Dann mit geriebenem Käse bestreuen und nochmals 10–15 Minuten überbacken.

Gefüllte Maisplätzchen

500 ml Wasser
500 ml Milch
2 Gemüsebrühwürfel
250 g Maisgrieß oder –mehl
100 g würziger geriebener Käse
100 ml Sahne
Pfeffer
Basilikum
Vollkorn-Semmelbrösel
Fett zum Braten

Aus Flüssigkeit, Brühwürfeln, Gewürzen und Mais einen steifen Brei kochen. Auf ein gefettetes Backblech streichen. Nach dem Erkalten mit einer Plätzchen-Ausstechform oder einem umgedrehten Trinkglas runde Plätzchen ausstechen.

Sahne und Käse mischen, ganz vorsichtig erhitzen und unter ständigem Rühren zu einer cremigen Masse kochen. Käsecreme zwischen je 2 Maisplätzchen streichen und in Vollkorn-Semmelbröseln wenden. In einer Pfanne Fett zerlassen, Maisplätzchen darin auf beiden Seiten anbraten.

Dazu grünen Salat reichen.

Für Parties gut geeignet.

Quinoa-Paprika-Pfanne

250 g Quinoa
750 ml Gemüsebrühe
2 rote Paprikaschoten
2 Zucchini
2 Tomaten
1 Zwiebel
1 Knoblauchzehe
3 EL Öl
Salz, Pfeffer
Oregano
2 EL geriebener Käse
1 EL gehackte gemischte Kräuter

Quinoa waschen, abtropfen lassen, in die kochende Gemüsebrühe einrühren, aufkochen lassen und bei schwacher Hitze in ca. 20 Minuten gar kochen. Das Gemüse putzen, waschen und in kleine Stücke schneiden. Öl erhitzen, die fein gehackte Zwiebel und den Knoblauch darin anbraten, das Gemüse zufügen, würzen und ca. 15 Minuten gar dünsten. Quinoa ebenso abschmecken, den Reibkäse und das Gemüse untermischen. Die gehackten Kräuter darüber streuen. Dazu passt eine Kräuter- oder Tomatensoße.

Pilz-Pfanne mit Quinoa

200 g Quinoa
500 ml Gemüsebrühe
500 g Champignons
250 g Austernpilze
1 Zwiebel
3 EL Olivenöl
2 TL Majoran
Salz, Pfeffer
2 TL Reismehl oder Speisestärke
250 g Crème fraîche oder saure Sahne
1 EL Butter
2 EL gehackte Petersilie

Quinoa mit der Gemüsebrühe aufkochen und zugedeckt bei schwacher Hitze in ca. 20 Minuten gar kochen. Die Pilze gründlich putzen und in Scheiben oder Stücke schneiden. Öl erhitzen, die klein gehackte Zwiebel darin glasig dünsten, Pilze zugeben, würzen und anbraten. Evtl. ein wenig Wasser zugießen und die Pilze ca. 10 Minuten dünsten. Reismehl mit etwas Wasser glatt rühren und mit Crème fraîche zu den Pilzen geben. Die Soße dicklich einkochen lassen. Butter unter die Quinoa rühren und mit einer Gabel auflockern. Mit Petersilie bestreuen und mit den Pilzen zusammen servieren.

Soßen

KOCHKURS FÜR SOSSEN

Folgende Utensilien sind hilfreich für das Kochen von Soßen:

- einen Stieltopf, damit Sie mit einer Hand den Topf halten und mit der anderen umrühren können
- einen Schneebesen zum Einrühren der Flüssigkeit, damit keine Klumpen entstehen
- einen Kochlöffel zum Rühren der Mehlschwitze
- einen Esslöffel zum Abmessen von Öl, Fett oder Salz
- einen Teelöffel, ebenfalls zum Abmessen von Öl, Fett oder Salz
- einen weiteren Löffel zum Abschmecken
- eine Küchenwaage, hilfreich sind sogenannte Zuwiegewaagen.

Folgende Grundzutaten werden für gekochte Soßen verwendet:

• **Fett:** Butter oder Margarine für helle Soßen, wie z.B. Béchamelsoße; Butterschmalz oder Pflanzenöl zum Braten und für braune Soßen, da letztere für die Mehlschwitze eine höhere Temperatur benötigen als helle Soßen.

• **Mehl:** Selbstgemahlenes Vollweizenmehl oder Vollweizenmehl Type 1700, ungebleichtes helles Mehl Type 550 oder 1050 werden empfohlen. Weitere Bindemittel für Soßen sind Reismehl, Speisestärke und Johannisbrotkernmehl.

• **Flüssigkeit:** Wasser, Gemüsebrühe entweder aus Gemüsekochwasser oder aus Gemüsebrühwürfeln oder Gemüsebrühpulver; Milch für cremige Soßen. Am besten verwenden Sie frisches Gemüsekochwasser oder solches vom Vortag, das Sie im Kühlschrank aufgehoben haben. Bei Verwendung von frischer Gemüsebrühe warten Sie mit der Zubereitung der Soße, bis das Gemüse, zu dem Sie die Soße reichen wollen, gar ist. Gießen Sie dann 500 ml oder auch die gesamte Kochflüssigkeit für die Soße ab. In diesem Fall müssen Sie die Gemüsebrühe durch Zugabe von Wasser oder Milch auf lauwarme Temperatur abkühlen, da sonst beim Zugießen der Flüssigkeit an die Mehlschwitze Klumpen entstehen können.

Soßen, die mit Milch(zugabe) und/oder Vollweizenmehl zubereitet werden, sind dickflüssiger, cremiger und sättigender als Soßen aus Wasser und hellerem Mehl. Flüssigkeiten und Mehlarten können natürlich auch gemischt werden.

GRUNDSOSSE 1

Béchamelsoße

60 g Butter oder Margarine
3 gehäufte EL Vollweizenmehl
500 ml Milch
1 Lorbeerblatt
Kräutersalz
Pfeffer

Für diese Soße wird in folgenden Schritten eine helle Einbrenne bzw. Mehlschwitze bereitet und dann mit Flüssigkeit verrührt:

1. Butter oder Margarine im Stieltopf zerlassen.
2. Mehl dazugeben, sofort mit dem Kochlöffel unter das Fett rühren.
3. Mehl unter ständigem Rühren zu heller Farbe anbräunen (brennt sehr leicht an!).
4. Den Topf vom Herd nehmen, die Wärmezufuhr auf die kleinste Stufe einstellen.
5. Kalte oder lauwarme (nie heiße!) Flüssigkeit nach und nach einrühren. Mehlmischung und Milch immer erst mit dem Schneebesen zu einem glatten Brei verschlagen, bevor neue Flüssigkeit zugegossen wird. Lorbeerblatt zugeben.
6. Den Topf wieder auf die Kochplatte stellen.
7. Die Soße bei mäßiger Hitze unter ständigem Rühren aufkochen und ca. 3–5 Minuten andicken lassen.
8. Das Lorbeerblatt entfernen und die Soße mit Salz und Pfeffer abschmecken.

GRUNDSOSSE 2

30 g Öl, pflanzliches Bratfett oder Butter
40 g Vollweizenmehl
1 Tasse Milch
2 Tassen Wasser
½ Gemüsebrühwürfel
Zwiebelpulver
1 Lorbeerblatt
Kräutersalz
1 Msp. gemahlene Nelken
evtl. Hefe-Extrakt

Für braune Soßen wird in denselben Arbeitsschritten wie bei der hellen Grundsoße 1 eine Mehlschwitze bereitet, nur wird das Mehl vorsichtig zu einer dunkleren Farbstufe angebräunt:

1. Fett im Stieltopf zerlassen.
2. Mehl zugeben und unter ständigem Rühren mittelbraun anrösten. Nicht zu dunkel werden lassen, sonst schmeckt die Soße bitter!
3. Nach und nach mit kalter oder lauwarmer Flüssigkeit aufgießen und mit dem Schneebesen verrühren.
4. Unter Rühren zum Kochen bringen, Brühwürfel zugeben und auflösen lassen, Lorbeerblatt hineingeben.
5. Unter ständigem Rühren kochen, bis die Soße andickt.
6. Mit Salz, Gewürzen und Zwiebelpulver abschmecken. Vor dem Servieren das Lorbeerblatt entfernen.

Grundlage für die folgenden Soßen-Rezepte sind, soweit nicht anders vermerkt, die Grundsoße 1 (Béchamelsoße) und die Grundsoße 2 (Braune Soße). Zusätzliche Zutaten werden, wenn nicht anders angegeben, in die fertige Grundsoße eingerührt.

GEKOCHTE SOSSEN

Bananensoße

Grundsoße 1
1 pürierte oder fein zerdrückte Banane
etwas Pfeffer und Muskat
1 EL Zitronensaft
1 EL Apfelsaft
1 EL Obstessig
100 ml süße Sahne

Feine Béchamelsoße

Zutaten wie Grundsoße 1
½ fein gewiegte Zwiebel
Thymian
Muskatnuss
2 EL Sahne

Zwiebel 3–4 Minuten in Fett andünsten, dann erst das Mehl dazugeben. Soße vor dem Abschmecken durch ein Sieb passieren. Sahne zuletzt unterrühren.

Vegetarische Bratensoße

30 g Hefeflocken
1 gehäufter EL Vollweizenmehl
50 g Öl oder pflanzl. Bratfett oder Butter
250 ml Gemüsebrühe
1–2 EL Sojasoße
Pfeffer

Fett zerlassen, Hefeflocken mit Mehl dazugeben und unter ständigem Rühren bräunen. Flüssigkeit mit dem Schneebesen nach und nach einrühren, so lange köcheln, bis Soßen-Konsistenz erreicht ist. Mit Sojasoße und Pfeffer abschmecken.

Currysoße

Grundsoße 1
Zwiebelpulver
etwas Knoblauchpulver
1 fein geriebener Apfel
1 fein pürierte Banane
2 TL Curry
1 EL fein gehackte Rosinen
½ TL Vollrohrzucker

Variante:
Grundsoße 1
2 TL Curry (nach Wunsch auch mehr)

Dillsoße

Grundsoße 1
3–4 EL frischer gehackter Dill oder 2 EL getrockneter Dill

Erdnuss-Soße

Grundsoße 1
2 EL Erdnussbutter
Knoblauchpulver
2 EL Sojasoße
1 Prise Vollrohrzucker
Saft ½ Zitrone
1 Msp. Cayennepfeffer (wahlweise)

Fenchelsoße

Grundsoße 1
2–3 EL fein gehackter Fenchel oder 2–3 EL gehacktes Fenchelkraut

Bei Verwendung von Fenchel muss die Soße noch ca. 5 Minuten kochen (umrühren!), bis der Fenchel gar ist.

Gorgonzola-Soße

30 g Butter
45 g Mehl
375 ml Milch
60 g Gorgonzola
2 Lauchzwiebeln
Salz, Pfeffer

Die Milch erwärmen und beiseite stellen. Gorgonzola in kleine Stücke schneiden. Lauchzwiebeln putzen und in sehr feine Ringe schneiden. Die Butter in einem Topf zerlassen, die Zwiebeln zugeben und glasig dünsten. Mehl dazu geben und ca. 3 Minuten unter Rühren darin anschwitzen. Die lauwarme Milch nach und nach unter ständigem Rühren (mit dem Schneebesen) zugießen, Gorgonzola einrühren, mit Salz und Pfeffer würzen. Die Soße auf kleiner Flamme aufkochen und ca. 10 Minuten andicken lassen. Mit Salz und Pfeffer abschmecken.

Hefeflockensoße

2 EL Hefeflocken
50 g Vollweizenmehl
1 TL Kräutersalz
500 ml Wasser
60 g Margarine oder Butter
½ TL Knoblauchpulver (wahlweise)
2 TL Senf (wahlweise)

Hefeflocken, Mehl, Salz und Knoblauchpulver in einem Topf vermischen. Nach und nach Wasser mit dem Schneebesen einrühren. Langsam unter ständigem Rühren erhitzen, bis die Soße kocht. Ca. 2–3 Minuten unter Rühren weiterkochen lassen. Von der Platte nehmen. Margarine oder Butter und Senf einrühren.

Ingwersoße

Grundsoße 1
150 g saure Sahne
Knoblauch- und Zwiebelpulver
½ TL Senf
1 TL frischer geriebener Ingwer
je 1 Prise Rosmarin, Majoran, Oregano, Kümmel, Kräutersalz
Pfeffer
evtl. Saft ½ Orange

Kapernsoße

Grundsoße 1
1 EL fein gehackte Kapern
2 EL Zitronensaft oder Obstessig
1 EL Crème fraîche

Käsesoße

Grundsoße 1
50 g geriebener Käse (Parmesan o.ä.) oder in Flöckchen zerteilter Schmelzkäse
etwas Muskat

Kräutersoße

Grundsoße 1
Kerbel
Estragon
Dill
Majoran oder andere Kräuter nach Wahl (möglichst frisch)

Feine Kräutersoße

500 ml Gemüsebrühe
¼ TL Rosmarin
¼ TL Dill
¼ TL Estragon
¼ TL Kerbel
3 EL Butter
3 EL Vollweizenmehl
Knoblauchsaft oder -pulver (wahlweise)
abgeriebene Schale ¼ ungespritzter Zitrone

Butter zerlassen. Mehl hinzufügen und einige Minuten lang unter häufigem Rühren auf kleiner Flamme anschwitzen. Nach und nach die Brühe mit dem Schneebesen einrühren. Mit ein paar Tropfen Knoblauchsaft und etwas Zitronensaft sparsam würzen.
Soße unter häufigem Rühren weitere 10 Minuten köcheln lassen. Kräuter zugeben. Heiß zu Aufläufen und Gemüse servieren.

Grundsoße 2
1 TL gemahlener Kümmel
Zwiebelpulver oder 1–2 Zwiebeln, in 1–2 EL Öl gebräunt

Mandelsoße

2 EL Butter
2 TL Tomatenmark
½ TL Pfeffer
½ TL Koriander gemahlen
500 ml Wasser
150 g fein gemahlene Mandeln
1 TL Sojasoße
1–2 EL Zitronensaft

Butter erhitzen, Tomatenmark und Gewürze darin andünsten.
Wasser und Mandeln zugeben und aufkochen lassen, einige Minuten unter ständigem Rühren köcheln lassen, bis die Soße andickt. Mit Sojasoße und Zitronensaft abschmecken.

Mandel-Meerrettichsoße

Grundsoße 1
1 EL frischer Meerrettich (nach Wunsch auch mehr)
1 EL Mandelmus oder 3 EL gemahlene Mandeln
150 g saure Sahne
1 EL Butter

Meerrettichsoße

Grundsoße 1
½ fein geriebener Apfel
1 EL Meerrettich (oder mehr; frisch oder aus dem Glas)
2 EL Sahne
etwas Zitronensaft

Mintsoße

Grundsoße 2
½–1 TL gemahlene oder frische Pfefferminzblätter

Nudelsoße

1 Zwiebel
2 Knoblauchzehen
1 Zucchini
1 rote Paprikaschote
ca. 400 g geschälte, passierte Tomaten
3 EL Olivenöl
Salz, Pfeffer
½ TL Oregano
frisches Basilikum

Zwiebel und Knoblauch schälen, fein hacken und in Öl anlaufen lassen. Zucchini und Paprika waschen, putzen, fein hacken oder raspeln und zufügen, andünsten, die passierten Tomaten zugeben und im offenen Topf ca. 10 Minuten köcheln lassen. Evtl. etwas Wasser oder Brühe zugießen. Gewürze und Salz unterrühren und fein gehacktes Basilikum darüber streuen.
Diese Soße passt zu allen Nudelsorten.

Nuss-Soße

Grundsoße 1
4 gehäufte EL gemahlene Haselnüsse
1 TL Honig
125–250 ml Sahne

Orangen-Nuss-(oder Mandel-)Soße

200 ml Orangensaft
evtl. 2 EL Zitronensaft
50 g Haselnuss-, Mandel-, Sesammus oder Erdnussbutter (nach Wunsch auch mehr)
1–2 TL Johannisbrotkernmehl
Zwiebelpulver
Ingwer
Sojasoße
Knoblauchpulver
Muskatnuss

Nuss- oder Mandelmus mit Orangen- und Zitronensaft verdünnen. Dabei den Saft nach und nach dazugeben, jeweils glatt rühren, weiteren Saft dazugießen usw.
Johannisbrotkernmehl unterrühren, erhitzen, dabei umrühren. Mit den Gewürzen abschmecken..

Pilzsoße

Grundsoße 1
100 g fein gehackte (gegarte) Pilze nach Wahl
Zwiebelpulver
1 EL Zitronensaft
Pfeffer
1 Prise Vollrohrzucker
3–4 EL saure Sahne

Pilz-Sahne-Soße

100 g gehackte Pilze
200 ml Sahne oder Milch
2 EL Butter
¼ TL abgeriebene Muskatnuss
Kräutersalz
Pfeffer
1 EL Vollweizenmehl
etwas kalte Milch

Pilze 5 Minuten in Butter andünsten, mit Sahne oder Milch aufgießen, Muskat, Salz und Pfeffer hinzufügen, erhitzen. Mehl mit kalter Milch anrühren, in die Soße einrühren, kurz aufkochen und andicken lassen.

Preiselbeer-Cumberland-Soße

je 125 g Preiselbeerkompott und Johannisbeergelee gemischt
1 TL Senf (evtl. mehr)
Saft und abgeriebene Schale 1 unbehandelten Orange
½–1 TL Speisestärke
1 TL Zitronensaft (evtl. mehr)
2 TL Vollrohrzucker
½ TL gemahlener Zimt
1 Msp. gemahlene Nelken
evtl. abgeriebene Schale ½ unbehandelten Zitrone

Orangensaft mit Speisestärke verrühren. Zusammen mit Zitronensaft, Senf, Orangenschale, Zucker und Gewürzen unter die Kompottmischung rühren. Evtl. auch Zitronenschale dazugeben. Soße unter ständigem Rühren aufkochen. Abschmecken. Ggf. noch mit etwas mehr Speisestärke binden (Speisestärke vor dem Einrühren in die heiße Flüssigkeit mit kaltem Wasser anrühren). Warm oder kalt servieren.

Rosinensoße

Grundsoße 2
3 EL Apfeldicksaft
1 EL Zitronensaft
1 TL Honig
1 EL gehackte Mandeln
2–3 EL gewaschene Rosinen

Grundsoße mit Apfeldicksaft herstellen. Rosinen darin ca. 5 Minuten köcheln lassen, Honig zufügen, mit Zitronensaft abschmecken und die gehackten Mandeln einstreuen.

Soße Espagnole

Grundsoße 2
2 EL Tomatenmark
1 EL fein gehackte Oliven
1 fein gehackte Essiggurke
2 TL fein gehackte Kapern
1 fein gehackte Peperoni (wahlweise)
1 EL Zitronensaft oder Obstessig
Zwiebelpulver
Knoblauchpulver

Soße Provençale

1 fein gehackte mittelgroße Zwiebel
1 fein gehackte Knoblauchzehe
2–3 sehr fein gehackte Peperoni
10 fein gehackte grüne Oliven
1 sehr fein gehackte rote oder grüne Paprikaschote
3 EL Öl
2 EL Vollweizenmehl
500 ml Wasser oder Gemüsebrühe
3 EL saure Sahne
Kräutersalz
frisch gemahlener Pfeffer
¼ TL Rosenpaprika (nach Wunsch auch mehr)

Zwiebel, Knoblauch, Peperoni, Oliven und Paprika in Öl ca. 5 Minuten andünsten. Mehl durch ein kleines Sieb über das Gemüse streuen und unterrühren, nach und nach mit Flüssigkeit aufgießen. Sahne hinzufügen. Ca. 2 Minuten köcheln lassen. Mit Salz und Gewürzen abschmecken.

Soße Velouté
(Cremesoße)

500 ml Gemüsebrühe
5 Pfefferkörner
4 dunkle, gut gewaschene Trockenpilze
¼ geriebene Zwiebel
1 TL Zitronensaft
3 EL Butter
3 EL Vollweizenmehl
Kräutersalz
frisch gemahlener Pfeffer

Gemüsebrühe erhitzen, Pfefferkörner, Pilze und Zitronensaft dazugeben. Bedeckt ca. 10–15 Minuten köcheln lassen. Dann durch ein feinmaschiges Sieb abgießen und auffangen. Butter erhitzen, Mehl hinzufügen, umrühren, unter ständigem Rühren ca. 3–4 Minuten anbräunen. Geriebene Zwiebel einrühren. Nach und nach mit Pilzbrühe aufgießen. Salzen und pfeffern. Soße unter Rühren andicken lassen, nochmals etwa 10 Minuten köcheln lassen. Vor dem Servieren durch ein Sieb geben.

Varianten:
Verfeinern Sie die Soße durch Hinzufügen von frischer Sahne oder (frischen) Kräutern oder etwas geriebenem Käse.

Senfsoße

Grundsoße 1
2 EL Senf
evtl. etwas Essig

Soja-Béchamelsoße

Grundsoße 1
1–2 EL Sojasoße

Süß-saure Soße

(chinesisch, sehr kräftig!)

200 ml Wasser oder Gemüsebrühe oder Tomatensaft
75 g Vollrohrzucker oder Melasse oder Sirup
50 ml Obst- oder Weinessig
1½ EL Speisestärke, angerührt mit etwas kaltem Wasser
Sojasoße
Pfeffer oder Tabasco
Knoblauchpulver
Ingwer

Wasser, Zucker und Essig zusammen zum Kochen bringen. Stärkemehl einrühren, weiterrühren, bis die Soße andickt, dabei die Flamme kleiner stellen.
Mit Sojasoße und Gewürzen abschmecken.

Variante:
Ananasstücke in die fertige Soße geben, warm werden lassen.

Tomatensoße

3–4 EL Öl
1 gewürfelte Zwiebel
1 Knoblauchzehe
1 Dose (400 g) gewürfelte Tomaten
1 EL Tomatenmark
Salz
schwarzer Pfeffer
Oregano
Nelkenpulver

Öl erhitzen, Zwiebel und zerdrückten Knoblauch andünsten, Tomaten und Tomatenmark zugeben, einige Minuten dünsten. Würzen, evtl. noch mit etwas Wasser auffüllen und 15 Minuten leicht köcheln lassen. Evtl. 2 EL Sahne zugeben.

Tomatensoße Napoletana

1 gehackte mittelgroße Zwiebel
1 zerdrückte Knoblauchzehe
30 g Butter oder Margarine oder Öl
je 1 zerkleinerte grüne und rote Paprikaschote (wahlweise)
750 g zerkleinerte oder pürierte Tomaten (evtl. aus der Dose)
250 ml Gemüsebrühe
1 EL Majoran oder Oregano
1 EL Basilikum
1 EL gehackte Petersilie
1–2 EL Zitronensaft
1 Prise Vollrohrzucker
1 Lorbeerblatt
etwas Nelkenpulver

Zwiebel, Knoblauch und Paprikaschoten in zerlassenem Fett ca. 5 Minuten lang andünsten. Tomaten dazugeben, Brühe unterrühren. Lorbeerblatt dazugeben und bei offenem Topf 30 Minuten leise köcheln lassen. Mit Kräutern, Zucker und Zitronensaft abschmecken. Lorbeerblatt vor dem Servieren entfernen.

Zitronen-Butter-Soße

120 g Butter
1 unbehandelte Zitrone
1 Lauchzwiebel
Salz, Pfeffer

Die Butter zerlaufen lassen, leicht bräunen. Zitronensaft, abgeriebene Zitronenschale und die in feine Ringe geschnittene Lauchzwiebel zufügen, gut vermischen, mit Salz und Pfeffer würzen und über das fertig gegarte Gemüse gießen. Passt gut zu grünen Bohnen, Kohlrabi, Fenchel und auch zu Spaghetti. (Für 4 Personen)

Zitronensoße

Saft und Schale von 1 unbehandelten Zitrone
50 g Butter
2 gehäufte EL Vollweizenmehl
250 ml Milch
250 ml Sahne
Salz
Pfeffer
Vollrohrzucker oder Honig nach Geschmack

Butter zerlassen, Mehl unterrühren. Wenn die Mischung schäumt, von der Kochstelle nehmen und mit Milch aufgießen. 10 Minuten köcheln lassen. Sahne zugießen. Zitronensaft und abgeriebene Zitronenschale hineingeben, auf kleiner Flamme nochmals 2–3 Minuten ziehen lassen. Mit Salz, Pfeffer und Zucker bzw. Honig abschmecken.

Variante:
Für eine Orangensoße statt Zitrone den Saft und Abrieb einer unbehandelten Orange nehmen.

Zwiebelsoße

Grundsoße 2
1–2 fein gehackte Zwiebeln, in 1–2 EL Öl gebräunt oder Zwiebelpulver

FRUCHTSOSSEN

Apfel-Sahne-Soße

2 Äpfel
150 ml saure Sahne
100 ml süße Sahne
2 EL Rosinen
2 TL Honig

Äpfel schälen, grob raspeln. Sahne zusammen verrühren. Rosinen und Honig dazugeben, zuletzt den Apfel gut unterrühren.
Passt gut zu Kartoffelpuffern, Amarant-Puffern, Liwanzen, Reibekuchen u.ä.

Birnensoße

2 reife Birnen
3–4 EL Wasser
Saft von ½ Zitrone
2 gehäufte EL Honig
je 1 Msp. gemahlener Zimt, Nelken, Ingwer
evtl. Pistazien zur Garnitur

Birnen schälen, halbieren, entkernen und in dünne Spalten schneiden. Birnen in einen Topf geben, mit Zitronensaft, Wasser und Gewürzen 3 Minuten dünsten, pürieren, dann den Honig unterrühren.

Erdbeersoße

500 g Erdbeeren
350 ml Apfelsaft
1–2 EL Honig
2–3 Zitronenscheiben

Beeren waschen, entstielen, mit Apfelsaft pürieren. Mit Honig abschmecken. Zitronenscheiben hineingeben und etwas ziehen lassen.

Heidelbeersoße

200 g Heidelbeeren
2 gehäufte EL Honig
1 Msp. Zimt
½ TL Johannisbrotkernmehl
2–3 EL saure Sahne

Beeren verlesen, waschen, abtropfen lassen. Beeren, Honig, Zimt und Johannisbrotkernmehl im Mixer pürieren und 10 –15 Minuten quellen lassen. Soße kühl stellen, danach mit saurer Sahne verfeinern.

Mangosoße

200 g Mangofruchtfleisch
2 gehäufte EL Honig
1 Msp. gemahlener Ingwer
½ TL Johannisbrotkernmehl

Fruchtfleisch pürieren, mit Honig, Ingwer und Johannisbrotkernmehl verrühren. 10–15 Minuten quellen lassen, bis zum Verzehr kühl stellen.

Pflaumensoße

200 g Pflaumen
2 gehäufte EL Honig
je 1 Msp. gemahlener Zimt, Nelken, Ingwer
½ TL Johannisbrotkernmehl
2 EL Sahne

Pflaumen waschen, abtropfen lassen und entsteinen. Die Pflaumen, Honig, Gewürze, Sahne und Johannisbrotkernmehl im Mixer pürieren. Soße 10–15 Minuten quellen lassen und bis zum Verzehr kühl stellen.

Sauerkirschsoße

500 g Sauerkirschen
3–4 EL Crème fraîche
1 Prise Salz
echte Vanille
1–2 EL Honig
1 TL Zimt
1 Msp. gemahlene Nelken

Sauerkirschen entsteinen, mit Crème fraîche pürieren. Mit Salz, Gewürzen und Honig abschmecken.

Tofu

TOFU

Tofu ist ein hochwertiges Frischprodukt aus Sojabohnen. Seit mehr als 2000 Jahren zählt es zu den wichtigsten Eiweißquellen Ostasiens. Inzwischen hat es sich auch im Westen einen festen Platz in der Küche erobert.
Tofu wird gewonnen aus der geronnenen Milch der Gelben Sojabohne, die mit 37% Protein doppelt so viel Protein wie Fleisch – und sämtliche essentiellen Aminosäuren – liefert. Außer ihrem beachtlichen Proteingehalt weist die Gelbe Sojabohne, und damit der daraus gewonnene Tofu, neben den Vitaminen A, C, und K auch Vitamine der B-Gruppe auf. Daneben enthält Tofu wie die Sojabohne lebensnotwendige Mineralstoffe und Spurenelemente, insbesondere Calcium, Magnesium, Kalium, Eisen und Mangan. Mit diesem Vitalstoffpaket ist Tofu eine ideale Alternative zu tierischem Protein.
Die im Reformhaus und Naturkostladen angebotenen Tofu-Qualitäten werden nicht aus gentechnisch verändertem Soja hergestellt.

Tofu hat fast keinen Eigengeschmack, und dennoch gibt es bei Tofu allgemein Geschmacksunterschiede je nach Hersteller. (Dies ist von Bedeutung, wenn man etwa eine Süßspeise auf Tofu-Basis zubereiten will.) Mit seinem neutralen, leicht nussigen Geschmack bietet Tofu eine Vielfalt an Zubereitungsmöglichkeiten: Man kann Tofu braten, backen, grillen, dämpfen und pürieren. Um Tofu einen pikanten und würzigen Geschmack zu verleihen, empfiehlt es sich, ihn vor der Verarbeitung zu marinieren (siehe Einfache Tofu-Marinade).

Im Handel sind eine Reihe von geschmacklich aufbereiteten Tofu-Sorten erhältlich: Räucher-Tofu, Tofu mit Sesam, mit Mandeln, mit Kräutern, mit Paprika... Wählt man eine solche Tofu-Sorte als Basis für ein pikantes Gericht, so entfällt das Marinieren.

Seidentofu hat eine zarte, cremige Konsistenz und lässt sich gut pürieren. Er eignet sich daher besonders für die Zubereitung von Soßen, Dips, Güssen für Aufläufe, Suppen, Pfannkuchen, Süßspeisen und Kuchen.

Hinweis: Für die folgenden Tofu-Rezepte kann generell auch ***Seitan*** verwendet werden. In diesem Fall ist der Tofu durch die gleiche Menge Seitan zu ersetzen. Hinter dieser Bezeichnung verbirgt sich ein Getreideprodukt aus dem natürlichen Gluten-Eiweiß des Weizenkorns. Es ist reich an Eiweiß, Enzymen und Mineralstoffen und hat einen niedrigen Fett- und Kohlehydratgehalt. Im Gegensatz zu Tofu muss Seitan nicht erst mariniert, sondern kann sofort verarbeitet werden.

Einfache Tofu-Marinade

500 ml Wasser
ca. 1 EL Hefewürze
Gewürzkräuter nach Belieben
2 EL Sojasoße
Salz
Pfeffer
evtl. etwas frisch geriebener Ingwer
etwas Zitronensaft

Alle Zutaten gut miteinander vermischen. Tofu-Scheiben mindestens 1 Stunde darin ziehen lassen. Je länger, desto würziger ist der Geschmack.
Wenn es einmal schnell gehen muss: Dünne Tofu-Scheiben schneiden, auf einen Teller legen und von beiden Seiten mit Sojasoße beträufeln. Gelegentlich in der abgetropften Sojasoße wenden. Nach dieser Methode genügt es, den Tofu ½ Stunde ziehen zu lassen.

Tofu-Käse-Schnitten

500 g Tofu
einige Scheiben pikanten Käse, wie z.B. Gouda, Gorgonzola oder Rahmkäse
2 EL Vollkorn-Semmelbrösel
2 EL Sesam
Fett zum Braten

Tofu in ½ cm dicke Scheiben schneiden und wie angegeben (s.o.) einige Stunden marinieren.
Jeweils zwischen 2 Scheiben Tofu eine Scheibe Käse legen. Zusammen in dem Semmelbrösel-Sesam-Gemisch wenden und in heißem Fett von beiden Seiten goldgelb backen.

Variante:
Geräucherten Tofu verwenden; dann entfällt das Marinieren.

Tofu-Schnitten in Nusskruste

400 g Tofu

Zum Panieren:
½ Tasse Milch
1 EL Sojamehl
etwas Pfeffer
3 EL gemahlene Haselnüsse
3 EL Kokosraspeln
Fett zum Braten

Tofu in ½ cm dicke Scheiben schneiden und nach Angabe marinieren (s.o.). Sojamehl mit Pfeffer und etwas Salz mischen. Die Tofuscheiben darin wenden, dann kurz in Milch tauchen und mit dem Haselnuss-Kokosgemisch panieren. In heißem Fett auf beiden Seiten goldbraun braten.

Tofu-Schnitten in Kräuterkruste

400 g Tofu
Salz
2 EL frisch gewiegte Kräuter, z.B. Schnittlauch, Petersilie, Oregano, Dill, Salbei
1 EL Vollweizenmehl
2 EL Vollkorn-Semmelbrösel
2 EL Sesam
Fett zum Braten

Tofu in Scheiben schneiden und nach Angabe marinieren (s.o.). Etwas Mehl auf einen Teller geben und die Tofuscheiben darin wenden. Die gewiegten Kräuter mit Semmelbröseln, Sesam und etwas Salz mischen. Tofu kurz in Wasser tauchen und mit der Kräutermischung panieren. In heißem Fett auf beiden Seiten goldgelb braten.

Tofu-Gulasch

400 g Tofu
Mehl zum Panieren
Öl zum Braten
2 große Zwiebeln
2 rote Paprikaschoten
2 grüne Paprikaschoten
3 große entkernte, gehäutete Tomaten
Salz
etwas Sojasoße
100 g Sahne oder Sojasahne
1 EL Mehl
Majoran
Paprika
Pfeffer
etwas geriebener Knoblauch

Den Tofu in 1½ cm dicke Scheiben schneiden und wie oben angegeben ca. 2 Stunden marinieren. Abtropfen lassen, in Mehl wenden, beidseitig in heißem Öl ausbacken.

Abgekühlt in Würfel schneiden. Die Zwiebeln in feine Ringe schneiden und in Öl andünsten, klein geschnittene Paprika und Tomaten zugeben, ebenso Salz und Gewürze. In etwas Wasser weich garen. Die Tofuwürfel zugeben, Sahne mit Mehl glatt rühren und die Soße damit binden. Kurz aufkochen lassen und nochmals abschmecken.

Tofu-Gulasch Stroganoff

400 g Tofu
2 EL Vollweizenmehl
je 200 g Möhren und Paprika
100–150 g Gewürzgurken
1 große Zwiebel
3 EL Öl
etwas Gemüsebrühe
3 EL Tomatenmark
2 EL Vollweizenmehl
100 g saure Sahne
2 EL Butter oder Margarine
Paprika
Salz
Basilikum
Pfeffer
Oregano
etwas Knoblauch

Tofu in Scheiben schneiden und nach Angabe marinieren (s.o.).

Zwiebel fein schneiden und in Fett andünsten. Gemüse in kleine Würfel schneiden, zu den Zwiebeln geben, etwas Gemüsebrühe auffüllen und weich garen.

Den Tofu abtropfen lassen, in Mehl wenden und in heißem Fett gut anbraten, abkühlen lassen, würfelig schneiden und zu dem fertigen Gemüse geben. Sahne mit Mehl und Tomatenmark vermischen, die Soße damit binden, Gewürze zugeben, kurz aufkochen lassen und nochmals pikant abschmecken. Vor dem Anrichten die grob geraffelten Gewürzgurken darüber streuen.

Tofu auf Wirsinggemüse

400 g Tofu
ca. 750 g Wirsing
3 EL Crème fraîche oder Sojasahne
1 Zwiebel
3 EL Öl
etwas Sojasoße
1 TL Kümmel
1 TL Koriander
1 TL Gemüsebrühpulver
½ TL Johannisbrotkernmehl

Den Tofu in Würfel schneiden, mindestens 1 Stunde in die Marinade legen, dann gut abtropfen lassen und etwas trocken tupfen.
Wirsing putzen, waschen und fein schneiden. Zwiebel würfelig schneiden und in heißem Öl glasig dünsten. Wirsing zu der Zwiebel geben, mit Kümmel, Koriander, Gemüsebrühpulver würzen, wenig Wasser zugeben und 20–30 Minuten garen. Mit 2 EL Crème fraîche und Johannisbrotkernmehl binden, mit Sojasoße abschmecken. Die Tofuwürfel in etwas Öl unter häufigem Wenden anbraten, etwas Wasser zugeben, aufkochen, mit 1 EL Crème fraîche binden und kurz einkochen lassen. Mit Sojasoße abschmecken und auf dem Wirsinggemüse anrichten.
Dazu passen Salzkartoffeln, Reis oder Hirse.

Tofu-Frikadellen

400 g Tofu
1 große Zwiebel
1 Stange Lauch
1 Stück Sellerie oder 1 Stück Blumenkohl oder ½ Tasse Erbsen
1 große Möhre
2 EL angerösteter Sesam
30 g feine Haferflocken
Salz
Pfeffer
Paprika
gehackte Petersilie
3 EL Sojasoße
4 EL Vollkorn-Semmelbrösel
1 EL Butter oder Margarine
Fett zum Braten

Butter bzw. Margarine zerlaufen lassen, die würfelig geschnittene Zwiebel darin glasig dünsten, das klein geschnittene Gemüse zugeben und kurz andünsten.

Tofu mit dem Gemüse, den Gewürzen und den anderen Zutaten pürieren und alles zu einem nicht zu weichen Teig gut verarbeiten. Pikant abschmecken! Kleine Frikadellen formen, in Semmelbröseln wenden und in heißem Fett von jeder Seite goldgelb braten.

Krümel-Tofu

500 g Tofu
2 EL Margarine oder Sonnenblumenöl
2 Zwiebeln
1 Knoblauchzehe
etwas Sojasoße
Salz
Pfeffer
1 Bund Schnittlauch

Tofu mit einer Gabel zerkleinern (zerkrümeln), feingewiegte Zwiebel in Fett andünsten, Tofukrümel zugeben und so lange unter Rühren braten, bis die Krümel fest werden (ca. 15–20 Minuten). Gewürze zugeben und abschmecken, zuletzt die Schnittlauchröllchen unterziehen. Als Beilage eignet sich jeder Salat, Bratkartoffeln o.ä. Krümel-Tofu kann auch als Brotbelag verwendet werden.

Tofu-Lasagne

500 g Tofu
450 g Blattspinat (TK)
400 g frische Champignons
12–15 Lasagne-Blätter (ohne Vorkochen)
200 g geriebener Käse
100 g Crème fraîche
2 große Zwiebeln
2 EL Margarine oder Sonnenblumenöl
2 EL Vollweizenmehl
Muskatnuss
Oregano
Öl zum Braten
Tomatensoße nach nebenstehendem Rezept

Tofu in ½ cm dicke Scheiben schneiden und marinieren (s. oben).

Den Spinat antauen lassen. Die Tomatensoße nach nebenstehendem Rezept zubereiten und, während sie kocht, den Spinat bereiten: Zwiebeln fein schneiden, in 1 EL Fett glasig dünsten. Den Spinat zugeben, 5 Minuten garen, mit Salz und Muskatnuss würzen und beiseite stellen.

Die Champignons putzen und in Scheiben oder kleine Stücke schneiden. In 1 EL Fett bei offenem Topf 5 Minuten dünsten, mit Salz und Oregano würzen und beiseite stellen.

Den marinierten Tofu abtropfen lassen, in Mehl wenden und in heißem Öl von beiden Seiten braten.

Eine rechteckige Auflaufform fetten, den Boden reichlich mit Tomatensoße bedecken und eine erste Schicht Lasagne-Blätter auf bzw. in die Tomatensoße legen. Darüber eine Schicht Tofu-Scheiben, eine Schicht Spinat und eine Schicht Champignons (jeweils die Hälfte der Menge) geben. Mit einer Schicht Lasagne-Blätter bedecken und reichlich Tomatensoße darüber verteilen. Wieder eine Schicht Tofu, Spinat, Champignons und Lasagne-Blätter legen und mit etwas Tomatensoße abschließen. Crème fraîche mit dem geriebenem Käse vermischen und gleichmäßig über den Auflauf verteilen. Im Backofen bei 220 Grad 25–30 Minuten goldbraun backen.

Dazu passt Salat.

Tomatensoße:

2 Zwiebeln
2 Knoblauchzehen
4 EL Sonnenblumen- oder Olivenöl
6 EL Tomatenmark
10 Tomaten (ca. 1000 g)
2 Lorbeerblätter
Oregano
Basilikum
1 Streifen Zitronenschale
Salz
Pfeffer

Die Tomaten häuten und in Stücke schneiden, dabei den harten Keil vom Stielansatz entfernen. (Bei Verwendung von Pelati-Tomaten aus der Dose: Abtropfen lassen und klein schneiden.) Zwiebeln und Knoblauch fein schneiden und im Öl goldgelb andünsten. Tomaten und Tomatenmark mit Lorbeerblättern, Oregano, Basilikum, Zitronenschale, Salz und Pfeffer dazugeben und das Ganze bei geringer Hitze 20–25 Minuten köcheln lassen. Gelegentlich umrühren. Lorbeerblätter und Zitronenschale entfernen. Die Soße nochmals abschmecken. Mit dem Pürierstab oder in der Küchenmaschine pürieren. (Ergibt ¾ –1 l Soße.)

Falls die Soße zu dick ist, mit etwas heißer Gemüsebrühe nach Bedarf und Geschmack verdünnen.

Diese Soße passt auch zu Nudeln jeder Art.

Tofu-Champignon-Ragout

400 g Tofu
250 g Champignons
4 EL Öl
1 große Zwiebel
2 Knoblauchzehen
250 ml Gemüsebrühe
200 g saure Sahne
Thymian
Majoran
Salz
schwarzer Pfeffer
frische Petersilie

Tofu würfeln und mindestens 1 Stunde in die Marinade legen (s.o.), dann gut abtropfen lassen und in 2 EL Öl goldgelb anbraten.
Zwiebel und Knoblauch fein würfeln und im restlichen Öl hell andünsten, die gewaschenen, geputzten und in Scheiben geschnittenen Champignons zugeben, mit der Gemüsebrühe auffüllen und ca. 8–10 Minuten garen. Tofuwürfel zugeben, kurz mitdünsten, Sahne unterrühren und etwas einkochen lassen. Mit den Gewürzen pikant abschmecken. Mit gehackter Petersilie bestreuen.

Buntes Gemüse mit Räuchertofu

400 g Räuchertofu
ca. 250 g rote und grüne Paprikaschoten
ca. 200 g Zucchini
2 kleine Stangen Lauch
2–3 Tomaten
4 EL Öl
1 Zwiebel
Kräutersalz
frische Petersilie
frisches Basilikum
2 Knoblauchzehen

Das Gemüse waschen und putzen, Paprika in Streifen, Zucchini und Lauch in Scheiben bzw. Ringe schneiden. Die geschälte Zwiebel fein würfeln.
Öl erhitzen, Zwiebel darin glasig dünsten, Gemüse zugeben und auf kleiner Flamme 10–15 Minuten garen. Mit wenig Gemüsebrühe ablöschen. Die letzten 5 Minuten die gehäuteten und entkernten, in kleine Stücke geschnittenen Tomaten mitdünsten.
Den Tofu in Würfel schneiden und unter das fertige Gemüse mischen. Mit gepresstem Knoblauch und Kräutersalz würzen. Die fein gewiegten Kräuter über dem Gemüse verteilen.

Weißkohl-Tofu-Rouladen

1 Weißkohl
250 g Champignons
75 g Hirse
150 g Tofu
2 Zwiebeln
2 EL Margarine oder Sonnenblumenöl
400 ml Gemüsebrühe
100 ml Schlagsahne
Salz
Pfeffer
Thymian
Petersilie
Öl zum Anbraten

Die gewaschene Hirse in 200–250 ml kochende Gemüsebrühe geben, aufkochen lassen und bei geringer Hitze ca. 30–35 Minuten ausquellen lassen.

Inzwischen den Kohlkopf waschen und 3–5 Minuten in kochendes Salzwasser legen. Die äußeren 8 Blätter ablösen (Restkohl anderweitig verwenden), Strunk flach schneiden, trocken tupfen.

Champignons putzen, waschen und klein schneiden. Die Zwiebeln fein hacken, in heißem Fett glasig dünsten, Champignons mit 1 EL Gemüsebrühe zugeben und ca. 10 Minuten im offenen Topf garen.

Den Tofu mit einer Gabel zerkrümeln. Die Hirse zu den Pilzen geben, ebenso den Tofu und die Gewürze. Die Masse pikant abschmecken und abkühlen lassen. Die Masse auf den Kohlblättern verteilen, zu Rouladen aufrollen und mit Holzstäbchen feststecken oder mit Garn zusammenbinden. In etwas Öl rundum anbraten, mit etwas Gemüsebrühe angießen und ca. 30 Minuten in geschlossenem Topf schmoren. Die Rouladen herausnehmen, die Soße mit Sahne binden, mit Salz und Pfeffer abschmecken, kurz aufkochen lassen und über die Rouladen gießen.

Brotaufstriche mit Tofu siehe unter Kapitel "Brotaufstriche"

Seitan-Geschnetzeltes

400 g Seitan, in Würfel geschnitten
250 g Champignons
2 Stangen Lauch
250 ml Gemüsebrühe
1 Zwiebel
4 EL Öl
30 g Vollweizenmehl
200 g saure Sahne
Sojasoße
1 Lorbeerblatt
Thymian
schwarzer Pfeffer
etwas Zitronensaft

Champignons und Lauch putzen, waschen, fein schneiden. Öl erwärmen, die fein geschnittene Zwiebel darin goldgelb dünsten, Lauch und Champignons zugeben, anbraten. Seitanwürfel unterrühren, mit Gemüsebrühe ablöschen und 10–15 Minuten dämpfen. Lorbeerblatt und Thymian mit dämpfen.
Vollweizenmehl und saure Sahne verquirlen und in das Gemüse einrühren, weitere 5 Minuten leicht köcheln lassen, Lorbeerblatt entfernen. Mit Pfeffer und Zitronensaft abschmecken.

Seitan-Gulasch Szegediner Art

350–400 g gewürfelter Seitan
2 Zwiebeln
1 Knoblauchzehe
3 EL Öl
Gemüsebrühe
2 EL Tomatenmark
Salz
Rosenpaprika
Kümmel
Pfeffer
Sojasoße
500 g Sauerkraut
200 g Crème fraîche oder saure Sahne

Zwiebeln und Knoblauch fein hacken und in etwas Öl hell anbraten, Paprika und Kümmel dazugeben und kurz mit dünsten. Seitan untermischen und nochmals 5 Minuten unter Rühren schmoren lassen. Mit etwas Gemüsebrühe ablöschen, Tomatenmark unterrühren und weitere 5 Minuten köcheln lassen. Mit Sojasoße abschmecken.
Sauerkraut in etwas Öl kurz garen, mit dem Seitan gut vermischen, Crème fraîche unterziehen und pikant mit Pfeffer und Sojasoße abschmecken.

Serbische Spaghetti

125 g Vollkornspaghetti (ohne Ei)
1 EL Öl
1 mittelgroße Zwiebel
150 g Tiefkühlerbsen
2 EL Tomatenmark
1 EL Paprika
Kräutersalz
etwas Wasser
1 zerdrückte Knoblauchzehe
150 g Seitan
Hefeflocken
gehackte Petersilie

Spaghetti nach Vorschrift kochen. In der Zwischenzeit Zwiebel klein schneiden, zusammen mit dem in Würfel geschnittenen Seitan in Öl andünsten. Erbsen, Tomatenmark, Knoblauch, Paprika und etwas Wasser dazugeben. Bei kleiner Flamme ca. 10 Minuten dünsten. Mit Salz und Hefeflocken abschmecken. Auf den abgegossenen, kurz abgeschreckten Spaghetti anrichten. Mit Petersilie bestreuen.
Ergibt 2–3 Portionen.

Bratlinge & Knödel

Gerstenbratlinge

250 g Gerstengrütze
ca. 500 ml Gemüsebrühe
1 TL Salz
150 g gekochte, geschälte Kartoffeln
1 EL Sojamehl
2–3 EL Hefeflocken
etwas schwarzer Pfeffer
1 TL Curry
1 EL Basilikum
1 EL Majoran
1 kleine Zwiebel
Vollkorn-Semmelbrösel
Fett zum Braten

Die Gerstengrütze in der Gemüsebrühe unter ständigem Rühren 5 Minuten kochen (evtl. etwas Wasser zugeben). Anschließend auf der warmen Herdplatte ausquellen lassen. Die Kartoffeln reiben und in die abgekühlte Masse geben, Sojamehl, Hefeflocken, Salz, geriebene Zwiebel und die Gewürze hinzufügen und alles zu einem nicht zu weichen Teig verarbeiten. Sollte er kleben, die Semmelbrösel unterkneten. Kleine Frikadellen formen und in heißem Fett goldgelb braten.

Grünkernbraten

150 g Grünkernschrot
150 g Maisgrieß
150 g feine Haferflocken
5 EL Vollkorn-Semmelbrösel
1 l Gemüsebrühe
40 g Butter oder Margarine
125 g frische Pilze oder 20 g getrocknete Pilze
2 Zwiebeln
evtl. 1 Knoblauchzehe
Majoran
Thymian
Salz
reichlich Petersilie

In je 500 ml kochende Gemüsebrühe getrennt den Grünkernschrot und den Maisgrieß einkochen, ca. 10 Minuten leicht kochen, dann 1 Stunde nachquellen lassen. Anschließend die beiden Breie vermengen und mit Salz abschmecken.
Inzwischen die fein geschnittene Zwiebel in dem heißen Fett andünsten, die in Scheiben geschnittenen Pilze (oder die gewiegten, überbrühten Trockenpilze) zufügen, zuletzt die Semmelbrösel und dann die Gewürze hineingeben. Das Ganze unter die Breimischung rühren, die Haferflocken unterkneten und die Masse in eine gebutterte und mit Semmelbröseln ausgestreute Kastenform geben. Bei starker Hitze ca. 1 Stunde backen.

Grünkernfrikadellen

200 g Grünkern oder Grünkernschrot
500 ml Gemüsebrühe
½ TL Salz
1 fein gewiegte Zwiebel
1 Stange Lauch
1 Lorbeerblatt
150 g Quark
50 g feine Haferflocken
1 EL Hefeflocken
Majoran
Pfeffer
gehackte Petersilie
Liebstöckel
1 EL Sojasoße
ca. 20–30 g Kokosfett oder Öl zum Braten

Ggf. Grünkern schroten. Den Schrot in der Gemüsebrühe mit Salz, Wasser, der fein gewiegten Zwiebel, dem fein geschnittenen Lauch und dem Lorbeerblatt in einem gut schließenden Topf 20 Minuten langsam kochen und ausquellen lassen. Umrühren. Lorbeerblatt entfernen. In die abgekühlte Masse Quark, Haferflocken und Hefeflocken einarbeiten. Mit Petersilie und Gewürzen abschmecken. Die Masse soll formbar sein. Evtl. noch Flocken zugeben. Mit angefeuchteten Händen flache Frikadellen formen und in heißem Kokosfett von beiden Seiten goldgelb braten.

Haferbratlinge

140 g Haferflocken
125 g Champignons
Zwiebelpulver
Salz, Pfeffer
ca. 250 ml Wasser
2 TL Hefeflocken
1 TL Majoran
gehackter Schnittlauch
1 EL Sojamehl
Fett zum Braten

Haferflocken mit heißem Wasser bedecken und ca. 30 Minuten ausquellen lassen. Champignons klein schneiden und hinzufügen. Mit Zwiebelpulver, Salz, Pfeffer, Majoran und Hefeflocken abschmecken, Schnittlauch untermischen und Sojamehl unterrühren. Sollte die Masse zu weich sein, mit etwas Semmelbröseln binden. Aus der Masse Bratlinge formen, in Fett auf beiden Seiten auf kleiner Flamme braten.

Hirse-Backlinge

200 g Hirse
500 ml Gemüsebrühe
1 Lorbeerblatt
200 g Magerquark
4 EL feine Haferflocken
1 EL Öl
2 Möhren
1 Zwiebel
1 EL gehackte Kräuter
Salz, Pfeffer
Muskat
½ TL Paprikapulver
1 EL Sojasoße
100 g geriebener Käse

Die Hirse nach Grundrezept in der Gemüsebrühe aufkochen, ca. 5 Minuten köcheln lassen und danach auf niedriger Stufe 35 Minuten quellen lassen. Lorbeerblatt entfernen. Möhren schälen und fein reiben. Zwiebel schälen, fein hacken und in Öl andünsten, Möhren zugeben und kurz mitdünsten. Mit allen anderen Zutaten einschließlich der Gewürze zur abgekühlten Hirse geben, gut durcharbeiten und kräftig abschmecken. Mit feuchten Händen kleine Backlinge formen und auf ein gefettetes oder mit Backpapier belegtes Backblech setzen. Bei 180 Grad ca. 40 Minuten backen.

Hirse-Tofu-Bratlinge

200 g Hirse
200 g Tofu
1 große Zwiebel
1 große Möhre
1 EL Öl
1 Knoblauchzehe
Salz, Pfeffer
Paprikapulver
evtl. etwas Sojasoße
Öl oder Kokosfett zum Braten

Die Hirse nach Grundrezept in Gemüsebrühe kochen und 35–40 Minuten ausquellen lassen, mit einer Gabel auflockern. Den Tofu mit dem Pürierstab zerkleinern oder mit einer Gabel fein zerdrücken. Die Möhre fein raspeln. Die Zwiebel fein hacken und in 1 EL Öl andünsten, die geraspelte Möhre zufügen und andünsten, mit dem zerdrückten Tofu in die Hirse geben, Knoblauch darüber durchpressen, alles gut zu einer gebundenen Masse verrühren. Mit den Gewürzen abschmecken. Mit feuchten Händen flache Bratlinge formen und in heißem Öl von beiden Seiten (ca. 10 Minuten) braten.

Tipp: Mit derselben Hirse-Tofu-Masse lassen sich Gemüsereste vom Vortag, gut abgetropft und zerkleinert, für Bratlinge verwerten.

Reisbratlinge

100 g gekochter Naturreis
250 g grob gehackte Pilze (Dose)
4 EL Sojamehl, angerührt in etwas kalter Milch
Kräutersalz
gehackte Petersilie
Vollkorn-Semmelbrösel
Fett zum Braten

Reis noch warm mit Pilzen, dem angerührten Sojamehl und Petersilie vermengen. Salzen, Frikadellen formen, in Semmelbröseln wenden, in Fett auf beiden Seiten goldgelb backen.

Reis-Sellerie-Frikadellen mit Schnittlauchsoße

1 Sellerieknolle (ca. 500 g)
250 ml Gemüsebrühe
50 g Butter oder Margarine
100 g gekochter Naturreis
20 g Vollweizenmehl
Salz
weißer Pfeffer
50 g Vollkorn-Semmelbrösel

Für die Soße:
1 Bund Schnittlauch
300 g saure Sahne
150 g Vollmilchjoghurt
Saft ½ Zitrone
1 Prise Vollrohrzucker
Salz

Den Sellerie schälen, waschen, grob reiben, in der Brühe zum Kochen bringen und garen. Abtropfen und abkühlen lassen. Mit dem Reis vermischen, dann das Mehl unter die abgekühlte Reis-Sellerie-Masse rühren und mit Salz und Pfeffer abschmecken. Sollte die Masse kleben, etwas Semmelbrösel einarbeiten. Kleine Frikadellen formen, in Semmelbröseln wenden und auf beiden Seiten ca. 3–4 Minuten in heißem Fett braten.
Für die Soße den Schnittlauch in feine Röllchen schneiden. Saure Sahne, Joghurt, Zitronensaft und Salz gut verrühren, Schnittlauch zufügen, mit Zucker abschmecken und mit Frikadellen zusammen servieren.

Weizenschrot-Frikadellen

250 g Weizenschrot
500 ml Gemüsebrühe
1 Lorbeerblatt
100 g Quark
100 g grob gemahlene Cashewnüsse (oder andere Nüsse)
2 EL feine Haferflocken
½ TL Salz
Muskatnuss
Sojasoße
Fett zum Ausbacken

Weizenschrot in Gemüsebrühe mit Lorbeerblatt 10 Minuten kochen, dann auf warmer Platte 1 Stunde nachquellen lassen. Die Gewürze unterrühren und abkühlen lassen. Dann die übrigen Zutaten untermengen.
Mit feuchten Händen Frikadellen formen und in heißem Fett in der Pfanne von beiden Seiten hell braten.

Getreide-Gemüse-Bratlinge

150 g feiner Weizenschrot
400 ml Wasser
1 Möhre
1 Zucchini
1 Kohlrabi
1 Stange Lauch
1 EL Sojamehl
1 Knoblauchzehe
100 g geriebener Hartkäse
Salz
Pfeffer
Paprika
Muskat
1 EL Sojasoße
Öl zum Braten

Den Weizenschrot im Wasser aufkochen, auf kleiner Flamme 15 Minuten köcheln, dann ausquellen und abkühlen lassen.
Gemüse putzen, waschen, fein raffeln. Lauch in dünne Ringe schneiden. Schrot und Gemüse mit dem Sojamehl, Käse und gepresstem Knoblauch gut vermengen. Gewürze zugeben, kräftig abschmecken. Kleine Backlinge formen und beidseitig in heißem Öl einige Minuten langsam braten.

Kartoffel-Gemüse-Bratlinge

250 g rohe Kartoffeln
1 Möhre
1 EL Erbsen (auch TK)
1 kleine Zwiebel
1 Knoblauchzehe
2 EL feine Haferflocken
100 g Tofu
Salz, Pfeffer
Muskat
Majoran
Vollkorn-Semmelbrösel
Öl zum Braten

Tofu mit einer Gabel fein zerkrümeln oder im Mixer fein zerkleinern. Kartoffeln schälen und fein reiben, ebenso die Möhre. Zwiebel und Knoblauch schälen, in kleine Würfel schneiden, mit dem Tofu und den Erbsen unter das Kartoffel-Möhren-Gemüse mischen. Haferflocken und Gewürze zufügen und so viel Semmelbrösel unterkneten, bis ein formbarer Teig entsteht. Mit feuchten Händen kleine Bratlinge formen und in heißem Öl langsam auf beiden Seiten braten.

Gemüsebratlinge

1 gekochte, fein geriebene Kartoffel
1 fein geriebene Möhre
1 kleine, in feine Scheiben geschnittene Stange Lauch
2 EL Quark
ca. 60 g gekochter Grünkernschrot
etwas Salz
Pfeffer
Majoran
Hefewürze
evtl. 1–2 EL Vollkorn-Semmelbrösel
Fett zum Braten

In den gekochten, ausgequollenen Grünkernschrot das Gemüse, die Kartoffel, den Quark und die Gewürze einarbeiten. Pikant abschmecken. Sollte die Masse kleben, noch Semmelbrösel untermischen. Mit feuchten Händen Bratlinge formen, in Semmelbröseln wenden und in heißem Fett auf beiden Seiten langsam braun braten.

Quarkbratlinge

750 g rohe Kartoffeln
200 g Quark
1–2 gehäufte EL Sojamehl
1–2 EL feine Haferflocken
1 gehäufter EL Speisestärke
2 EL Hefeflocken
Kräutersalz, Pfeffer
Fett zum Braten

Kartoffeln schälen, waschen und fein reiben. Kartoffeln etwas ausdrücken und Flüssigkeit abgießen. Quark, Sojamehl, Speisestärke, Hefeflocken und Haferflocken damit verrühren, salzen. Die Masse zu Bratlingen formen, in heißem Fett auf beiden Seiten jeweils 5–6 Minuten braun braten.

Walnuss-Backlinge

100 g gemahlene Walnüsse
100 g Vollkorn-Semmelbrösel
50 g Vollweizenmehl
1 geh. EL Sojamehl
1 EL Nuss- oder Mandelmus
1 TL Johannisbrotkernmehl
1 Zwiebel, fein gehackt
1 TL Salz
je ½ TL Majoran, Thymian, Salbei
1 EL Sojasoße
ca. 150 ml warmes Wasser

Alle Zutaten gut miteinander vermischen (1–2 EL Brösel zum evtl. Panieren zurückbehalten). Wasser zugeben, so dass eine formbare Masse entsteht. Einige Minuten stehen lassen. Dann kleine Bratlinge bzw. Backlinge formen, in Semmelbröseln panieren und in heißem Öl auf beiden Seiten langsam braun braten.
Alternativ die Backlinge auf ein gefettetes oder mit Backpapier belegtes Backblech setzen und bei 180–190 Grad ca. 20–30 Minuten backen.

Kartoffelknödel

500 g gekochte Pellkartoffeln vom Vortag
40 g Grieß
80 g Kartoffelmehl
2 EL Sojamehl
ca. ½ Tasse kaltes Wasser
1 TL Salz
1 EL Öl
kochendes Salzwasser

Die geschälten Kartoffeln reiben, Grieß, Kartoffelmehl, Öl und Salz zufügen. Das Sojamehl mit Wasser glatt rühren, zu den übrigen Zutaten geben und alles miteinander gut verkneten, so dass ein glatter Teig entsteht.
Entweder kleine Knödel oder mehrere lange Rollen formen, davon ca. 1 cm lange Stücke abschneiden, in kochendes Salzwasser gleiten und so lange ziehen lassen, bis sie an der Oberfläche schwimmen. Mit Zwiebelringen oder in Butter gerösteten Vollkorn-Semmelbröseln bestreuen.

Thüringer Kartoffel-Klöße

4 kg Kartoffeln
1 Brötchen
1 EL Butter
Salz
gemahlener Kümmel

Die Hälfte der Kartoffeln schälen, in eine Schüssel mit etwas Wasser fein reiben und etwas ruhen lassen, um die Kartoffelstärke herauszulösen. Aus den restlichen Kartoffeln einen Kartoffelbrei zubereiten (siehe Kapitel „Kartoffelgerichte“). Brötchen in kleine Würfel schneiden und in heißer Butter anrösten. Die geriebenen rohen Kartoffeln aus dem Wasser nehmen und gut ausdrücken. Das restliche Wasser langsam durch ein Sieb abgießen, sodass die herausgelöste Kartoffelstärke in der Schüssel zurückbleibt. Die Kartoffelstärke mit den geriebenen Kartoffeln, dem heißen Kartoffelbrei und den Gewürzen vermischen und zu einem Teig verkneten. Mit feuchten Händen Klöße aus dem Teig formen, in jeden Kloß einige Brötchenwürfel einarbeiten. In leise kochendem Salzwasser ca. 20 Minuten garen.

Gnocchi mit Käsesoße
(Italienische Kartoffelklößchen)

1 kg Kartoffeln (mehlige Sorte)
etwa 250 g Vollweizenmehl (Type 1050)
Salz
etwas Muskat

Zum Bestreuen:
50 g Parmesan

Kartoffeln weich kochen, schälen und noch heiß durch die Kartoffelpresse auf eine leicht bemehlte Arbeitsfläche drücken. Die Kartoffelmasse salzen, würzen und nach und nach so viel Mehl unterkneten, bis ein glatter Teig entsteht. (Er soll nicht mehr an den Fingern kleben!) Walnussgroße Portionen vom Teig abnehmen, auf bemehlter Arbeitsfläche zu fingerdicken Röllchen formen und mit einer Gabel flach drücken. (Gabel ab und zu in kaltes Wasser tauchen!)

3 Liter Salzwasser zum Kochen bringen, Gnocchi nach und nach hineingeben und bei geringer Temperatur etwa 3–4 Minuten gar ziehen lassen. Ab und zu umrühren. Sobald die Gnocchi oben schwimmen, mit dem Schaumlöffel herausnehmen und gut abtropfen lassen. In etwas heißer Butter schwenken. Mit Parmesan bestreuen.

Käsesoße:

40 g Butter
1½ EL Vollweizenmehl
250 ml Gemüsebrühe
250 ml Milch
Salz
Pfeffer
80 g Gorgonzola-Käse

Butter erwärmen, Mehl und Salz dazugeben, mit der Butter verrühren. Kalte Gemüsebrühe dazugießen, dann die Milch nach und nach einrühren und zum Kochen bringen, bis die Soße andickt. Von der Kochstelle nehmen und den in Stücke geschnittenen Käse unterrühren, bis er sich aufgelöst hat. Abschmecken.

Käsenocken

125 g trockener Quark oder Frischkäse
1 TL Johannisbrotkernmehl
Salz
Muskat
Pfeffer
50 g fein geriebener Hartkäse (z.B. Parmesan)
1–2 EL Grieß

Alle Zutaten in einer Schüssel verrühren und den Teig ca. ½ Stunde kalt stellen. Dann Nocken abstechen und in kochender Gemüsebrühe einige Minuten köcheln lassen, bis sie an die Oberfläche kommen. Mit dem Schaumlöffel herausnehmen.
Die Nocken können als Suppeneinlage oder zu Gemüse verwendet werden. Sie können auch zu Salat gereicht und mit Butter beträufelt werden.
Ergibt 2 Portionen.

Polenta-Nocken

400 ml Gemüsebrühe
200 ml Milch
200 g Maisgrieß (Polenta)
1 TL Salz
50 g Reibkäse
ca. 5 TL Basilikum-Öl

Gemüsebrühe, Milch und Salz zum Kochen bringen. Maisgrieß unter Rühren langsam einrieseln lassen, auf kleiner Flamme aufkochen und auf der warmen Herdplatte ca. 15 Minuten nachquellen lassen, dabei öfter umrühren. Masse abkühlen lassen.
Ein Backblech mit Backpapier auslegen, Backofen auf 200 Grad vorheizen. Mit zwei angefeuchteten Löffeln von der Polenta Nocken abstechen und nebeneinander auf das Backblech setzen. Mit Reibkäse bestreuen, mit Basilikum-Öl beträufeln und im heißen Ofen ca. 15 Minuten überbacken. Dazu passt eine Tomatensoße und Salat.

Reisnocken

200 g Rundkornreis
1 l Gemüsebrühe
50 g geriebener Käse
3 gehäufte EL Sojamehl
1 TL Johannisbrotkernmehl
1 EL Speisestärke
Kräutersalz
reichlich kochendes Salzwasser
2–3 EL zerlassene Butter

Reis nach Grundrezept in Gemüsebrühe gar kochen, etwas abkühlen lassen. Käse, Sojamehl, Speisestärke, Johannisbrotkernmehl und Salz untermischen. Die Masse sollte sehr fest sein, sonst zerfallen die Nocken. Mit einem Esslöffel Stücke von der Reismasse abstechen, vorsichtig in das leise kochende Salzwasser gleiten und ca. 10–15 Minuten köcheln lassen. Mit einem Schaumlöffel (oder Bratenwender) herausnehmen, mit zerlassener Butter beträufeln.
Dazu passt Salat jeder Art.

Böhmische Semmelknödel

500 g Vollweizenmehl (Type 1050)
1 Würfel Hefe oder 1 Päckchen Trockenhefe
2 TL Salz
ca. 400 ml Milch
geröstete Würfel von 2 Vollkorn-Semmeln
evtl. 1 EL Vollkorn-Semmelbrösel
reichlich kochendes Salzwasser

Hefewürfel zerbröseln, mit etwas lauwarmer Milch und 1 TL Zucker anrühren, mit etwas Mehl bestreuen und den Vorteig ca. 15 Minuten im Warmen gehen lassen. (Trockenhefe unter das Mehl rühren.) Den Vorteig mit allen anderen Zutaten verkneten, bis ein glatter, fester Teig entsteht. Sollte er kleben, etwas Semmelbrösel unterkneten. Teig an einem warmen Ort ca. ½ Stunde gehen lassen. Dann zwei große längliche Knödel formen, in kochendes Salzwasser legen und etwa 20 Minuten ziehen lassen. Anfangs leicht umrühren, damit die Knödel nicht am Topf anhängen. Nach der Garzeit herausnehmen, in ca. 2 cm breite Streifen schneiden und servieren.
Passt als Beilage zu jedem Gemüse und zu allen Soßen. Ergibt 6–8 Portionen.

Semmelknödel

8–10 Brötchen vom Vortag
600 ml heiße Milch
1 EL Butter
1 Zwiebel
1 Bund Petersilie, gehackt
1 EL Vollweizenmehl
Kräutersalz, Pfeffer
etwas Muskat
evtl. Vollkorn-Semmelbrösel

Brötchen in gleichmäßige Würfel schneiden und in eine große Schüssel geben. Zwiebel fein hacken, in Butter andünsten, mit der heißen Milch ablöschen und über die Brötchenwürfel gießen, gut umrühren und ca. 1 Stunde ziehen lassen. Gehackte Petersilie und Gewürze zugeben, ebenso das Mehl, und alles gut durchkneten, abschmecken. Evtl. mit Semmelbröseln andicken, damit ein formbarer Teig entsteht. Mit feuchten Händen Knödel formen. Die Knödel in reichlich kochendes Salzwasser geben, einmal aufkochen lassen, Temperatur reduzieren und ca. 15–20 Minuten ziehen lassen. Dabei die Knödel gelegentlich vorsichtig mit dem Kochlöffel nach unten drücken und wenden. Die fertig gegarten Knödel einzeln mit dem Schaumlöffel herausheben, abtropfen lassen, auf eine Platte legen und evtl. mit zerlassener Butter beträufeln.

Grießknödel

200 g (Vollweizen-) Grieß
375 ml Milch
375 ml Wasser
50 g geriebener Käse
2 EL Sojamehl, angerührt mit etwas kalter Milch
1 EL Butter oder Margarine
2–3 EL Vollkorn-Semmelbrösel
Kräutersalz
reichlich kochendes Salzwasser

Milch, Wasser und Fett zum Kochen bringen, salzen. Grieß mit dem Schneebesen einrühren, unter ständigem Rühren mit einem Kochlöffel ca. 10 Minuten dick kochen. Abkühlen lassen, Sojamehl, Brösel und Käse unterrühren. Die Masse sollte sehr fest sein, andernfalls noch etwas Mehl dazugeben. Mit angefeuchteten Händen Knödel formen, vorsichtig in das kochende Salzwasser gleiten lassen. Knödel darin gar ziehen (nicht kochen) lassen, bis sie an die Oberfläche steigen. Mit einem Schaumlöffel (oder Bratenwender) herausnehmen und servieren.

Germknödel (Hefeklöße)

500 g Vollweizenmehl
20 g Hefe oder 1 Päckchen Trockenhefe
1 TL Vollrohrzucker
2 EL Öl
250 ml lauwarme Milch
1 TL Salz
50 g Butter
reichlich kochendes Salzwasser

Mehl und Salz in eine Schüssel geben, in die Mitte eine Mulde machen, Hefe hineinbröseln, Zucker und 4 EL lauwarme Milch darüber geben und leicht verrühren. Etwas Mehl darüber stäuben. (Trockenhefe nur unter das Mehl mischen.) Vorteig zugedeckt im Warmen gehen lassen. Wenn die Mehldecke aufreißt, die aufgegangene Hefe mit dem Löffel langsam unter das Mehl rühren, die restliche Milch nachgießen, zuletzt das Öl zugeben. Alles gründlich verrühren und kräftig zu einem glatten, festen Teig verkneten. An warmer Stelle zugedeckt zu doppelter Größe aufgehen lassen (dauert ca. 30 Minuten). Nochmals durchkneten. Der Teig darf nicht zu weich sein; bei Bedarf noch etwas Mehl hineinarbeiten. Aus dem Teig eine Rolle formen, davon Stücke abschneiden und zu etwa golfballgroßen Knödeln formen. Nochmals ca. 20 Minuten im Warmen gehen lassen. Die Knödel ca. 8–10 Minuten in kochendem Salzwasser ziehen lassen. Nach der Garzeit mit einem Schaumlöffel herausnehmen, auf eine Platte setzen, mit zwei Gabeln aufreißen und mit gebräunter Butter beträufeln.

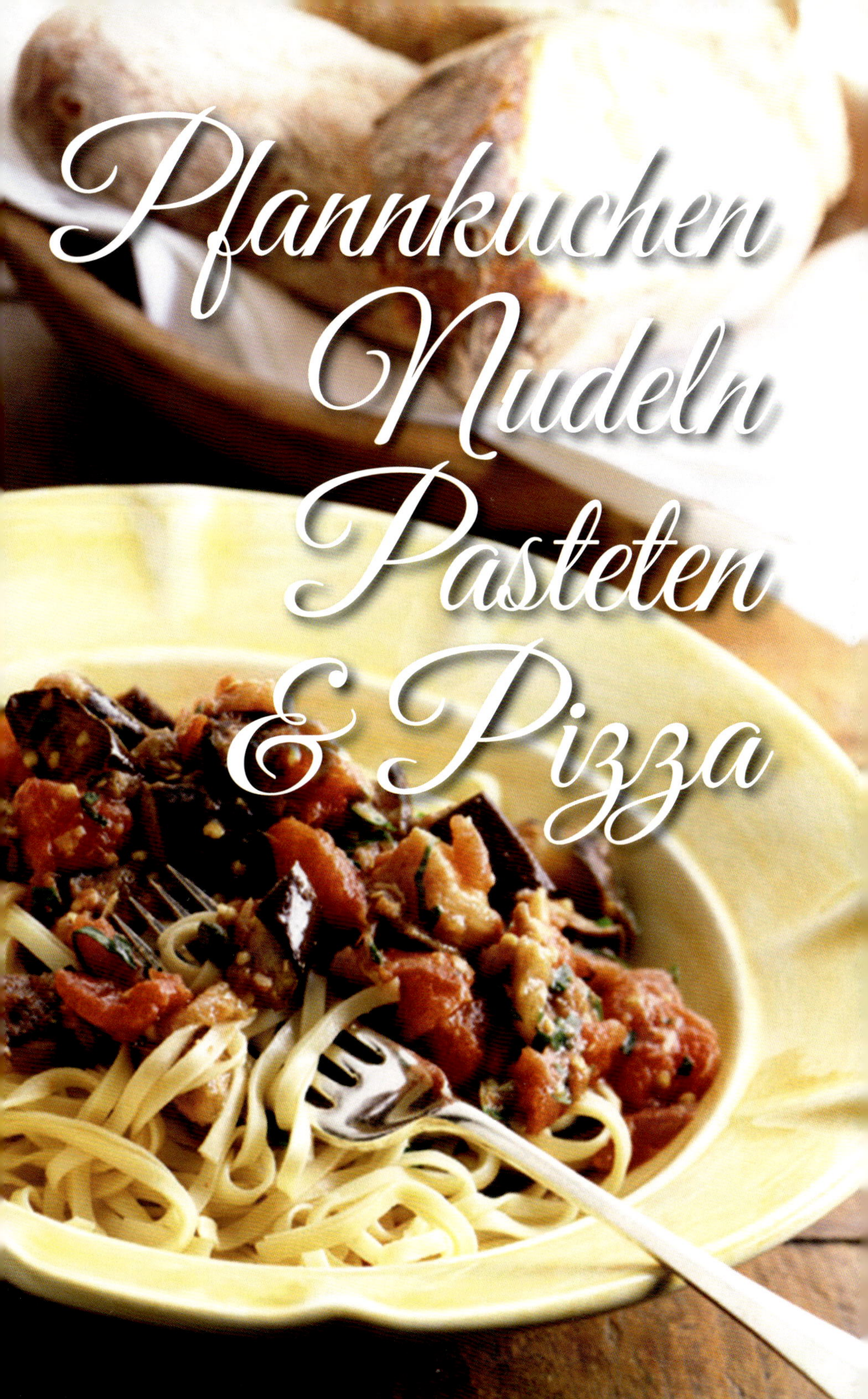
Pfannkuchen
Nudeln
Pasteten
& Pizza

Pfannkuchen

600 ml Milch oder 300 ml Milch und 300 ml Mineralwasser
250 g Vollweizenmehl
2 EL Speisestärke
2 EL Sojamehl
1 Prise Salz
1 TL Backpulver
Fett zum Ausbacken

Alle Zutaten mit der Milch gut verrühren. So viel Milch hinzufügen, dass ein dickflüssiger Teig entsteht. Es dürfen sich keine Klumpen bilden. Den Teig gut eine halbe Stunde ruhen lassen.

Das Fett in der Pfanne erhitzen, eine Schöpfkelle voll Teig hineingeben und von beiden Seiten ausbacken. Ergibt 8 Stück.

Die Pfannkuchen können mit fertig gegartem Spinat, Champignons oder anderen Füllungen gefüllt und zur Hälfte zusammengeschlagen werden, oder es können in den fertigen Teig verschiedene gewiegte Kräuter, wie z.B. Dill, Petersilie, Schnittlauch, Basilikum und Melisse eingearbeitet und mit ausgebacken werden. Für die süße Variante siehe unter "Palatschinken" im Kapitel "Süße Hauptgerichte".

Pfannkuchen-Grundrezept

250 Milch
ca. 100 g Vollweizenmehl
1 Msp. Backpulver
1 EL Sojamehl
1 Prise Salz

Zubereitung siehe oben.

Soja-Omeletts

200 g Vollweizenmehl (Type 1050)
100 g Weizenmehl (Type 550)
60 g Sojamehl
½ TL Salz
1/2 TL Backpulver
600 ml Wasser oder Mineralwasser
1 EL Öl
Fett zum Backen

Trockene Zutaten mischen. Wasser und Öl verrühren, zu der Mehlmischung geben und kräftig schlagen. Teig 1 Stunde ruhen lassen.

Fett in der Pfanne erhitzen. Omelett-Teig portionsweise hineingeben und beidseitig langsam backen. Ergibt 8 Stück.

Vegetarische Frühlingsrollen

Für den Pfannkuchenteig:
125 g Vollweizenmehl
1 EL mit Milch angerührtes Sojamehl
½ TL Salz
ca. 250 ml Mineralwasser

Für die Füllung:
3 geschälte Tomaten
60 g Vollkornbrot (ca. 1½ Scheiben)
1 Zwiebel
etwas Knoblauchpulver
100 g gemahlene Wal- oder andere Nüsse
½ TL gemischte Kräuter
1 TL Tomatenmark
½ TL Hefewürze
Salz
frisch gemahlener Pfeffer
200 g frische Mungbohnenkeimlinge oder Bambussprossen (kurz blanchieren und abtropfen lassen)
375 ml Käsesoße (siehe Kapitel „Soßen")

Tomaten zerkleinern. Brotrinde entfernen, Brot zerkrümeln, zu den Tomaten geben, einweichen. Zwiebel zerkleinern, in Butter weich dünsten.
Dann Nüsse zusammen mit der Brot-Tomatenmischung und den Keimlingen zu den Zwiebeln geben, Knoblauchpulver, Kräuter, Tomatenmark und Hefewürze dazutun. Mit Salz und Pfeffer abschmecken.
Für die Pfannkuchen alle Zutaten gut verrühren. Nach Möglichkeit ½ Stunde stehen lassen. Etwas Fett in der Pfanne erhitzen, ein wenig Teig hineingeben, glatt streichen und auf einer Seite backen. Nacheinander alle Pfannkuchen ausbacken, auf einen Teller geben und warm stellen. Braune Seite mit Füllung bestreichen, aufrollen. Fertige Rollen nebeneinander in eine feuerfeste Form legen. Käsesoße darübergießen, bei 180 Grad 20 Minuten lang backen.

Variante:
Die Rollen mit Pilzfüllung (siehe unter Rezept „Piroggen") füllen.

Zucchini-Küchlein

130 g Vollweizenmehl
½ Tasse Milch
½ Tasse Sahne
Salz
Pfeffer
Muskat
3 mittelgroße Zucchini
2 EL Sonnenblumenkerne
Fett zum Braten

Aus Vollkornmehl, Milch und Sahne einen Teig rühren, mit Salz, Muskat und Pfeffer würzen und die gewaschenen, fein geraspelten Zucchini hineingeben. In heißem Fett kleine Küchlein von beiden Seiten goldgelb braten. Die Sonnenblumenkerne trocken anrösten und über die gebratenen Küchlein streuen. Ergibt 3–4 Portionen.

Blinis mit saurer Sahne

15 g Hefe
125 ml Milch
125 ml süße Sahne
Salz
1 Msp. Honig
130 g Buchweizenmehl
60 g Vollweizenmehl
Öl zum Braten

Blinis sind eine russische Spezialität. Die kleinen Hefepfannkuchen aus Buchweizenmehl werden mit saurer Sahne serviert.

Hefe in etwas Milch verrühren. Restliche Milch und Sahne im Topf lauwarm werden lassen. Salz, Honig und Mehl mit der angerührten Hefe in das Milch-Sahne-Gemisch einrühren. Teig gut durchkneten. Teig an warmer, zugfreier Stelle zugedeckt etwa 40 Minuten gehen lassen.
Öl in der Pfanne erhitzen und nacheinander Blinis von etwa 12 cm Durchmesser backen. Der Teig sollte nicht zu fest sein, evtl. etwas Milch zugeben. Vor dem Wenden mit zerlassener Butter beträufeln. Heiß servieren.
Vorzüglich schmeckt auch ein Quarkdip dazu (siehe Kapitel „Salatsoßen").

Chapatis
(Indisches Fladenbrot)

200 g fein gemahlenes Dinkelvollkornmehl oder Weizenmehl
100 g Vollweizenmehl (Type 550)
ca. 250 ml Wasser
1 TL Salz
ca. 100 g Butter

Mehl und Salz in einer Schüssel vermischen, so viel Wasser zugeben, dass ein glatter Teig entsteht. Kräftig durchkneten. Der Teig sollte nicht kleben. Mit einem feuchten Tuch abdecken und mindestens 30 Minuten ruhen lassen. Danach nochmals fest durchkneten, Stücke abschneiden, mandarinengroße Kugeln formen und diese auf bemehlter Unterlage mit einem Nudelholz zu dünnen Scheiben ausrollen. Die Scheiben in eine heiße Pfanne ohne Fett hineingeben und unter ständigem Wenden 2–3 Minuten backen, bis sie leicht braun, aber noch weich ist. Die fertigen Chapatis mit wenig Butter bestreichen, auf einen Teller legen und aufeinander stapeln, bis alle gebacken sind. Warm halten und warm servieren. Passt zu jedem Gemüse.

Tortillas
(Mexikanisches Fladenbrot)

100 g Maismehl
100 g Vollweizenmehl (Type 1050)
3 EL Öl
1 TL Salz
100 ml lauwarmes Wasser

Mehl, Öl und Salz vermischen, nach und nach das Wasser zugeben und zu einem festen Teig verkneten. Zugedeckt 60 Minuten ruhen lassen. Danach den Teig zu einer Rolle formen, Stücke abschneiden und ca. 12 eigroße Kugeln formen. Diese flach drücken, zwischen zwei Alufolien oder Butterbrotpapier legen und mit dem Nudelholz zu Fladen ausrollen.
In einer heißen Pfanne die Tortillas nacheinander ohne Fett und unter öfterem Wenden 2–3 Minuten backen, bis sie leicht braun sind. Sofort mit einem feuchten Tuch bedecken und warm halten, bis alle fertig sind.
Als Beilage zu Gemüse oder Salat reichen.

Lasagne mit Lauch

12 Lasagne-Blätter (ohne Vorkochen)
1½ kg Lauch
ca. 500 ml Gemüsebrühe
Salz
Pfeffer
Muskat
100 g Butter
30 g Vollweizenmehl
200 g Crème fraîche
2 EL frische Kräuter
200 g geriebener Käse (Gouda)
250 ml Milch
Hefe-Streuwürze
evtl. 50 g Haselnussblättchen

Den geputzten, gewaschenen Lauch in Stücke schneiden und in der Gemüsebrühe ca. 10 Minuten garen. Dann mit einer Schaumkelle herausnehmen und abtropfen lassen. (Brühe aufheben.) Mit Pfeffer, Muskat und evtl. Salz würzen. 50 g Butter erhitzen, Mehl anschwitzen, Milch und 250 ml Brühe angießen und unter ständigem Rühren aufkochen lassen. 100 g Käse darin schmelzen lassen, Crème fraîche, Kräuter und Gewürze unterrühren. Auflaufform fetten, etwas Soße hineingießen, eine Schicht Lasagne-Blätter darüber legen, darauf den Lauch schichten, mit etwas Käse bestreuen und Soße begießen. Zweimal wiederholen. Zuletzt mit Soße abdecken und mit restlichem Käse bestreuen.
Im vorgeheizten Backofen bei 200 Grad ca. 35–40 Minuten backen. Nach 20 Minuten Backzeit evtl. Haselnussblättchen darüber streuen.

Nudelgericht mit Lauch-Spinat

500 g fertig gegarte Vollkornnudeln (ohne Ei)
500 g frischer Spinat
3 Stangen Lauch
4 Zwiebeln
2–3 EL Öl
Thymian
Muskat
Knoblauch
Salz
etwas Gemüsebrühe
geriebener Käse
Butterflöckchen

Lauch gut waschen, in dünne Scheiben schneiden. Zwiebeln zerkleinern, beides zusammen in Öl andünsten. Spinat waschen und fein schneiden, zu dem Lauchgemüse geben, etwas Gemüsebrühe dazugießen, nicht zu weich dünsten. Mit den Gewürzen abschmecken. In eine feuerfeste, gebutterte Auflaufform eine Schicht Nudeln geben, darauf das Lauch-Spinat-Gemüse, wieder Nudeln usw., mit Nudeln abschließen. Dick mit geriebenem Käse bestreuen, mit Butterflöckchen belegen, im vorgeheizten Backofen bei 200 Grad 30 Minuten goldgelb überbacken.

Nudelauflauf mit Tomatensoße

500 g fertig gegarte Vollkornnudeln (ohne Ei)
2 EL Olivenöl
1 Dose geschälte Tomaten (400 g)
1 EL Tomatenmark
1 große Zwiebel
2 Knoblauchzehen
1 Lorbeerblatt
Paprika
Salz
Oregano
1 Msp. Nelkenpulver
Petersilie
Basilikum
125 ml heißes Wasser
125 g Mozzarella
Hefeflocken
Butterflöckchen

Zwiebel und Knoblauch in Öl goldgelb dünsten. Tomatenmark zugeben und kurz erhitzen, dann die Tomaten zufügen, etwas zerkleinern und mit wenig Wasser oder Gemüsebrühe auffüllen. Gewürze unterrühren und ca. 10 Minuten köcheln lassen. Es soll eine dickflüssige Soße entstehen (evtl. Wasser nachgießen). Zuletzt feingehackte Petersilie und Basilikum einstreuen. In eine gebutterte, feuerfeste Form eine Lage Nudeln geben, darauf die Tomatensoße, dann wieder Nudeln usw. Oberste Schicht Nudeln, darüber die restliche Soße gießen und mit dem in Scheiben geschnittenen Mozzarella belegen. Hefeflocken darüber streuen, Butterflöckchen aufsetzen und kurz im heißen Ofen überbacken.

Nudelauflauf mit Tofu

250 g Vollkornnudeln (ohne Ei)
1 große Zwiebel
1 EL Öl
1 rote und 1 grüne Paprikaschote
200 g Räuchertofu
50 g geriebener Käse
Salz, Pfeffer
Muskat
1 Bund Petersilie oder Basilikum
125 ml saure Sahne
125 ml Milch
(alternativ 250 ml Hafersahne)
4 EL Sonnenblumenkerne
einige Butterflöckchen

Nudeln nach Packungsaufschrift garen. Paprika putzen und in kleine Würfel schneiden. Die Zwiebel schälen, fein hacken und in heißem Öl andünsten, den Paprika dazugeben, würzen und kurz mit etwas Wasser andünsten. Tofu in ebenso kleine Würfel schneiden, Petersilie bzw. Basilikum hacken. Eine Auflaufform einfetten. Paprika, Tofu, Käse und Kräuter unter die abgetropften Nudeln mischen und in die Form hineingeben. Saure Sahne und Milch gut verrühren (ersatzweise Hafersahne nehmen), mit Salz, Muskat und Pfeffer abschmecken und damit die Nudeln übergießen. Sonnenblumenkerne und Butterflöckchen darüber verteilen und bei 200 Grad ca. 20 Minuten überbacken.

Makkaroni-Auflauf

400 g Hartweizen-Makkaroni (ohne Ei)
Salz
500 g Champignons
1 Zwiebel
3 EL Öl
150 g gewürfelter Seitan
Kräuter der Provence
etwas Sojasoße
Pfeffer
500 g Tomaten
200 g Emmentaler
etwas Petersilie

Makkaroni in kochendem Salzwasser bissfest garen und abtropfen lassen. Champignons waschen, putzen und in Scheiben schneiden. Zwiebel schälen und fein würfeln.
Öl erhitzen, Zwiebel darin hellgelb andünsten, Seitanwürfel anbraten, Champignons zugeben, ca. 5 Minuten unter Wenden braten. Gewürze zufügen, ebenso die in kleine Stücke geschnittenen Tomaten. Weitere 10 Minuten köcheln lassen.
Käse reiben, etwa die Hälfte in die Gemüsesoße rühren, evtl. etwas Gemüsebrühe oder Wasser zugeben.
Makkaroni und Gemüse abwechselnd in eine gefettete Auflaufform füllen, mit restlichem Käse bestreuen und im vorgeheizten Backofen bei 200 Grad ca. 15–20 Minuten backen. Mit gehackter Petersilie bestreuen.

Nudelauflauf mit Pilzen

400 g Vollkornhörnchen (ohne Ei)
20 g Butter oder Margarine
1 große Zwiebel
1 Knoblauchzehe
250 g frische Champignons oder 1 kleine Dose
250 ml Gemüsebrühe
Salz
Pfeffer
Majoran
Paprika, edelsüß
Muskat
200 g Sahne
100 g Mascarpone
1 EL Zitronensaft
½ TL Johannisbrotkernmehl

Die Vollkornhörnchen in Salzwasser ca. 10–15 Minuten sprudelnd kochen, dann abtropfen lassen.
Fett erhitzen, fein gehackte Zwiebel und Knoblauch goldgelb dünsten. Die geputzten, geschnittenen Champignons zufügen und mit den Gewürzen weich dünsten. Sahne angießen und 2–3 Minuten köcheln lassen. Mascarpone einrühren und schmelzen lassen. Mit Johannisbrotkernmehl binden. Abschmecken. Mit den Nudeln vermischen und in eine gefettete Auflaufform geben.
Im Backofen bei 200 Grad einige Minuten überbacken.

Auberginen-Spaghetti

1 große Aubergine
1 in Ringe geschnittene Zwiebel
1 zerdrückte Knoblauchzehe
3 EL Olivenöl
Oregano oder Basilikum
1 in Streifen geschnittene grüne Paprikaschote
250 g reife Tomaten
Salz
gekochte Vollkorn-Spaghetti (ohne Ei)
evtl. geriebener Parmesan

Aubergine in Scheiben schneiden, leicht salzen und ½ Stunde stehen lassen. Die entstandene Flüssigkeit abgießen und die Auberginen abtropfen lassen. Zwiebel und Knoblauch einige Minuten lang in Öl andünsten, die Aubergine dazugeben und anbräunen. Kräuter, Paprikaschote und Tomaten dazutun und weitere 10 Minuten schmoren lassen. Spaghetti auf einer vorgewärmten Servierplatte anrichten; Auberginenmischung in die Mitte geben und mit Parmesan bestreuen.

Allgäuer Käs-Spätzle

Für den Teig:
200 g Vollweizenmehl
150 g Hartweizengrieß
50 g Sojamehl
1 TL Johannisbrotkernmehl
1 TL Salz
ca. 200 ml kaltes Wasser

Außerdem:
300 g Zwiebeln
100 g Butter
250 g Emmentaler, gerieben
2 EL Crème fraîche
Salz, Pfeffer
Muskat

Mehl, Grieß, Sojamehl, Salz und Johannisbrotkernmehl vermischen und nach und nach nur so viel Wasser zugießen, dass ein zäher Teig entsteht. Den Teig gut abschlagen, bis er von glatter Konsistenz ist. Danach 1 Stunde ruhen lassen. Anschließend den Teig portionsweise durch eine Spätzlepresse in kochendes Salzwasser drücken. Sobald die Spätzle an der Oberfläche erscheinen, mit dem Schaumlöffel herausnehmen und gut abtropfen lassen. In einer vorgewärmten Schüssel lagenweise Spätzle und geriebenen Käse schichten. Die Zwiebeln in Butter goldbraun rösten und darüber verteilen. Crème fraîche unterziehen und mit Salz, Pfeffer und Muskat abschmecken.
Dieses Gericht kann auch mit fertigen Vollkorn-Spätzle zubereitet werden.

Piroggen mit Pilzfüllung

Für den Teig:
300 g Vollweizenmehl
1 TL Salz
200 g nicht zu feuchter Quark
250 g Butter oder Margarine
evtl. etwas Wasser
3 EL Sahne oder Milch

Alle Zutaten schnell zu einem glatten Teig verkneten und einige Stunden kalt stellt. Am besten einen Tag vor dem Verzehr zubereiten.

Ein großes Backbrett oder eine andere glatte Arbeitsfläche und das Nudelholz mit etwas Mehl bestäuben und den Teig etwa 3 mm dick ausrollen. Es ist zu prüfen, ob der Teig nicht an der Unterlage festklebt. Den ausgerollten Teig in Vierecke mit einer Kantenlänge von etwa 8–10 cm schneiden. In die Mitte jedes Vierecks einen EL Füllung geben (Pilzfüllung siehe nebenstehendes Rezept), die Teigränder mit etwas Wasser bestreichen und die Ecken zur Mitte umschlagen. Die Ränder gut zusammendrücken, da sich die Teigtaschen sonst während des Backens leicht öffnen. Vor dem Backen die Oberfläche der Piroggen mit Milch oder Sahne bestreichen. Backblech mit Backpapier belegen, Teigtaschen darauf setzen und im vorgeheizten Backofen bei etwa 200 Grad 15–20 Minuten goldbraun backen.

Pilzfüllung für Piroggen und vegetarische Frühlingsrollen

1 fein geschnittene Zwiebel
1 EL Butter oder Öl
500 g Pilze (Steinpilze, Champignons, auch Dosenpilzmischungen)
Kräutersalz
Pfeffer
2 EL saure Sahne oder Kefir
gehackte Petersilie
Dill
Majoran

Die fein geschnittene Zwiebel in der Butter goldgelb dünsten, die in Scheiben geschnittenen Pilze dazugeben und ca. 5 Minuten dünsten lassen. Danach mit den Gewürzen abschmecken, saure Sahne unterziehen und die Kräuter zugeben.

Als Füllung für die Piroggen eignet sich sehr gut auch etwas in Fett gedünsteter Lauch, mit Sahne abgeschmeckt oder gedünsteter Spinat, mit Muskat und Knoblauch abgeschmeckt oder leicht gegartes Sauerkraut mit Zwiebel, Kümmel und Nelke gewürzt oder gedünstete, mit Honig und Zitrone gewürzte Apfelstückchen oder Kirschen.

Gefüllte Blätterteigtaschen

1 Packung Tiefkühl-Blätterteig (ohne Ei und tierisches Fett)
1–2 EL Öl
1 zerkleinerte Zwiebel
1 Dose geschnittene Champignons
Salz
Pfeffer
Majoran
Hefewürze
150 g Sauerrahm oder süße Sahne
½ TL Johannisbrotkernmehl
1 Bund Petersilie

Blätterteig auftauen. In einer Pfanne die zerkleinerte Zwiebel in Öl andünsten, Pilze und Gewürze dazugeben. 10–15 Minuten dünsten. Zum Schluss den Sauerrahm oder die süße Sahne dazugießen. Johannisbrotkernmehl einrühren und dicklich einkochen lassen. Gehackte Petersilie zuletzt zugeben.
Den Blätterteig zu einer Platte ausrollen, zur Hälfte mit der Pilzmasse füllen, zusammenklappen, die Enden gut festdrücken. Auf Backpapier im Backofen 15–20 Minuten bei 220 Grad backen. In Stücke schneiden. Als Beilage kann man Salat oder Gemüse reichen.

Maultaschen

200 g Dinkel- oder Vollweizenmehl
2 EL Öl
Salz
ca. 140 ml warmes Wasser

Für die Füllung:
ca. 500 g frischer Spinat
1 Zwiebel
2 Knoblauchzehen
1 EL Öl
Salz
Pfeffer
Muskat
4 EL Crème fraîche
50 g Butter
evtl. 50 g Parmesan

Gemüsebrühe zum Garziehen

Aus Mehl, Salz, Öl und Wasser in ca. 5 Minuten einen glatten Teig kneten und unter einem warmen Topf 30 Minuten ruhen lassen.
Inzwischen für die Füllung den Spinat gut waschen, etwas zerkleinern und abtropfen lassen. Zwiebel in heißem Öl andünsten, Spinat zugeben, mit wenig heißem Wasser aufgießen und den Spinat zusammenfallen lassen. Überschüssige Flüssigkeit abgießen, mit Salz, Pfeffer, Muskat und ausgepresstem Knoblauch würzen. Mit Crème fraîche binden und abkühlen lassen.
Den Teig auf bemehlter Arbeitsfläche dünn ausrollen und in Rechtecke von ca. 10–15 cm schneiden. Ränder mit Wasser befeuchten, jeweils 1 EL Füllung auf jede Platte geben, zusammenklappen und Ränder fest andrücken.
Die Maultaschen portionsweise in kochende Gemüsebrühe mit etwas Öl geben, aufkochen, Hitze reduzieren und die Maultaschen gar ziehen lassen, bis sie an der Oberfläche schwimmen.
Herausnehmen, abtropfen lassen und in heißer Butter kurz schwenken. Evtl. mit Parmesan bestreuen.
Dazu schmeckt ein Blattsalat sehr gut.

Cornish Pasties

400 g Vollweizenmehl (Type 1050)
1 TL Backpulver
250 g Butter oder Margarine
1 TL Salz
3 Kartoffeln
2 Zwiebeln
Pfeffer
1 Rezept Krümel-Tofu (siehe Kapitel „Tofu")

Mehl, Backpulver, Fett und 1 TL Salz mit 8 EL kaltem Wasser verkneten. Teig 30–60 Minuten kalt stellen. Kartoffeln und Zwiebeln schälen und in Scheiben schneiden. Krümel-Tofu nach Rezept zubereiten und gut würzen.
Den Teig in 8 Portionen teilen, jeweils zu einem Kreis von etwa 20 cm ausrollen, die Teigstücke mit Zwiebelscheiben dick belegen, Tofu darauf verteilen und mit Kartoffelscheiben abdecken. Mit Salz und Pfeffer würzen. Teigränder mit Wasser bestreichen, nach oben ziehen und zusammendrücken. Mit etwas Milch bestreichen. Teigtaschen auf ein gefettetes Blech legen und bei 200 Grad etwa 45 Minuten backen. Die Pasteten schmecken warm oder kalt.

Quiche Lorraine

125 g Vollweizenmehl (Type 1050)
2 EL kaltes Wasser
75 g Butter
2 EL Hefeflocken
1 Prise Salz
2 EL Vollkorn-Semmelbrösel

Für den Belag:
150 g saure Sahne
125 g geriebener Käse
etwas Petersilie
1 Stängel Basilikum
1 TL Paprikapulver
1 TL Salz
etwas Muskat
evtl. 1 geriebene Knoblauchzehe
evtl. 1 EL Milch

Mehl mit Wasser, Butter, Salz und Hefeflocken rasch zu einem glatten Teig verarbeiten und etwa 1 Stunde kalt stellen.
Eine gefettete Form mit Teig auslegen, mit einer Gabel mehrmals einstechen und mit den Semmelbröseln bestreuen. Sahne, Milch, Käse und Gewürze (Petersilie und Basilikum fein wiegen) gut vermischen. Die Masse auf den Teigboden verteilen und ca. 50 Minuten bei 180 Grad im vorgeheizten Backofen backen. Ergibt 2 Portionen.

Tomaten-Quiche vegan

Für den Teig:
200 g Mehl
150 g Margarine
80 ml Wasser
½ TL Salz

Für den Belag:
400 g Kirschtomaten
400 g Seidentofu
2 EL Olivenöl
1 EL Johannisbrotkernmehl oder Speisestärke
1 TL Salz
1 TL Kurkuma
1 TL Oregano
Muskat
Pfeffer

Für den Quiche-Boden Mehl, Wasser, Salz und Margarine miteinander verkneten. Den Teig abgedeckt 30 Minuten im Kühlschrank ruhen lassen. Tomaten halbieren und zum Abtropfen in ein Sieb legen.

Eine Quiche-Form einfetten und mit Mehl bestäuben. Den Teig ausrollen und die Form damit auslegen, dabei einen 3 cm hohen Rand bilden. Den Boden mehrmals mit einer Gabel einstechen und im vorgeheizten Ofen bei 180–200 Grad etwa 10 Minuten vorbacken.

Seidentofu mit Olivenöl, Salz, Kurkuma, Muskat und Johannisbrotkernmehl bzw. Stärke zu einer homogenen Masse pürieren, mit Oregano und Pfeffer kräftig abschmecken. Die Tofu-Masse gleichmäßig auf den Teigboden verteilen, die Tomaten mit der Wölbung nach oben in die Masse drücken. Quiche zuerst 20 Minuten bei 180 Grad backen, dann 15 Minuten bei 155 Grad backen. Vor dem Servieren kurz ruhen lassen.

Varianten:
Dieses Rezept lässt sich gut mit Brokkoli oder Blattspinat oder Mangold statt Tomaten abwandeln.

Brokkoli-Quiche

Für den Teig:
250 g Weizenmehl (Type 1050)
150 g Butter
3–4 EL Eiswasser
Salz

Für den Belag:
500 g Brokkoli
1 große Zwiebel
2 EL Öl
1 EL Gemüsebrühe-Pulver
250 g Crème fraîche
100 g Frischkäse
200 g geriebener Käse
etwas Petersilie und Basilikum, frisch
Salz, Pfeffer
Muskat

Mehl mit der in kleine Stückchen geschnittenen Butter, Salz und Wasser zu einem glatten Teig verkneten und mindestens 30 Minuten kalt stellen.
In der Zwischenzeit Brokkoli putzen, waschen und in kleine Stücke teilen, Stängel in Scheiben schneiden. Zwiebel schälen, fein hacken und in heißem Öl andünsten, Brokkoli zugeben, Gemüsebrühe-Pulver darüber streuen, mit 100 ml Wasser ablöschen und zugedeckt kurz dünsten. Der Brokkoli soll noch „Biss" haben.
Den Teig ausrollen, eine gefettete Quiche-Form damit auslegen, dabei einen ca. 3 cm hohen Rand formen. Mehrmals mit einer Gabel einstechen und im vorgeheizten Ofen bei 200 Grad ca. 10 Minuten vorbacken. Danach den Brokkoli auf dem Teigboden verteilen. Crème fraîche mit Frischkäse und Gewürzen gut verrühren und über das Gemüse verteilen. Den Reibkäse darüber streuen, bei 180–200 Grad im heißen Ofen ca. 45 Minuten überbacken.

Varianten:
Dieses Quiche-Rezept lässt sich gut mit Belägen aus Kohlrabi, Rosenkohl, Spinat, Zucchini usw. abwandeln.

Champignontorte

250 g Vollweizenmehl
(Type 1050)
125 g Butter oder Margarine
1 Prise Salz
1 EL Wasser
1 EL Sahne

Für die Füllung:
2 kleine Zwiebeln
evtl. 2 kleine Knoblauchzehen
1½ EL Butter oder Margarine
500 g frische Champignons
Saft 1 Zitrone
Salz
schwarzer Pfeffer
1½ EL Vollweizenmehl
125 ml Sahne
150 g geriebener Käse

Aus Mehl, Butter, Salz, Wasser und Sahne rasch einen Mürbeteig kneten. 30 Minuten kühl stellen.
Zwiebeln und Knoblauch fein hacken und in heißem Fett anbraten. Champignons in dünne Scheiben schneiden und dazugeben. Etwa 10 Minuten dünsten. Zitronensaft, Salz und Pfeffer zugeben und nochmals kurz durchkochen.
Eine Springform von 24 cm Durchmesser mit dem Teig auslegen und einen etwa 3 cm hohen Rand hochziehen. Boden mehrmals mit einer Gabel einstechen und im vorgeheizten Backofen 15 Minuten bei 200 Grad hellgelb backen.
Nun das Mehl mit der Sahne verrühren und die Pilze damit binden. Den geriebenen Käse unterrühren (ca. 50 g zurücklassen). Die Masse abkühlen lassen. Die Pilzfüllung auf dem vorgebackenen Boden verteilen, den restlichen Käse darüber streuen und die Torte bei 200 Grad noch etwa 10 Minuten überbacken.

Gemüsekuchen

250 g Vollweizenmehl
125 g weiche Butter
8 EL kaltes Wasser
½ TL Salz
Mehl zum Ausrollen

Für den Belag:
500 g Möhren
1 kleiner Blumenkohl
250 g Zwiebeln
1 kleine Dose Mais
Salz
Pfeffer
2 EL Tomatenmark
150 g saure Sahne
2 EL Kräuter der Provence
100 g geriebener Käse

Mehl auf die Arbeitsfläche geben , in die Mitte eine Mulde drücken, Butter in Stückchen schneiden, Wasser und Salz hineingeben. Rasch zu einem glatten Teig kneten und etwa 2 Stunden in Folie gepackt im Kühlschrank ruhen lassen.
Für den Belag das Gemüse putzen, schälen. Möhren in kleine Würfel schneiden und Blumenkohl in feine Röschen zerteilen. Zwiebeln würfeln und in Öl glasig dünsten, dann das Gemüse und die Gewürze zugeben und alles unter Rühren halb gar dünsten. Tomatenmark und Sahne zufügen und verrühren.
Den Teig zu einer runden Platte ausrollen, eine gefettete Springform von etwa 26 cm Durchmesser damit auslegen und einen Rand hochziehen. Mit einer Gabel mehrmals einstechen und bei 200 Grad 15 Minuten hellgelb backen.
Die Gemüsemischung gleichmäßig auf dem vorgebackenen Boden verteilen, den Käse darüber streuen und ca. 20 Minuten bei 200 Grad überbacken.

Variante:

375 g Vollweizenmehl
180 g weiche Butter
8 EL kaltes Wasser
1 TL Salz
Mehl zum Ausrollen

Zubereitung des Teiges siehe Gemüsekuchen. Kalt stellen. Dann halbieren und jede Hälfte zu einer runden Platte ausrollen. Eine gefettete Springform mit einer Platte auslegen, Rand hochziehen und ca. 15 Minuten hellgelb backen.
Das Gemüse einfüllen, Käse darüber streuen, mit der zweiten Teigplatte bedecken, mit einem spitzen Messer mehrmals kreuzweise einschneiden und bei 200 Grad nochmals ca. 30 Minuten backen.

Gemüse-Pie

500 g gekochtes und gewürztes Gemüse nach Wahl (auch Reste)
3–4 EL Milch oder (saure) Sahne
75 g feiner Haferschrot (Hafermehl)
1 mittelgroße gekochte Kartoffel
150 g Vollweizenmehl
75 g geriebener Käse
etwas Milch
ca. ½ TL Salz

Gemüse in eine gefettete Auflaufform geben, Milch oder Sahne darüber geben. Kartoffel zerdrücken, mit etwas Salz, dem Hafermehl, Weizenmehl und Käse unter Zugabe von etwas Milch zu einem geschmeidigen Teig verkneten. Auf einer bemehlten Fläche ausrollen, das Gemüse damit bedecken, Teigränder an die Wand der Auflaufform drücken. Bei 180 Grad ca. 30 Minuten backen.

Gedeckter Spinatkuchen

Für den Teig:
500 g Vollweizenmehl (Type 1050 oder 1700)
1 Päckchen Trockenhefe
250 ml lauwarmes Wasser
1 TL Salz
2 EL Öl

Für die Füllung:
1 kg frischer Spinat oder ca. 900 g TK-Blattspinat
Salz
1 TL Johannisbrotkernmehl
4 EL Öl
1 Zwiebel
2 zerdrückte Knoblauchzehen
frisch gemahlener Pfeffer
etwas Muskat
300 g Butterkäse oder Räuchertofu
50 g entkernte schwarze Oliven
etwas Sahne oder Sojasahne

Aus den Teigzutaten einen glatten Hefeteig kneten und zugedeckt ca. 20–30 Minuten gehen lassen.

Spinat verlesen und sorgfältig waschen, in Salzwasser etwa 5 Minuten sprudelnd kochen lassen, bis er zusammengefallen ist. Im Sieb gut abtropfen und auskühlen lassen, anschließend grob hacken. (Alternativ TK-Spinat auftauen und im Sieb abtropfen lassen.)

Öl erhitzen, die fein geschnittene Zwiebel und die zerdrückten Knoblauchzehen darin glasig dünsten, Spinat zufügen, würzen, Johannisbrotkernmehl darüber streuen und gut verrühren. Den Käse bzw. Räuchertofu und die Oliven klein würfeln und unter den Spinat mischen. Abkühlen lassen.

Teig auf bemehlter Arbeitsfläche in doppelter Blechgröße ausrollen, mit der Hälfte ein gefettetes Blech belegen, die andere Hälfte auf der Arbeitsfläche überlappen lassen. Den Teig mehrmals mit der Gabel einstechen. Die Spinatfüllung auf der Teigplatte verteilen, dabei einen etwa 1 cm breiten Rand freilassen. Diesen mit Wasser bestreichen und die überlappende Teighälfte nun darauf klappen. Den Rand kräftig andrücken, damit beim Backen keine Füllung hervorquellen kann. In der Mitte ein kleines Loch ausstechen, damit der Dampf entweichen kann.

Ca. 10 Minuten gehen lassen, die Oberfläche mit Sahne bestreichen, mehrmals mit einer Gabel einstechen und im vorgeheizten Backofen bei 200 Grad 30–35 Minuten goldgelb backen. Noch heiß servieren.

Spinat-Strudel

250 g Vollweizenmehl (Type 1050)
3 EL Öl
1 TL Salz
ca. 125 ml lauwarmes Wasser

Für die Füllung:
750 g frischer Spinat
3 EL Öl
1 Zwiebel
1 Knoblauchzehe
geriebene Muskatnuss
Pfeffer
50 g Sonnenblumenkerne
100 g Schafskäse oder Räuchertofu
1 EL Speisestärke
100 g Butter oder Margarine
2 EL Vollkornbrösel

Mehl und Salz auf ein Backbrett geben, in die Mitte eine Vertiefung drücken, Öl und Wasser hineingeben und rasch von der Mitte aus zu einem glatten Teig verarbeiten (darf nicht zu fest sein!). Unter einem warmen Topf 30 Minuten ruhen lassen.
Den Spinat putzen, waschen, abtropfen lassen. Zwiebel fein würfeln und in Öl mit der zerdrückten Knoblauchzehe glasig dünsten. Spinat zugeben und ca. 5 Minuten dünsten, bis er zusammenfällt. Mit Salz, Pfeffer und Muskat abschmecken, gut ausdrücken, mit Speisestärke bestäuben. Sonnenblumenkerne in einer Pfanne ohne Fett leicht anrösten.
Strudelteig auf einem bemehlten Geschirrtuch zu einem Rechteck von ca. 30 x 40 cm dünn ausrollen bzw. ausziehen. Butter oder Margarine zerlassen und die Teigplatte mit der Hälfte davon bestreichen. Vollkornbrösel darüber streuen, Spinat darauf verteilen, Schafskäse bzw. Räuchertofu darüber krümeln und mit den Sonnenblumenkernen bestreuen. Von der langen Seite her den Teig aufrollen. Enden gut zusammendrücken und mit der Schnittkante nach unten auf ein gefettetes Backblech legen. Zum Schluss mit der restlichen Butter bzw. Margarine bestreichen und im vorgeheizten Backofen bei 200 Grad 25–30 Minuten backen. Danach den Strudel etwas ruhen lassen und aufschneiden.
Ergibt ca. 10 Stücke.

Käse-Lauch-Rolle

200 g Vollweizenmehl (Type 1050)
200 g Magerquark
200 g Butter
1 Prise Salz

Für die Füllung:
500 g Lauch
100 g geriebener Käse
150 g Schafskäse
etwas Kümmel
etwas geriebene Muskatnuss
Salz
3 TL Speisestärke
150 g Crème fraîche
1–2 EL Vollkorn-Semmelbrösel

Die Zutaten für den Quarkblätterteig rasch verkneten und am besten über Nacht kalt stellen.

Den Lauch gut waschen und in Ringe schneiden. In wenig Wasser ca. 8–10 Minuten dünsten, würzen und mit der in etwas Crème fraîche angerührten Speisestärke binden. Den geriebenen Käse unterrühren und abschmecken. Das Ganze abkühlen lassen. Den Teig rechteckig ausrollen, mit Semmelbröseln bestreuen und die Füllung (evtl. etwas Flüssigkeit abgießen) darauf verteilen. Teigränder etwas frei lassen und mit Wasser bepinseln. Den Schafskäse darüberbröseln und den Teig zu einer Rolle formen. Vorsichtig auf ein gefettetes Backblech setzen und im vorgeheizten Backofen bei 200 Grad 25–30 Minuten goldgelb backen. Man kann das Ganze auch in einer Form als Kuchen backen.

Sauerkraut-Pastete

Für den Teig:
150 g Vollweizenmehl
150 g Butter
150 g trockener Magerquark
1 Prise Salz

Für den Belag:
1 EL Öl
1 große Zwiebel
1 großer Apfel
1 TL Kümmel
500 g Sauerkraut
Salz

Für den Guss:
75 g geriebener Käse
125 g saure Sahne
100 g Crème fraîche
1 TL Johannisbrotkernmehl
Salz
evtl. etwas Wasser

Alle Zutaten für den Teig rasch zusammenkneten und dann etwa 2 Stunden kalt stellen. Die Zwiebeln fein hacken und in Öl anschmoren. Den Apfel in Scheiben schneiden, zu den Zwiebeln geben und mit andünsten. Sauerkraut dazugeben, ebenso die Gewürze, mit etwas Wasser auffüllen und ca. 5 Minuten schmoren. Abtropfen lassen. Den Teig ausrollen, Rand und Boden einer Springform damit auslegen. Mit einer Gabel einstechen, das Sauerkraut darüber verteilen. Die Zutaten für den Guss gut miteinander verrühren, evtl. mit etwas Wasser verdünnen und dann gleichmäßig über das Sauerkraut gießen. Im vorgeheizten Backofen bei 200 Grad etwa 45 Minuten backen.

Tiroler Krapfen

Für den Teig:
250 g Vollroggen- oder Vollweizenmehl
½ TL Salz
1 EL Öl
etwa ½ Tasse warmes Wasser

Für die Füllung:
125 g gekochte Kartoffeln
125 g fester Quark
1 kleine Zwiebel
etwas Öl
Majoran
Muskat
Salz

Teigzutaten schnell zu einem glatten, geschmeidigen Teig verarbeiten. Sollte er zu fest sein, noch etwas Wasser unterkneten. Teig auf ein Backbrett legen, mit einem heißen Topf zudecken und 30 Minuten ruhen lassen. Inzwischen für die Füllung die gekochten Kartoffeln fein reiben, mit Quark vermengen. Zwiebel schälen, klein hacken, in etwas Öl kräftig rösten, zur Kartoffelmasse geben. Mit Salz, Majoran und Muskat abschmecken, evtl. mit etwas Wasser streichfähig machen.
Den Teig dünn ausrollen und ausziehen. Kreise in Größe einer Untertasse ausschneiden, eine Hälfte jedes Kreises mit Füllung bestreichen, zusammenklappen, Ränder fest andrücken. Im vorgeheizten Ofen bei etwa 200 Grad goldgelb backen. Heiß zu jedem Salat servieren.

Variante:
Krapfen in heißem Öl goldgelb ausbacken.

Pikanter Quarkkuchen mit Tomaten

Für den Teig:
250 g Vollweizenmehl (Type 1050)
2 EL Sojamehl, angerührt mit etwas kalter Milch
3 EL saure Sahne
100 g Butter oder Margarine
½ TL Salz

Für den Belag:
500 g Quark
200 g Frischkäse
500 g Tomaten
2 EL Sojamehl, angerührt mit etwas Milch
1 TL Johannisbrotkernmehl oder Speisestärke
Salz
Pfeffer
2 EL Vollkorn-Semmelbrösel
Basilikum
1 TL Zwiebelpulver
Kräutersalz
1 EL Öl
50 g Parmesan, gerieben

Mehl mit Sojamehl, saurer Sahne, Butter und Salz rasch verkneten und 1 Stunde kalt stellen. Eine Springform fetten und mit dem Teig auslegen. Rand etwas hochziehen, bei 200 Grad 15 Minuten vorbacken.
Quark mit Frischkäse, dem angerührten Sojamehl, Johannisbrotkernmehl bzw. Speisestärke, Salz, Pfeffer, Semmelbröseln, Basilikum und Zwiebelpulver verrühren. Die Masse auf den Teig streichen. Tomatenscheiben darauf verteilen, salzen und mit Öl beträufeln. Im Backofen bei 200 Grad etwa 60 Minuten backen. Nach 35 Minuten den Parmesan über die Tomaten streuen.

Zwiebelkuchen

Für den Teig:
300 g Vollweizenmehl (Type 1050 oder 1700)
20 g Hefe
1 Prise Vollrohrzucker oder ½ TL Honig
125 ml lauwarme Milch
50 g Butter
Salz

Für die Füllung:
1 kg Zwiebeln
4–5 EL Öl
200 ml Schlagsahne
Margarine für die Form
Mehl zum Ausrollen
2 TL Pfeilwurzelmehl
200 ml saure Sahne
1 TL Kümmel
Salz
schwarzer Pfeffer
2 EL geriebener Käse

Mehl in eine Schüssel füllen, in die Mitte eine Mulde drücken, Hefe hineinbröseln. Zucker dazugeben und mit wenig Milch verrühren. Mit etwas Mehl bestäuben und zugedeckt an einem warmen Ort 15 Minuten gehen lassen. Salz und Butter in Flöckchen mit der restlichen lauwarmen Milch zum Vorteig geben. Kneten und so lange schlagen, bis der Teig sich trocken von der Schüssel löst. Nochmals 15 Minuten gehen lassen.
Zwiebeln schälen und in Scheiben schneiden. In Öl glasig dünsten. Schlagsahne zugießen und würzen, Deckel nicht ganz auflegen, 5 Minuten köcheln, dann auskühlen lassen. Springform (Durchmesser 26 cm) einfetten. Teig auf bemehlter Arbeitsfläche ausrollen. Boden und Rand der Form damit auslegen, 15 Minuten gehen lassen. Die Zwiebeln nochmals abschmecken, in die Form füllen. Pfeilwurzelmehl mit saurer Sahne verquirlen und über die Zwiebelmasse gießen. Mit Käse bestreuen. Im vorgeheizten Backofen bei 200–220 Grad 30 Minuten backen. Heiß verzehren!

Variante:

Teig und Zubereitung siehe oben.

Für die Füllung:
400 g Champignons
400 g Zwiebeln
30 g Butter

Für den Belag:
200 g Gouda-Käse
200 g Tilsiter-Käse

Champignons waschen, putzen und in Scheiben schneiden. Zwiebeln schälen und ebenso in dünne Scheiben schneiden. Butter erhitzen, Zwiebeln hineingeben und ca. 5 Minuten auf kleiner Flamme goldgelb dünsten. Dann herausnehmen und in derselben Pfanne die Champignons ca. 5 Minuten anbraten. Nun abwechselnd Zwiebeln, Champignons und den in dünne Scheiben geschnittenen Käse auf den Teig füllen, zuletzt Käse. Im vorgeheizten Ofen bei 200-220 Grad ca. 40 Minuten backen. Noch heiß servieren.

Pizza-Grundrezept

350 g Vollweizenmehl (Type 1050 oder 1700)
½ Würfel Backhefe
1 TL Vollrohrzucker
1 TL Salz
4 EL Öl
ca. 250 ml lauwarmes Wasser

Für den Belag:
150 g Tomatenpüree oder -mark
1 kg Tomaten
evtl. 1–2 Zucchini
Salz
Pfeffer
Oregano
Basilikum
einige Oliven
300 g Mozzarella, in Würfel geschnitten
4 EL fein geschnittener Schnittlauch

Mehl in eine Schüssel sieben, in die Mitte eine Vertiefung machen, Hefe zerbröseln, mit Zucker und etwas Milch verrühren, in die Mitte gießen und mit etwas Mehl bestäuben. Zugedeckt an einem warmen Ort zu doppelter Größe aufgehen lassen. Restliches Mehl, Salz, Wasser und Öl unterarbeiten und zu einem glatten Teig verkneten. An einem warmen Ort zugedeckt ca. 30 Minuten gehen lassen. Nochmals gut durchkneten und auf ein gefettetes Backblech ausrollen. Tomatenpüree mit Salz, Kräutern und Gewürzen abschmecken und auf den Teigboden verstreichen.
Zucchini und Tomaten waschen, in Scheiben schneiden, schuppenartig auf dem Teigboden verteilen, mit den Gewürzen und Oliven bestreuen und im vorgeheizten Backofen bei 200 Grad ca. 15 Minuten backen, dann den Käse darauf verteilen und weitere 20 Minuten backen. Vor dem Anrichten mit Schnittlauch bestreuen.

Tipp: Für die vegane Abwandlung von Pizzen siehe vegane Toppings unter "Tipps für die vegane Küche".

Schnelle Pizza

150 g Quark
3 EL Sahne oder Milch
5 EL Öl
1 TL Kräutersalz
1 EL Sojamehl
300 g Vollweizenmehl
1 Päckchen Backpulver

Für den Belag:
6 große Tomaten
1 kleine Dose Tomatenmark
200 g Käse in Scheiben
schwarze oder grüne Oliven
Salz
Pfeffer
Pizzagewürz
evtl. einige Paprikastreifen
einige Basilikumblättchen

Quark, Milch, Öl, Salz und Sojamehl verrühren. Mehl und Backpulver mischen. 150 g Mehl in die Quarkmischung einrühren, die andere Hälfte unterkneten, bis ein geschmeidiger Teig entsteht, der nicht mehr kleben darf. 1 Stunde im Kühlschrank ruhen lassen. Dann den Teig auf ein gefettetes Backblech ausrollen und an den Seiten einen Rand hochdrücken.

Teig mit etwas Öl, dann mit Tomatenmark bestreichen, nacheinander Tomatenscheiben, Käse, Oliven und evtl. Paprikastreifen darauf verteilen. Mit Salz und Gewürzen bestreuen. Bei 200 Grad 30–40 Minuten überbacken. Kurz vor Ende der Backzeit mit gehacktem Basilikum bestreuen.

Gemüse-Pizza

Für den Belag:
200 g Champignons
1 Zucchini
150 g Erbsen (aus der Dose)
1 Zwiebel
6 EL Öl
Salz
Pfeffer
Basilikum
Oregano
5 EL Tomatenmark
200 g geriebener Käse

Zutaten für den Teigboden und Zubereitung siehe Pizza-Grundrezept.

Champignons und Zucchini putzen, waschen und in Scheiben schneiden. Erbsen abtropfen lassen. Zwiebel schälen, würfeln und in 3 EL Öl andünsten. Champignons und Gemüse zugeben und ca. 10 Minuten garen. Gewürze zugeben und pikant abschmecken. Tomatenmark mit Öl, Salz und Pfeffer mischen und auf den ausgerollten Teig streichen. Das Gemüse auf dem vorbereiteten Pizzaboden verteilen und im vorgeheizten Backofen bei 200 Grad ca. 15 Minuten backen, dann mit Käse bestreuen und weitere 15 Minuten backen.

Spinat-Pizza

Für den Belag:
ca. 5 EL Tomatenmark oder –püree
Salz, Pfeffer
Oregano, Majoran, Basilikum
ca. 1½ kg frischer Spinat oder ca. 500 g TK-Spinat
2–3 Knoblauchzehen
Salz, Muskat
5–6 Tomaten
evtl. 50 g schwarze Oliven
200 g Reibkäse oder Parmesan

Zutaten für den Teigboden und Zubereitung siehe Pizza-Grundrezept.
Tomatenmark mit den Gewürzen gut verrühren und den Teigboden damit bestreichen. Den frischen Spinat gründlich waschen, ggf. harte Stiele ausschneiden, kurz blanchieren, gut abtropfen lassen und grob in Streifen schneiden. (Alternativ den TK-Spinat nach Packungsaufschrift auftauen und vorbereiten, in einem Sieb abtropfen lassen.) Mit dem fein geriebenen oder durchgepressten Knoblauch, Salz und Muskat würzen und auf dem Teigboden verteilen. Die Tomaten in Scheiben schneiden und darüber verteilen, die Oliven ebenso. Mit dem Käse bestreuen und im vorgeheizten Ofen bei 200 Grad etwa 40 Minuten backen.

Zucchini-Knoblauch-Pizza

Für den Belag:
5 EL Tomatenmark
Pfeffer, Majoran, Oregano, Salz
2 Zucchini
2 Tomaten
4 Knoblauchzehen
1 TL Kräutersalz
150 g geriebener Käse

Zutaten für den Pizzaboden und Zubereitung siehe Pizza-Grundrezept.
Tomaten und Zucchini waschen, in feine Scheiben schneiden, ebenso den geschälten Knoblauch. Tomatenmark mit den Gewürzen vermischen und auf den Pizzaboden streichen. Das Gemüse mit dem Knoblauch darauf verteilen, mit Kräutersalz und Pfeffer würzen. Den Käse darüber streuen und bei 200 Grad ca. 20–30 Minuten backen.

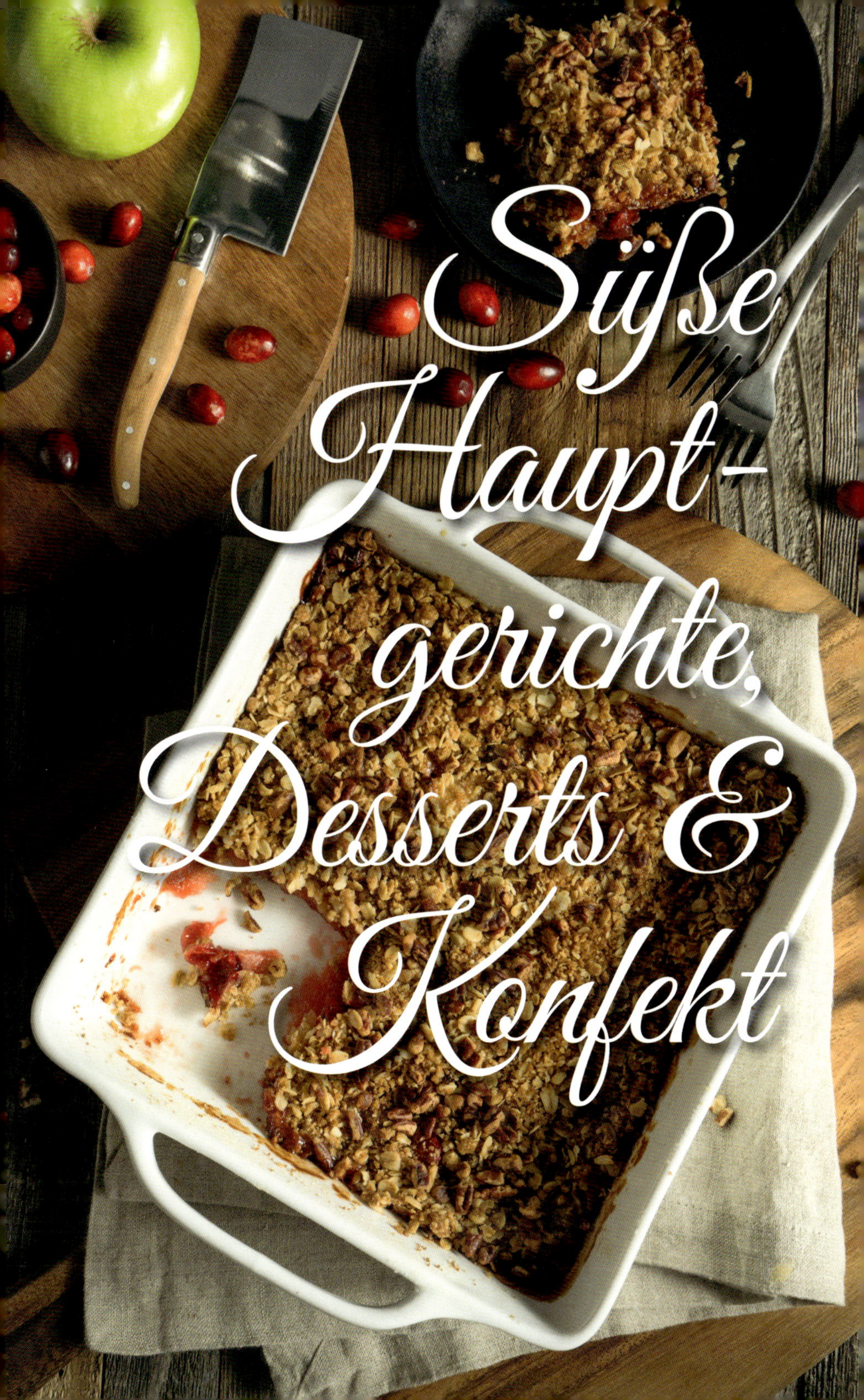
Süße
Haupt-
gerichte,
Desserts &
Konfekt

SÜSSE HAUPTGERICHTE

Alle in den Kapiteln „Reisgerichte" und „Getreidegerichte" angegebenen Getreidebreie lassen sich auch gut zu Süßspeisen abwandeln. Kochen Sie zerkleinerte Trockenfrüchte nach Wahl im Getreidebrei mit (z. B. Rosinen, Datteln, Feigen, Bananen, Pflaumen), geben Sie Sesamsamen, Leinsamen, Sonnenblumenkerne und /oder gehackte Nüsse dazu. Sie können statt Trockenobst eine fein zerdrückte Banane oder einen geriebenen Apfel mitkochen.

Verteilen Sie den Brei auf Teller, bestreuen Sie ihn mit Zimt oder Vanille, lassen Sie Honig darauf zergehen oder süßen Sie mit Ahornsirup, Birnendicksaft o.ä. und servieren Sie den Brei mit Kompott oder Mus nach Wahl.

Apfel-Charlotte

200 g Vollkornzwieback
750 g Äpfel
250 ml Wasser
3 EL Honig
50 g gemahlene Haselnüsse
100 g Rosinen
200 ml Sahne
1 TL Zimt
1 Msp. gemahlene Nelken
30 g Butter
abgeriebene Schale einer unbehandelten Zitrone

Den Zwieback mit der Sahne übergießen und ca. ¼ Stunde ziehen lassen. Inzwischen die fein geschnittenen Äpfel mit Honig und Zitronenschale aufkochen lassen. Rosinen und Nüsse zufügen. Dann den Boden einer gefetteten Auflaufform mit 2/3 der Zwiebackmasse belegen, die Gewürze unter die Äpfel mischen und damit den Zwieback bedecken. Obenauf den restlichen Zwieback und Butterflöckchen aufsetzen. Im vorgeheizten Backofen bei 200 Grad 30–40 Minuten backen. Mit Vanillesoße servieren.

Variante:
Für Rhabarber-Charlotte statt Äpfel 500 g frischen Rhabarber mit 150 g Vollrohrzucker in wenig Wasser oder Orangensaft andünsten.

Äpfel mit Hut (Pommes Châpeau)

400 g Äpfel
3 EL Wasser
4 Gewürznelken
100 g Vollrohrzucker
100 g Vollweizenmehl
1 TL Backpulver
50 g Butter
1 Prise Salz
Puderzucker

Äpfel schälen, Kerngehäuse ausstechen. Mit Wasser, Nelken und Zucker in eine gefettete feuerfeste Auflaufform geben. Mehl, Backpulver, Salz und Butter zu einem geschmeidigen Teig verkneten. Zu einem Deckel ausrollen und auf die Äpfel setzen, Deckel mehrmals mit einer Gabel oder einem Zahnstocher einstechen. Bei 200 Grad 35–40 Minuten backen.
Mit Puderzucker bestreuen, heiß servieren.

Apfel-Hafer-Auflauf

250 g Haferflocken
500 ml lauwarme Milch
50 g gemahlene Nüsse oder Mandeln
50 g Rosinen
3 EL Honig oder Vollrohrzucker
½ TL Zimt
1 Prise Salz
3 EL zerlassene Butter oder Margarine
abgeriebene Schale einer halben unbehandelten Zitrone
800 g Äpfel

Milch über die Flocken gießen, Flocken ca. 15 Minuten darin einweichen. Die Äpfel schälen und in Scheiben schneiden. Mit den übrigen Zutaten vermischen. Die Masse in eine gefettete Auflaufform geben und 45 Minuten bei 180 Grad backen.
Dazu passt Vanillesoße.

Früchte-Pie mit Streuseln

500 g säuerliche Äpfel
500 g Heidel-, Holunder- oder Brombeeren
100 g Butter
1 EL Butter für die Form
150 g Vollrohrzucker
175–200 g Vollweizenmehl
1 TL Zimt
1 Prise Salz

Äpfel schälen, das Kerngehäuse ausstechen, Äpfel in Scheiben schneiden. Beeren waschen, Stiele entfernen. Eine feuerfeste Form mit 1 EL Butter einfetten. Äpfel und Beeren hineingeben. Zucker mit Mehl, Zimt, Salz und der Butter mit den Fingerspitzen zu dicken Streuseln verkneten. Streusel auf die Früchte streuen. Bei 200 Grad ca. 30 Minuten backen.

Gefüllte Küchlein aus der Pfanne

Für den Teig:
250 g Vollweizenmehl
10 g Hefe
25 g Butter oder Margarine
1 Prise Salz
1 TL Vollrohrzucker
150 ml lauwarme Milch

Für die Füllung:
ca. 8 EL feste Marmelade oder Pflaumenmus

Zum Bestreuen:
etwas Vanillezucker

Für die Soße:
200 g Crème fraîche
1 TL Zitronensaft
30 g Vollrohrzucker oder Honig

Aus den Teigzutaten einen mittelfesten Hefeteig bereiten. Etwa 30 Minuten an einem warmen Ort gehen lassen. Danach in 8 Portionen teilen und Knödel formen, mit je 1 EL Pflaumenmus oder Marmelade füllen, flach drücken, nochmals kurz gehen lassen. Fett in einer Pfanne erhitzen, Küchlein von jeder Seite 4 Minuten goldbraun backen. Sofort mit Vanillezucker bestreuen.
Die Zutaten für die Soße gut miteinander verrühren und zu den warmen Küchlein servieren.

Variante:
Statt Marmelade bzw. Pflaumenmus für die Füllung 125 g Tiefkühl-Heidelbeeren nehmen.

Gebackene Grießschnitten

500 ml Milch
5 EL Vollweizengrieß
2 EL Vollrohrzucker oder Birnendicksaft
etwas abgeriebene Schale einer unbehandelten Zitrone
1 Prise Salz
Fett zum Ausbacken
Vollkorn-Semmelbrösel
Vollrohrzucker und Zimt zum Bestreuen

Milch mit einer Prise Salz zum Kochen bringen, den Grieß unter Rühren einstreuen, ca. 10 Minuten leicht kochen lassen, Zucker und Zitronenschale zufügen. Den festen Brei auf eine feuchte Platte ca. 1½ cm dick aufstreichen und abkühlen lassen. Danach in Stücke schneiden, kurz in Milch tauchen, in Semmelbröseln wenden und in heißem Fett in der Pfanne von beiden Seiten goldbraun backen. Mit Zimtzucker bestreuen und mit Kompott servieren.

Grießpfannkuchen

100 g Vollweizenmehl
100 g Vollweizengrieß
100 g Vollrohrzucker
300 g Joghurt
¼ TL Kardamom
1 Prise Salz
Öl oder Butterfett
50 g Vollweizengrieß

Aus den ersten fünf Zutaten, ggf. unter Zugabe von etwas Wasser, einen dickflüssigen Teig bereiten. Über Nacht bedeckt stehen lassen. Am nächsten Tag nochmals ca. 50 g Grieß dazugeben. Gut umrühren. Fett in einer Pfanne zergehen lassen, Teig esslöffelweise hineingeben, kleine Pfannkuchen langsam bei nicht zu starker Hitze backen. Sie sollten knusprig und in der Mitte weich sein. Mit Zimtzucker oder Kompott reichen.

Böhmische Liwanzen

350 g Vollweizenmehl (Type 550)
30 g Vollrohrzucker
¼ TL Salz
etwas Muskat
25 g flüssige Butter
1 EL Sojamehl
15 g Hefe
500 ml Milch
Öl zum Backen

Hefe mit 1 TL Zucker, 1 TL Mehl und etwas warmer Milch verrühren und an warmer Stelle gehen lassen. Mehl, Zucker, Salz, Muskat und Sojamehl vermischen, die gegangene Hefe zugeben, unterrühren, Butter und Milch zufügen und mit einem Kochlöffel oder Rührgerät fest durchschlagen. Der Teig soll dickflüssig sein. 30 Minuten ruhen lassen.

In einer Pfanne Öl erhitzen, mit einem Schöpflöffel Teig in Größe kleiner Reibekuchen eingießen und beidseitig in etwa 2–3 Minuten knusprige Liwanzen ausbacken. Mit Marmelade oder Pflaumenmus bestrichen oder mit Zimt und Zucker bestreut sind sie ein leckeres Dessert.

Palatschinken

600 ml Milch
250 g Vollweizenmehl (Type 1050)
2 EL Speisestärke
2 EL Sojamehl
1 Prise Salz
1 TL Backpulver
Öl zum Ausbacken

Alle Zutaten mit der Milch gut verrühren. Soviel Milch hinzufügen, dass ein dickflüssiger Teig entsteht. Den Teig gut eine halbe Stunde ruhen lassen.
Öl in einer Pfanne erhitzen, eine Schöpfkelle voll Teig hineingeben und von beiden Seiten hell ausbacken.
Sofort mit Marmelade bestreichen oder mit Zucker und Zimt bestreuen, zusammenrollen und warm servieren. Oder dazu Apfelmus oder Kompott reichen.
Ergibt 8 Stück.

Quarkkeulchen

400 g gekochte Kartoffeln
500 g Magerquark
2 EL Vollrohrzucker
100 g Rosinen
abgeriebene Zitronenschale
Salz
1 TL Zimt
100 g Vollweizenmehl
evtl. etwas Vollweizengrieß
Vollkorn-Semmelbrösel
Fett zum Ausbacken

Die Rosinen waschen, abgießen und trocken tupfen. Die Kartoffeln schälen und auf einer Reibe fein raffeln. Den Quark cremig rühren, mit den Kartoffeln, Salz, Zucker, Mehl, Rosinen und Gewürzen gut verkneten. Sollte er stark kleben, mit etwas Grieß binden. Ca. 1 Stunde ruhen lassen. Dann den Teig zu einer Rolle formen, in gut 1 cm dicke Scheiben schneiden und zu ovalen Teigplätzchen formen. In Semmelbröseln wenden. Die Quarkkeulchen langsam in heißem Fett auf beiden Seiten knusprig braten. (Vorsicht: sie werden rasch dunkel!)
Die fertigen Keulchen mit Zimtzucker bestreuen oder mit saurer Sahne oder einer Fruchtsoße servieren.
Ergibt 16 Stück.

Honig-Ingwer-Reis

2 Tassen Rundkorn-Naturreis
4–5 Tassen Wasser
¾ TL Salz
2 Stück eingelegter Ingwer
3–4 EL Honig (nach Geschmack)
4 EL Sultaninen
6 EL Korinthen
1 TL Zimt
60 g Butter
2 EL gehackte Walnüsse oder Mandeln

Den Reis gründlich waschen, mit Salzwasser zum Kochen bringen und bei geringer Hitze ausquellen lassen. Ingwerstückchen klein schneiden, Sultaninen und Korinthen waschen. Den fertigen Reis mit Ingwer, Sultaninen und Korinthen vermengen. Mit Honig nach Geschmack süßen, mit Zimt würzen, mit der zerlassenen Butter beträufeln mit den Walnüssen bestreuen.

Sommerlicher Quarkreis mit Früchten

250 g Rundkorn-Naturreis
1 l Milch
100 g Honig
½ TL Zimt
125 ml Schlagsahne
1 Päckchen Vanillezucker
500 g Aprikosen
250 g Erdbeeren
250 g Sahnequark

Reis waschen, mit Milch und Zimt zum Kochen bringen. Mindestens 50 Minuten bei kleiner Flamme unter gelegentlichem Rühren ausquellen lassen und auf ausgeschalteter Herdplatte nochmals 30 Minuten nachquellen, dann Reis abkühlen lassen.
Inzwischen Aprikosen mit kochendem Wasser übergießen. Haut abziehen, Früchte klein schneiden. Erdbeeren putzen und halbieren. Früchte in eine Schüssel geben und mit 50 g Honig beträufeln. Den restlichen Honig, Vanillezucker, Quark und ungeschlagene Sahne unter den kalten Reis mischen. Reis und Früchte abwechselnd in eine Glasschüssel schichten.

Variante:
Die Fruchtmischung kann nach Jahreszeit und Angebot abgewandelt werden.

Zwetschgenwähe

250 g Weizenmehl (Type 550 oder 1050)
50 g Vollrohrzucker
½ TL Salz
100 ml kaltes Wasser
100 g Butter
2 TL Essig
1 kg Zwetschgen
100 ml Schlagsahne

Mehl, 1 EL Zucker, Salz und Butter in Flöckchen in eine Schüssel geben und krümelig reiben, kaltes Wasser und Essig dazugießen, zu einem glatten Teig verkneten. Teig 30 Minuten kalt stellen. Zwetschgen halbieren und entkernen. Teig in eine gefettete Springform drücken, einen Rand hochziehen. Die Zwetschgen mit der Wölbung nach unten darauf verteilen. Bei 225 Grad 15 Minuten backen. Dann die Sahne mit dem restlichen Zucker verrühren und über die Zwetschgen gießen. Die Wähe weitere 25 Minuten backen.

Variante:
Statt Zwetschgen kann man auch Aprikosen, Kirschen oder Äpfel nehmen.

Pflaumenknödel

500 g Vollweizenmehl
½ Würfel Hefe oder 1 Päckchen Trockenhefe
1 TL Vollrohrzucker
2 EL Öl
½ TL Salz
250 ml lauwarme Milch
2 EL Vollkorn-Semmelbrösel
ca. 750 g entsteinte Pflaumen
reichlich kochendes Salzwasser

Außerdem:
4–5 EL in Butter geröstete Vollkorn-Semmelbrösel
etwas Vollrohrzucker, mit Zimt gemischt
5–6 EL zerlassene Butter

Mehl und Salz in eine Schüssel geben, in die Mitte eine Vertiefung machen, Hefe in die Mitte einbröseln, Zucker und 4 EL Milch darüber geben. Etwas Mehl darüber stäuben. (Trockenhefe nur unter das Mehl mischen.) Vorteig zugedeckt gehen lassen. Wenn die Mehldecke reißt, die aufgegangene Hefe mit dem Löffel langsam unter das Mehl rühren, die restliche Milch nachgießen, zuletzt das Öl zugeben, alles gründlich verrühren und zu einem glatten, festen Teig verkneten.

Auf der bemehlten Tischplatte kräftig durchkneten und nach und nach die Semmelbrösel einarbeiten. Der Teig darf nicht zu weich sein. An warmer Stelle zugedeckt ca. 30 Minuten gut aufgehen lassen. Nochmals durchkneten. Eine Rolle formen, kleine Stücke abschneiden, mit der Hand flach drücken, mit einer Pflaume belegen und zu Knödeln formen. Nochmals aufgehen lassen, in kochendem Salzwasser auf jeder Seite je ca. 4 Minuten ziehen lassen. Nach der Garzeit aus dem Wasser herausnehmen, mit zwei Gabeln aufreißen, mit in Butter gerösteten Semmelbröseln, Zucker und Zimt bestreuen und etwas gebräunter Butter begießen. Statt Pflaumen eignen sich auch Aprikosen oder Kirschen.

Dampfnudeln

500 g Vollweizenmehl
20 g Hefe
2 EL Vollrohrzucker
250 ml lauwarme Milch
1 Prise Salz
2–3 EL Butter oder Margarine
geriebene Zitronenschale (ungespritzt)

Außerdem:
250 ml Milch
1 EL Vollrohrzucker oder 2 EL Honig
etwas Zimt

Zubereitung des Hefeteigs siehe Pflaumenknödel. Aus dem Teig ca. 10 Knödel formen, in eine gefettete Auflaufform setzen und nochmals aufgehen lassen. Zucker oder Honig in der Milch auflösen, Zimt zugeben und die Knödel damit übergießen. Im Backofen zugedeckt bei 200 Grad etwa 40 Minuten backen, bis die Milch ganz eingezogen ist, dann offen bräunen. Garzeit etwa noch 15–20 Minuten. Dazu Kompott oder Vanillesoße reichen.
Ergibt 4–6 Portionen.

Obstknödel

180 g Butter oder Margarine
500 g Magerquark
300 g Vollweizenmehl (Type 1050)
½ TL Salz
1 TL Johannisbrotkernmehl
Aprikosen, Pflaumen oder Kirschen (entsteint)
etwas Honig oder Ahornsirup oder Vollrohrzucker
Zimt
ca. 100 g zerlassene Butter

Butter schaumig rühren, Quark, die Hälfte des Mehls, Salz und Johannisbrotkernmehl dazugeben und gut verrühren. Das restliche Mehl unterkneten, so dass ein glatter Teig entsteht. Sollte er kleben, noch etwas Mehl einarbeiten.
Aus dem Teig 2–3 Rollen formen, Stücke davon abschneiden, mit der Hand flach drücken, mit dem Obst belegen (eine kleine oder halbe Aprikose, eine Pflaume oder drei Kirschen) zu einem Knödel formen.
In reichlich kochendem Salzwasser die Knödel ca. 15 Minuten ziehen lassen, evtl. einmal wenden. Mit einem Schaumlöffel herausnehmen, Wasser abtropfen lassen. Mit Honig oder Ahornsirup beträufeln, Zimt bzw. Zimtzucker darüber streuen und mit der zerlassenen Butter begießen.

Reis-Dessert

400 ml Milch
1 Prise Salz
120 g Rundkorn-Naturreis
3 EL Apfeldicksaft oder Honig
2 EL Mandelsplitter
100 g Crème fraîche
etwas abgeriebene Schale einer unbehandelten Orange
Saft von 2 Orangen

Milch mit Salz zum Kochen bringen und den Reis zugeben. Aufkochen und mindestens 50 Minuten bei geringer Hitze unter gelegentlichem Rühren ausquellen lassen. Die Orangenschale zugeben und den Reis vollständig abkühlen lassen. Dicksaft oder Honig, Mandelsplitter und Crème fraîche zugeben. Alles miteinander verrühren und kalt stellen.
Vor dem Servieren mit dem Orangensaft übergießen.

Orangenreis mit Sahne

200 g Rundkorn-Naturreis
600 ml Wasser
½ TL Salz
150 g Vollrohrzucker
500 ml Apfelsaft
4 Orangen
abgeriebene Schale einer unbehandelten Zitrone
50 g Speisestärke
Schlagsahne
Nuss- oder Mandelblättchen

Reis im gesalzenen Wasser weich kochen und ausquellen lassen. Speisestärke, Zucker, Apfelsaft, Saft von 3 Orangen und abgeriebene Zitronenschale miteinander verquirlen. Unter häufigem Rühren zum Kochen bringen, ca. 1–2 Minuten aufkochen lassen, bis die Mischung andickt. Den fertig gegarten Reis unterrühren. Alles in eine mit kaltem Wasser ausgespülte Schüssel geben und erkalten lassen. Stürzen, mit Schlagsahne verzieren. Die vierte Orange in Spalten zerlegen, auf der Sahne anrichten, mit Nuss- oder Mandelblättchen verzieren.
Ergibt 6–8 Portionen

Hirse-Traum

75 g Hirseflocken
250 ml Wasser
2 EL Ahornsirup, Honig oder Vollrohrzucker
100 ml Sahne
1 Msp. Vanillepulver
200–300 g frische Beeren
2 EL gemahlene Cashewkerne oder Mandeln

Wasser zum Kochen bringen, Hirseflocken einstreuen, ca. 1 Minute köcheln und dann ausquellen lassen.
Nach dem Abkühlen die fein zerdrückten Beeren, Ahornsirup und Cashewkerne untermischen. Die Sahne mit Vanillepulver steif schlagen und unter die Hirsemasse heben. Kalt stellen. Vor dem Servieren mit Obststücken garnieren.

Süße Hirsespeise

150 g Hirse
250 ml Milch
125 ml Wasser
1 Prise Salz
Saft von 1–2 Orangen oder Zitronen
2–3 EL Honig, Ahornsirup oder Birnendicksaft
50 g Mandelsplitter
150–200 ml Sahne

Die Hirse waschen, mit dem Salz in die kochende Milch-Wasser-Mischung einstreuen, aufkochen und auf kleinster Stufe insgesamt etwa 40 Minuten ausquellen lassen. Nach 20–25 Minuten, sobald die Flüssigkeit aufgesaugt ist, den Orangen- bzw. Zitronensaft hinzufügen und weiter quellen lassen. Die Hirse vollständig abkühlen lassen. Den Honig unterrühren, ebenso die leicht gerösteten Mandelsplitter. Die Sahne steif schlagen und vorsichtig unterheben. Evtl. mit frischem Obst garnieren.

Halva Bombay

100 g Vollrohrzucker
nach Möglichkeit 6–8 Fäden Safran
500 ml Milch-Wasser-Gemisch
3–4 EL (50–75 g) Butterschmalz (ersatzweise Butter)
100 g Weizenvollkorngrieß
2 EL Sultaninen
¼–½ TL gemahlener Kardamom
Mandelblättchen

Die Sultaninen waschen und trocken tupfen. Zucker und Safran in das Milch-Wasser-Gemisch hineingeben und 5 Minuten leicht kochen lassen. Butterschmalz bei geringer Hitze in einer Pfanne erhitzen, zunächst den Kardamom hineinrühren, dann den Grieß hineingeben und etwa 10 Minuten lang auf kleiner Flamme goldbraun rösten. Sobald das Butterschmalz sich vom Grieß zu trennen beginnt, den Zucker-Milch-Sirup dazugießen und einrühren. Die Sultaninen hineingeben und unter ständigem Rühren mit einem Holzlöffel kochen, bis alle überschüssige Flüssigkeit verdampft ist. Das Halva auf eine eingefettete Platte geben und mit gerösteten Mandelblättchen garnieren. Schmeckt warm am besten.

Variante:
Für dieses Halva kann man statt Grieß auch Vollweizenmehl oder Kichererbsenmehl verwenden.

Schoko-Creme

50 ml aufgebrühter Kaffee
50 ml Milch
200 g Zartbitter-Schokolade
200 ml Schlagsahne
2 g Johannisbrotkernmehl
1 TL Vanillepulver

Kaffee und Milch erwärmen, die zerkleinerte Schokolade darin auflösen, Sahne zugießen, Johannisbrotkernmehl durch ein kleines Sieb einstreuen und unter Rühren kurz aufkochen. Vanillepulver unterrühren. Über Nacht in den Kühlschrank stellen. Am nächsten Tag mit einem Handrührgerät zu einer luftigen Creme aufschlagen. Dazu passen Kompott aus Kirschen oder heiße Himbeeren.

Schoko-Creme vegan

250 ml Cuisine Coconut (Kokos-Kochcreme)
250 g vegane Bitterschokolade
1 TL Agar-Agar
400 g Seidentofu
200 ml Sojasahne
1 P. Sahnestand
1 P. Vanillezucker
1/2 TL Lebkuchengewürz
2 EL Puderzucker

Schokolade in Stücke brechen. Kokos-Kochcreme in einem Topf erhitzen, Schokolade zufügen, unter Rühren langsam zum Kochen bringen. Agar-Agar in etwas Wasser auflösen, in die flüssige Schokolade geben und 2 Minuten köcheln lassen. Gut abkühlen lassen, bis die Masse fest ist. Sojasahne mit Sahnefestiger und Vanillezucker gut aufschlagen, bis sie eine feste Konsistenz hat. Seidentofu mit Puderzucker und Lebkuchengewürz kräftig verrühren, die Schokoladenmasse zugeben und beides zusammen zu einer Creme verarbeiten. Danach die steifgeschlagene Sojasahne vorsichtig mit einem Schneebesen unterheben. Zugedeckt mindestens 3–4 Stunden im Kühlschrank fest werden lassen, am besten über Nacht. Zum Servieren mit einem Löffel Nocken abstechen.

Tiramisu

200 ml kalter Espresso oder starker Kaffee
1 Biskuitboden (Rezept s.u.)
500 g Mascarpone
250 ml Schlagsahne
250 g Joghurt
6 EL (70 g) Vollrohrzucker
50 ml Orangensaft
Abrieb einer unbehandelten Orange
1 P. Vanillezucker
3–4 Tropfen Bittermandelaroma
Kakao zum Bestäuben

Eine viereckige Auflaufform (Größe ca. 25 x 20 cm) mit einem halben, passend zugeschnittenen Biskuitboden auslegen, mit der Hälfte des Kaffees beträufeln. Mascarpone, Joghurt, Zucker, Orangensaft und –schale, Vanillezucker und Aroma kräftig verrühren. Die steif geschlagene Sahne unterziehen, so dass eine lockere Creme entsteht. Die Hälfte der Creme auf den Biskuitboden streichen, die zweite Hälfte des Biskuitbodens darüberlegen und mit dem Rest Kaffee beträufeln. Die übrige Creme darüber verteilen und gleichmäßig verstreichen. Mindestens 3–4 Stunden kalt stellen, am besten über Nacht. Vor dem Servieren mit Kakao gut bestäuben. Evtl. mit Schokospänen garnieren.
Ergibt 6–8 Portionen.

Biskuitboden:

120 g Weizenmehl (Type 550)
50 g Speisestärke
80 g Vollrohrzucker
½ P. Backpulver
4½ EL Sonnenblumenöl
Abrieb einer unbehandelten Zitrone
190 ml kohlensäurehaltiges Mineralwasser

Mehl, Speisestärke und Backpulver zusammensieben. Zucker, Öl und Zitronenabrieb daruntermischen, zum Schluss das Mineralwasser dazugeben und alles zu einem zähflüssigen Teig gut verrühren. Er soll einem Pfannkuchenteig ähneln. In eine gut gefettete und mit Mehl ausgestreute Springform (Durchmesser 28 cm) füllen und im vorgeheizten Ofen bei 180–190 Grad ca. 20–25 Minuten backen. Der Biskuitboden ist gar, wenn er sich in der Mitte elastisch anfühlt. Vorsichtig aus der Form lösen, vollständig auskühlen lassen und einmal in der Mitte durchschneiden.

Kirsch-Tiramisu vegan

1 Biskuitboden (siehe Rezept Tiramisu)
200 ml kalter Espresso oder starker Kaffee
400 g Seidentofu
200 ml schlagbare Sojasahne
50 g Vollrohrzucker
1 P. Sahnestand
1 P. Vanillezucker
4 Tropfen Bittermandelaroma
½ TL Zitronenschalenaroma
300 g Sauerkirschen aus dem Glas
Kakao zum Bestäuben

Eine viereckige Auflaufform (Größe ca. 25 x 20 cm) mit einem halben, passend zugeschnittenen Biskuitboden auslegen, mit der Hälfte des Kaffees beträufeln. Seidentofu mit Zucker, Vanillezucker und Aromen mit dem Handmixer kräftig pürieren, so dass eine cremige Masse entsteht. Sojasahne mit Sahnestand gut steif schlagen und vorsichtig mit der Seidentofu-Masse verrühren. Die Hälfte der Creme auf den Biskuitboden streichen, die gut abgetropften Sauerkirschen darauf verteilen, die zweite Bodenhälfte darüber legen und mit dem restlichen Kaffee beträufeln. Die restliche Creme gleichmäßig darauf verstreichen. Mindestens 3–4 Stunden kalt stellen, am besten über Nacht im Kühlschrank fest werden lassen. Vor dem Servieren mit Kakao bestäuben.

Panna Cotta

300 ml Sahne
300 ml Milch
50 g Vollrohrzucker oder Honig
1 gestr. TL (4 g) Agar-Agar
1/2 TL Vanille gemahlen
1/2 TL Zimt
1/2 TL Zitronenschalenaroma
3–4 Tropfen Bittermandelaroma

Für die Soße:
300 g Erdbeeren oder Himbeeren oder gemischte Beeren (evtl. TK-Beeren)
20 g Vollrohrzucker
1 Msp. Johannisbrotkernmehl

Milch mit Zucker bzw. Honig zum Kochen bringen. Sahne mit Agar-Agar verquirlen und in die kochende Milch geben, 2 Minuten unter Rühren köcheln lassen. Die Gewürze zugeben und in eine mit kaltem Wasser ausgespülte Schüssel oder kleine Förmchen füllen. Mindestens 4–5 Stunden im Kühlschrank fest werden lassen.
Für die Soße die Früchte evtl. pürieren. Johannisbrotkernmehl in ca. 125 ml Wasser verquirlen und aufkochen, Früchte zugeben, aufkochen lassen und Zucker unterrühren. Alternativ die Früchte pürieren und ohne Kochen mit Zucker abschmecken.
Zum Servieren die Panna Cotta mit einem Messer vorsichtig aus der Form bzw. den Förmchen lösen, auf eine Platte bzw. Dessertteller stürzen und mit der Fruchtsoße umgießen.

Sahneeis mit Früchten

500 g weiche Früchte (z.B. Erdbeeren, Himbeeren oder Bananen)
Saft einer Zitrone
250 ml Schlagsahne
100–150 g Vollrohrzucker (je nach Zuckergehalt der verwendeten Früchte)

Früchte pürieren (evtl. durch ein Sieb streichen), kalt stellen. Mit Zucker schaumig rühren, bis der Zucker zergangen ist. Mit Zitronensaft abschmecken. Sahne steif schlagen und unter die Obstmischung heben. Die Masse in einen Gefrierbehälter füllen und im Gefrierfach fest werden lassen, dabei ca. alle 30 Minuten mit einem Schneebesen oder einer Gabel durchrühren.

Bananen-Eiscreme

4 vollreife Bananen
150 g Vollrohrzucker
500 ml Sahne
Saft von 1 Zitrone
150 g Schokoladensplitter

Bananen schälen, grob zerkleinern und mit Zitronensaft und Zucker mit einem Pürierstab zu einem Brei zerkleinern. Sahne zugeben und alles zusammen gründlich verrühren. Die Masse in einen gefrierfesten Behälter füllen und ca. 2–3 Stunden im Gefrierfach anfrosten. Die angefrorene Creme nach dieser Zeit mit einem Schneebesen gut durchrühren (damit keine Eiskristalle entstehen) und wieder für ca. 2 Stunden einfrieren. Die gefrorene Creme wieder gut durchrühren, Schokosplitter unterrühren und erneut einfrieren.
Es wird empfohlen, die Eiscreme vor dem Verzehr für 20 Minuten in den Kühlschrank zu stellen.

Mandel-Bananen-Eis

500 ml Soja-Reis-Drink
100 ml vegane Sahne
2 Bananen
80 g Mandelmus
100 g Vollrohrzucker
1/2 TL Johannisbrotkernmehl

Die Bananen mit einem Pürierstab in einem hohen Gefäß fein pürieren. Mandelmus und Zucker zugeben und kurz unterrühren. Soja-Reis-Drink, Sahne und Johannisbrotkernmehl zufügen und 2–3 Minuten mit dem Pürierstab gut durchrühren. Die Masse in einen gefrierfesten Behälter füllen und für ca. 2 Stunden zum Anfrosten ins Gefrierfach stellen. Nach 2 Stunden mit einem Schneebesen o. ä. gut durchrühren und erneut 2 Stunden anfrosten. Diesen Vorgang noch 1–2mal wiederholen. 2 Stunden vor dem Servieren aus dem Gefrierfach herausnehmen und in den Kühlschrank stellen. Nach Belieben anrichten mit pürierten Beeren oder Schokosoße oder Mandelsplittern.

Vanille-Eiscreme vegan

500 g Soja-Sahne oder vegane Schlagcreme
2 EL Mandelmus
4 EL Vollrohrzucker oder 4 EL Ahornsirup
1 TL Bourbon-Vanille, gemahlen
½ TL Johannisbrotkernmehl

Alle Zutaten in einem hohen Gefäß zusammen verrühren und mit einem Handmixer gründlich aufschlagen. Die Masse in einen gefrierfesten Behälter füllen und im Tiefkühlfach ca. 30 Minuten anfrosten. Danach mit einem Schneebesen gut durchrühren und erneut 30 Minuten anfrosten. Diesen Vorgang 2–3mal wiederholen. Vor dem Servieren 20 Minuten in den Kühlschrank stellen, dann kleine Kugeln ausstechen oder Scheiben schneiden und mit Schokostreuseln o. ä. bestreuen.

Apple Crumble

600 g säuerliche Äpfel
1 unbehandelte Zitrone (Saft und Schale)
75 g Kleinblatt-Haferflocken
100 g Weizenmehl (Type 550)
50 g Vollrohrzucker
100 g Butter, fein gewürfelt
1 Prise Salz
1 Prise Piment
½ TL Zimt

Haferflocken, Mehl, Zucker und die Gewürze in eine Schüssel geben und vermischen. Butterwürfel zufügen und so lange verkneten, bis krümelige Streusel entstehen. Die Äpfel schälen, entkernen und in kleine Würfel schneiden, in eine gebutterte Auflaufform schichten, abgeriebene Zitronenschale und Zitronensaft darüber geben. Die Streusel locker darüber verteilen (wobei die Apfelschicht etwas höher als die Streuselschicht sein sollte). Im vorgeheizten Ofen bei 180 Grad ca. 40–45 Minuten backen, bis die Streusel goldbraun und die Äpfel weich sind. Noch warm mit etwas geschlagener Sahne oder einer Kugel Zimteis servieren.

Variante:
Für einen Apfel-Schoko-Crumble 75 g Schokoladen-Raspel oder –Tröpfchen in den Streuselteig geben.

Bratäpfel

Füllungen (für 4–6 Äpfel):

Äpfel waschen und abtrocknen, Kerngehäuse mit einem Apfelausstecher entfernen und die Äpfel in eine gefettete Auflaufform setzen. Eine Füllung hineingeben, mit Butterflöckchen belegen und im vorgeheizten Backofen bei 220 Grad ca. 25–30 Minuten garen.

a) 75 g grob gemahlene Haselnüsse oder Mandeln
60 g Honig
50 g fein gewürfelter kandierter Ingwer

Alles zu einer cremigen Masse verrühren und in die Äpfel füllen. Zu den Bratäpfeln eine Ingwersahne servieren. Dafür 200 ml Schlagsahne steif schlagen, mit 1 TL Honig süßen und mit etwas sehr fein geriebenem frischen Ingwer würzen.

b) 50 g gemahlene Haselnüsse
50 g Honig
1 TL Zimt
evtl. etwas Wasser

Alle Zutaten gut mischen und in die Äpfel füllen. Vanillesoße zu den Äpfeln servieren.

c) 2 EL grob gehackte Haselnüsse
2 EL Rosinen (mit Orangensaft beträufeln)
1 TL Zimt
2 EL Honig
evtl. 1 EL Pflaumenmus

Alles gut verrühren und in die Äpfel füllen.

d) 3 reife Bananen
Saft einer Zitrone
2 EL Honig
2 EL geröstete, gemahlene Haselnüsse

Bananen mit der Gabel zerdrücken, mit Zitronensaft und Honig schaumig rühren. Haselnüsse dazugeben, alles gut mischen und in die Äpfel füllen.

Bratbananen in Orangensirup

50 g Butter
1 Tasse Orangensaft
6 Bananen
50 g Vollrohrzucker

Butter in der Pfanne zergehen lassen, Bananen schälen. Der Länge nach halbieren und goldbraun braten. Aus der Pfanne nehmen, warm stellen. Orangensaft und Zucker in die Pfanne geben, einige Minuten lang zu einem Sirup kochen. Über die Bananen gießen. Heiß servieren.

Bananen-Fritter

250 g Vollweizenmehl
500 ml Milch
1 TL Backpulver
2 TL Puddingpulver Vanille
2 TL Vanillezucker
1 Prise Salz
3–4 Bananen
Öl zum Braten

Aus Mehl, Milch, Puddingpulver, Backpulver, Salz und Vanillezucker einen dickflüssigen Teig bereiten. Bananen in Scheiben schneiden, in den Teig geben, gut umrühren. Esslöffelweise den Teig in die Pfanne geben, Küchlein formen, langsam goldbraun braten.

Birnen mit Preiselbeer-Nuss-Füllung

2 große Birnen (oder 4 Birnenhälften aus der Dose)
½ Tasse Preiselbeer-Marmelade oder andere rote Marmelade bzw. Hagebutten- oder Pflaumenmus
2 TL Honig
½ Tasse gemahlene Nüsse
evtl. 100 ml geschlagene Sahne

Birnen halbieren, in wenig Wasser 5 Minuten dünsten. Kerngehäuse und einen Teil des Fruchtfleisches mit einem Löffel entfernen (evtl. mit einem kleinen Küchenmesser vorschneiden), so dass eine runde Öffnung entsteht; bzw. Dosenfrüchte abtropfen lassen. Herausgelöstes Fruchtfleisch fein hacken, mit Preiselbeer-Marmelade und allen anderen Zutaten mischen, die Birnenhälften damit füllen. Evtl. mit Sahnehäubchen verzieren.

Erdbeer-Joghurt-Terrine

375 g Joghurt
500 g Erdbeeren
75 g Vollrohrzucker
Saft einer halben Zitrone
½ TL Vanillepulver
1 gehäufter TL Agar-Agar

Den Joghurt mit Vanille und Zitronensaft verrühren. Erdbeeren waschen und putzen. Die Hälfte pürieren, von der zweiten Hälfte wiederum die Hälfte (125 g) kleinschneiden und die restlichen Erdbeeren zum Garnieren ganz lassen. Die pürierten Erdbeeren mit Zucker und Agar-Agar verrühren, unter Rühren zum Kochen bringen, zwei Minuten kochen lassen, etwas abkühlen lassen und unter ständigem Rühren gründlich mit dem Joghurt vermischen. Die klein geschnittenen Erdbeeren in die Masse geben. Die Erdbeer-Joghurt-Masse in eine mit kaltem Wasser ausgespülte Schüssel oder Puddingform füllen und 2 Stunden im Kühlschrank festwerden lassen. Stürzen und mit den restlichen Erdbeeren garnieren.

Himbeer-Creme

250 g Himbeeren
250 ml Sojasahne
200 ml Cuisine Coconut (Kokos-Kochcreme)
4 EL Vollrohrzucker
1 TL (4 g) Agar-Agar
1 P. Vanillezucker

Die Himbeeren waschen und mit dem Zucker fein pürieren. Die Sojasahne kurz aufkochen, Kokos-Kochcreme und Agar-Agar gut miteinander verquirlen und in die kochende Sahne einlaufen lassen, ca. 2 Minuten unter Rühren köcheln lassen. Vanillezucker unterrühren und die Masse kurz abkühlen lassen. Das Himbeermus dazugeben und gut verrühren. Im Kühlschrank ca. 2–3 Stunden fest werden lassen.

Pfirsich-Melba

4 Pfirsiche
Vanille-Eis (ohne Ei)
1 Tasse geschlagene Sahne
25 g Mandelblättchen
Erdbeermarmelade

Pfirsiche schälen, halbieren, und entkernen. Einzeln mit der Schnittfläche nach oben in Schälchen geben, auf jede Pfirsichhälfte eine Kugel Vanille-Eis setzen. Einen Löffel Erdbeermarmelade darauf geben, mit etwas Schlagsahne garnieren. Zum Schluss geröstete Mandelblättchen darüberstreuen.

Rote Grütze (Röd Gröd)

350 g (gemischte) rote Früchte, z.B. Sauerkirschen, Himbeeren, Johannisbeeren, Erdbeeren
500 ml Wasser
100 g Speisestärke
125 g Vollrohrzucker oder Honig
etwas Zitronensaft
Schlagsahne
Mandelblättchen

Obst pürieren, Wasser dazugeben und einrühren. Mus mit Speisestärke verschlagen. Mit Zucker unter häufigem Rühren zum Kochen bringen, alles unter Rühren aufkochen und dick werden lassen. Evtl. mit etwas Zitronensaft abschmecken. In Glasschälchen füllen. Gut gekühlt oder noch warm mit einem Sahnehäubchen verziert und mit Mandelblättchen bestreut servieren.

Variante:
Statt Speisestärke 60 g Sago in die kochende Musmischung geben. Bei schwacher Hitze unter gelegentlichem Rühren 15 Minuten kochen lassen. Mit Vanillesoße oder flüssiger Sahne übergossen servieren.

Rhabarbergrütze

500 g Rhabarber
250 ml Wasser
3 EL Speisestärke
1 Msp. Zimt
150 g Honig oder Vollrohrzucker
300 g Himbeeren (evtl. TK-Himbeeren)
125 ml Sahne

Den Rhabarber waschen, putzen, schälen und in ca. 3 cm lange Stücke schneiden. Mit dem Wasser und Zimt ca. 8 Minuten leicht kochen lassen. Speisestärke mit wenig Wasser glattrühren, zum Rhabarber geben und alles nochmals kurz aufkochen lassen. Die Himbeeren mit dem Honig bzw. Zucker verrühren und zu dem Rhabarber geben.
Die Grütze in eine Schüssel füllen und kalt stellen. Vor dem Servieren mit flüssiger Sahne übergießen und evtl. mit etwas Zimt bestreuen.

Fruchtgelees

500 ml Fruchtsaft (z.B. Orangen- oder Traubensaft)
1 leicht gehäufter TL Agar-Agar
evtl. 1–2 EL Honig (je nach Zuckergehalt des Saftes) oder Ahornsirup o.ä.

Saft, Agar-Agar und Honig mit dem Schneebesen verschlagen, unter häufigem Rühren erhitzen und 2 Minuten kochen lassen. In mit kaltem Wasser ausgespülte Förmchen oder Schälchen geben, erkalten lassen, evtl. stürzen. Mit einem Sahnehäubchen oder Vanillesoße servieren.

Variante:
Fruchtgelee auf eine kalt abgespülte Platte oder ein Backblech streichen, erkalten lassen. Mit einer Plätzchenform Formen ausstechen. Pudding oder andere Desserts damit verzieren.

Frucht-Ambrosia

1 mittelgroße, in grobe Stücke geschnittene Ananas
2 geschälte, in Spalten zerlegte Apfelsinen
1–2 in Scheiben geschnittene Bananen
2 geschälte, in Scheiben geschnittene Pfirsiche oder Nektarinen
evtl. frische Erdbeeren
3–4 fein geschnittene kandierte Ingwerstücke
50 g Kokosflocken
3 EL Birnendicksaft oder Ahornsirup
3 EL Zitronensaft
3 EL Aprikosen- oder anderer Fruchtsaft

Obststücke mit Ingwer und Kokosflocken in einer Schüssel vermischen. Bedecken und kalt stellen. Aus Zitronen- und Aprikosensaft und Birnendicksaft eine Fruchtsoße bereiten, nach Geschmack noch mehr süßen oder Zitronensaft dazugeben. Unmittelbar vor dem Servieren unter die Früchte mischen.
(Für 8–10 Personen)

Melonensalat

2 reife Honigmelonen
1 Handvoll Himbeeren
250 g reife Aprikosen
1 Banane
1 EL Honig
1 Msp. Vanillepulver
250 ml Kirschsaft
1 TL Zitronensaft
Minze oder Zitronenmelisse zum Garnieren

Melonen längs durchschneiden und das Kerngehäuse auskratzen. Den Saft auffangen. Das Fruchtfleisch in Würfel schneiden. Aprikosen vierteln, Banane in Scheiben schneiden und mit den Himbeeren unter die Melonenwürfel mischen. Aus Honig, Vanille, Kirschsaft, Zitronensaft und dem aufgefangenen Melonensaft eine Soße bereiten und über die Früchte gießen. Mit Minze oder Zitronenmelisse garnieren und eisgekühlt servieren.
(Für 8–10 Personen)

Obstsalat mit Kokossahne

1 kleine Honigmelone
2 mittelgroße Birnen
2 mittelgroße Sommeräpfel
300 g Erdbeeren
1 Banane
4 EL Zitronensaft
4 EL Kokosflocken
150 ml Joghurt
100 ml Sahne
1–2 EL Ahornsirup oder Birnendicksaft

Melone in breite Spalten schneiden, Kerne entfernen, das Fruchtfleisch aus der Schale lösen und würfeln. Birnen und Äpfel waschen, Kerngehäuse entfernen, ebenfalls würfeln. Erdbeeren waschen, Stiele entfernen, halbieren. Bananen in feine Scheiben schneiden, alles sofort mit Zitronensaft beträufeln und vermengen.

Kokosflocken ohne Fett leicht anrösten und über das Obst streuen. Joghurt mit Ahornsirup o.ä. verrühren, die steif geschlagene Sahne unterheben und zum Obstsalat reichen.

(Für 6–8 Personen)

Ananas-Quark

*1 frische Ananas oder
1 Dose Ananasstücke
(850 ml)
250 g Speisequark
2–3 EL Honig
evtl. 2 EL Kokosmus
1 Päckchen Vanillezucker
5 EL leicht angeröstete Kokosraspeln
150 ml Sahne*

Quark mit etwas flüssiger Sahne cremig rühren und mit den übrigen Zutaten vermischen, dabei 1 EL Kokosraspeln zum Bestreuen zurückbehalten. Die restliche Sahne sehr steif schlagen und vorsichtig unterheben.
Ananas schälen, das harte Innere entfernen, Fruchtfleisch würfeln (Dosenobst im Sieb abtropfen lassen) und auf Glasschälchen verteilen. Die Quarkcreme darüber geben, mit Kokosraspeln bestreuen.

Kokosdessert

*200 g Quark
200 ml Sahne
2–3 EL Honig od. Birnendicksaft
evtl. 2 EL Kokosmus
2 EL geriebene Walnüsse
5 EL geröstete Kokosraspeln
etwas Zimt*

Quark glatt rühren, mit Honig oder Birnendicksaft, Kokosmus, Zimt, Nüssen und Kokosraspeln vermischen. Zuletzt die steif geschlagene Sahne unterheben. Einige Zeit kühl stellen.

Quarkpudding

*500 g Magerquark
500 ml Milch
60 g (1½ P.) Vanille-Puddingpulver
5 EL Vollrohrzucker
1 Msp. Vanillepulver
1 Päckchen Vanillezucker
Krokant oder geröstete Mandelblättchen zum Verzieren
etwas rote Marmelade*

Milch mit Zucker zum Kochen bringen. Das mit etwas Milch angerührte Puddingpulver unter ständigem Rühren dazugeben, aufkochen und andicken lassen. Den Vanillezucker einrühren. Der Pudding soll möglichst fest sein.
Pudding in einer Schüssel abkühlen lassen. Den Quark mit dem Schneebesen unterrühren. In Glasschälchen füllen und kalt stellen. Vor dem Servieren mit Krokant oder Mandelblättchen bestreuen. In die Mitte jeder Portion einen Tupfer rote Marmelade geben.

Quarkcreme mit Pflaumenmus

250 g Magerquark
200 g Sauerrahm
100 g Pflaumenmus (nach Geschmack auch mehr)
1–2 EL Honig oder Vollrohrzucker
50 g Weizenkeime oder gemahlene Nüsse oder Mandeln oder (trocken in der Pfanne) gerösteter Sesam oder Sonnenblumenkerne oder eine Mischung aus allem

Quark und Sahne cremig rühren, Pflaumenmus untermischen. Weizenkeime usw. ebenfalls unterziehen (einen Teil zurückbehalten und die Speise damit bestreuen). Nach Geschmack mit Honig oder Vollrohrzucker süßen.

Frucht-Quarkcreme

500 g Magerquark
125 ml Sahne
3 EL Honig oder Dicksaft
Saft und Schale einer halben unbehandelten Zitrone
250 g frische Beeren (Erdbeeren, Himbeeren, Brombeeren oder Johannisbeeren)
etwas Vanillepulver

Quark mit Honig, Zitronensaft und -schale cremig rühren. Die zerkleinerten oder pürierten Früchte daruntermischen. Die Sahne mit Vanillepulver steif schlagen und unter die Quarkmasse heben.
Ergibt 6 Portionen.

Zitronen-Quarkspeise

500 g Quark
etwas Vanillepulver
abgeriebene Schale einer unbehandelten Zitrone
4 EL Honig oder Birnendicksaft oder Ahornsirup
4 EL Zitronensaft
200 ml Schlagsahne

Quark mit Honig, Zitronensaft und den Gewürzen cremig rühren. Sahne steif schlagen und vorsichtig unterheben.
Ergibt 6 Portionen.

Kokoskonfekt

1 Tasse Datteln
1 Tasse Trockenpflaumen
1 Tasse Rosinen
1 Tasse geröstete Haselnüsse
1 Tasse Kokosraspeln
2–3 EL Zitronen- oder Orangensaft

Das Trockenobst grob hacken und unter Zugabe von etwas Zitronen- oder Orangensaft im Mixer fein zerkleinern. Die geriebenen Nüsse und die Kokosraspeln unterrühren, mit dem restlichen Zitronen- oder Orangensaft vermischen und zu einem festen, nicht zu nassen Teig durcharbeiten. Aus der Masse Kugeln formen und in Kokosraspeln wälzen. Das Konfekt ist einige Tage im gut verschlossenen Behälter im Kühlschrank haltbar.

Variante:
Trockenaprikosen statt Trockenpflaumen, oder Feigen statt Rosinen. In Sesamsamen statt in Kokosflocken wälzen.

Orangenkugeln

100 g feine Haferflocken
100 ml Orangensaft
abgeriebene Schale einer unbehandelten Orange
250 g gemischte Trockenfrüchte (Trockenaprikosen, Trockenpflaumen, Datteln, Rosinen usw.)
100–150 ml Mineralwasser
1 EL Carob- oder Kakaopulver
evtl. 1–2 EL fester Honig
8 EL kurz angerösteter Sesam
6 EL Kokosflocken

Die Haferflocken mit der Hälfte der abgeriebenen Orangenschale und dem Orangensaft mindestens 45 Minuten einweichen. Die Trockenfrüchte grob hacken und mit etwas Wasser im Mixer pürieren. Die Flocken und Trockenfrüchte miteinander mischen, mit Carob- bzw. Kakaopulver, der Hälfte des Sesams und, falls süße Kugeln gewünscht sind, mit Honig abschmecken und die Masse gut durchkneten. Kleine Kugeln formen, diese teils in Orangenraspeln, teils in Sesam und teils in Kokosflocken wälzen.

Aprikosen-Pflaumen-Konfekt

150 g Edelbitter-Schokolade
2 EL flüssiger Honig
80 g getrocknete Aprikosen
40 g getrocknete Pflaumen
50 g abgezogene Mandeln

Schokolade und Honig im Wasserbad schmelzen. Die Trockenfrüchte sehr fein hacken, die Mandeln ebenso, beides in die Schokoladenmasse geben und unterrühren. Mit einem Teelöffel die Mischung in Pralinenförmchen füllen und im Kühlschrank fest werden lassen.

Dattel-Konfekt

150 g gemahlene Mandeln
120 g Vollrohrzucker
250 g Zartbitter-Schokolade
½ TL Bourbon-Vanille, gemahlen
½ TL Kardamom, gemahlen
1 TL Zimt
1 Msp. Nelken, gemahlen
100 g entsteinte Datteln
100 g blanchierte Mandeln
3–4 EL Sahne oder Sojasahne
evtl. gemahlene Mandeln oder Kokosraspel zum Bestreuen

Die Schokolade klein hacken, die Datteln und blanchierten Mandeln jeweils sehr fein hacken. Die Schokolade langsam im Wasserbad schmelzen, Zucker unterrühren und darin auflösen. Die gemahlenen Mandeln unterrühren, Datteln und Gewürze zugeben und vorsichtig im Wasserbad unterarbeiten. Abkühlen lassen, dann die gehackten Mandeln und die Sahne bzw. Sojasahne unterrühren. Aus der Masse kleine Häufchen formen, nach Belieben mit gemahlenen Mandeln oder Kokosraspeln bestreuen, im Kühlschrank fest werden lassen. In Pralinenkapseln servieren. Ergibt ca. 30 Stück.

Pflaumen-Zimt-Konfekt

400 g Trockenpflaumen ohne Stein
4 EL flüssiger Honig oder Apfeldicksaft oder Ahornsirup
150 g feine Haferflocken
100 g Walnüsse, fein gehackt
½ TL Ingwer, gemahlen
2 TL Zimt
1 TL Bourbon-Vanille, gemahlen
evtl. 3–4 EL Sahne oder Sojasahne
evtl. 4 EL Kuvertüre

Pflaumen grob zerkleinern und mit Honig bzw. Apfeldicksaft oder Sirup fein pürieren. Die fein gehackten Walnüsse, Haferflocken und Gewürze zufügen und alles gut vermischen. Sollte die Masse zu fest sein, etwas Sahne bzw. Sojasahne einarbeiten. Kleine Kugeln oder Häufchen formen, evtl. mit geschmolzener Kuvertüre bestreichen, im Kühlschrank fest werden lassen. Zum Servieren in Papierkapseln setzen. Ergibt ca. 40 Stück.

Weiße Trüffeln

200 g Zartbitter-Schokolade
4 Tropfen Bittermandelaroma
50 g Butter
60 g Puderzucker
60 g gemahlene Mandeln
70 g Kokosraspel

Die Schokolade im Wasserbad langsam schmelzen, Aroma und Butter zugeben und unter Rühren darin auflösen. Puderzucker zufügen, gut verrühren, zuletzt die gemahlenen Mandeln einrühren, so dass eine homogene Masse entsteht. Die Masse ca. 3–4 Stunden im Kühlschrank fest werden lassen. Daraus ca. 20 kleine Kugeln formen, in Kokosraspeln wälzen und nochmals kalt stellen. In Pralinenkapseln servieren.

Honigmarzipan

200 g geschälte Mandeln
100 g heller, fester Honig
1 EL Rosenwasser (Apotheke) oder 1 Tropfen Bittermandelöl

Die Mandeln in einem Mixgerät ganz fein mahlen. Mit dem Honig und dem Rosenwasser bzw. Bittermandelöl gut verkneten, bis die Masse glatt und elastisch ist. Im Kühlschrank in einem gut schließenden Gefäß wochenlang haltbar.

Single-Rezepte

NOTIZEN

NOTIZEN